O CONTRATO SEXUAL

O CONTRATO SEXUAL
CAROLE PATEMAN

Tradução
Marta Avancini

5ª edição

Rio de Janeiro
2023

© Carole Pateman, 1988, publicado pela Polity Press em conjunto com Blackwell Publishers

Título original: *The Sexual Contract*

Direitos de edição da obra em língua portuguesa adquiridos pela EDITORA PAZ E TERRA. Todos os direitos reservados. Nenhuma parte desta obra pode ser apropriada e estocada em sistema de banco de dados ou processo similar, em qualquer forma ou meio, seja eletrônico, de fotocópia, gravação etc., sem a permissão do detentor do copyright.

Editora Paz e Terra Ltda.
Rua Argentina, 171, 3º andar – São Cristóvão
Rio de Janeiro, RJ – 20921-380
http://www.record.com.br

Seja um leitor preferencial Record.
Cadastre-se e receba informações sobre nossos lançamentos e nossas promoções.

Atendimento e venda direta ao leitor:
sac@record.com.br

Texto revisado segundo o novo Acordo Ortográfico da Língua Portuguesa.

	CIP-BRASIL. CATALOGAÇÃO NA PUBLICAÇÃO SINDICATO NACIONAL DOS EDITORES DE LIVROS, RJ	
P333c 5ª ed.	Pateman, Carole, 1940- O contrato sexual / Carole Pateman; tradução Marta Avancini. – 5ª ed. – Rio de Janeiro: Paz e Terra, 2023.	
	Tradução de: The sexual contract ISBN 978-85-2190-009-2	
	1. Teoria feminista. 2. Contrato social. 3. Patriarcado. I. Avancini, Marta. II. Título.	
20-65222	CDD: 305.3 CDU: 305-055.2	
	Leandra Felix da Cruz Candido – Bibliotecária – CRB-7/6135	

Impresso no Brasil
2023

À memória de meu pai,
Ronald Bennett

Sumário

Prefácio		9
1	Fazendo contratos	13
2	Confusões patriarcais	37
3	O contrato, o indivíduo e a escravidão	67
4	A gênese, os pais e a liberdade política dos filhos	123
5	As mulheres, os escravos e os escravos assalariados	181
6	O feminismo e o contrato de casamento	241
7	O que há de errado com a prostituição?	291
8	O fim da história?	337
Índice remissivo		357

Prefácio

O início dos anos 1970 marca um significativo renascimento do interesse pela teoria do contrato, que, parece, não terminará tão cedo. Formulações novas e sofisticadas do conceito de contrato social são acompanhadas de outras, algumas das quais altamente técnicas e, em muitos casos, com um desenvolvimento bastante elegante de seus argumentos, vários deles apresentados por marxistas, anteriormente adversários inflexíveis dos pressupostos teóricos e das implicações práticas da doutrina do contrato. A razão pela qual resolvi acrescentar uma contribuição bem diferente a essa literatura é que falta algo essencial à discussão em andamento. O contrato sexual nunca é mencionado. Ele é uma dimensão suprimida da teoria do contrato, uma parte integrante da opção racional pelo conhecido acordo original. O contrato original, como em geral *é* entendido, é apenas uma parte do ato da gênese política descrito nas páginas dos teóricos do contrato clássico dos séculos XVII e XVIII. O objetivo de meu estudo é começar a romper as camadas de autocensura teórica.

Em certo sentido, este é um momento favorável para escrever sobre o contrato sexual. A influência extraordinariamente grande da doutrina do contrato significa que todas as suas implicações ainda podem ser vislumbradas. Por outro lado, o momento atual é desfavorável; o próprio prestígio da teoria do contrato ameaça enterrar a sua vertente sexual ainda mais profundamente, além de marginalizar as discussões que incorporam as críticas que as feministas têm levantado à referida teoria. O fato de a teoria do contrato ter uma vida nova não é apenas consequência da evolução inerente à teoria política, mas relaciona-se a desenvolvimentos políticos mais amplos, baseados numa interpretação da democracia como iniciativa individual (ou escolha), que pode ser sintetizada nos lemas da iniciativa privada e da privatização. O pacote político completo é vendido sob a denominação de liberdade. As vendas (pelo menos até o final de 1987) foram impressionantemente bem-sucedidas, com compradores vindos de regiões que antes resistiam a esse tipo de propaganda política. Os antigos argumentos socialistas contra o contrato têm perdido muito de seu poder de convencimento no atual contexto político e, para que novas críticas sejam desenvolvidas, é necessário encarar a teoria do contrato com novos olhos. Ela diz respeito a bem mais do que meras ficções políticas; os teóricos do contrato pretendem mostrar como as principais instituições políticas devem ser compreendidas. A cidadania, o trabalho e o casamento são todas contratuais, mas, como são vistas pela ótica de uma teoria do contrato extremamente mutilada — de fato, uma teoria que foi literalmente castrada —, o contrato social e o de trabalho são sistematicamente deturpados e o de casamento geralmente é ignorado.

Cientifiquei-me de que o contrato social pressupunha o contrato sexual, e de que a liberdade civil pressupunha o direito patriarcal, somente depois de muitos anos de estudo sobre a teoria clássica do contrato associada aos problemas teóricos e práticos do consenso social. Interessei-me, inicialmente, pelo compromisso político e, embora minhas conclusões sobre esse assunto (publicadas em *O problema da obrigação política*) divergissem de muitas explicações, minha discussão permaneceu dentro dos limites convencionais. No entanto, ela começou a forçar os limites da teoria do contrato quando observei que os teóricos clássicos deixaram um legado de problemas sobre a incorporação das mulheres e de seus compromissos na sociedade civil, os quais não eram reconhecidos pelas discussões contemporâneas. Passei a perceber a profundidade e a natureza dessa falha somente quando fiz questionamentos especificamente feministas sobre os textos e os exemplos concretos de relações contratuais, em vez de tentar lidar com o problema da incorporação das mulheres ao campo da teoria política dominante. As abordagens convencionais não são capazes de mostrar por que o problema continua a existir e é tão complexo, ou por que tanto os críticos quanto os partidários do contrato não são capazes de levar o feminismo a sério sem destruir sua interpretação do "político" e das relações "políticas".

Algumas de minhas considerações têm sido suscitadas por escritoras geralmente rotuladas de feministas radicais, embora a classificação das feministas em radicais, liberais e socialistas sugira que o feminismo seja sempre secundário — um complemento de outras doutrinas. O feminismo, como o socialismo, está envolvido até certo ponto com o contrato e, apesar da controvérsia de mais de uma década entre as feministas sobre o conceito de patriarcado, tem se dispensado pouquíssima atenção ao caráter contratual moderno. Contudo, minha maior dívida intelectual é para com as discussões e as atividades do movimento feminista, que modificaram minha visão tanto da teoria política quanto da vida política.

Este livro levou alguns anos para ser formulado e se beneficiou de muitas conversas, com frequência sobre temas aparentemente a ele não relacionados, e de discussões surgidas em ensaios e palestras na Austrália e nos Estados Unidos; sou grata a todos os que participaram dessas atividades. A sua redação foi menos prolongada. Resolvi tentar juntar partes do meu trabalho e escrevi esboços sobre aspectos do assunto, enquanto exercia a função de pesquisadora no Center for Advanced Study in The Behavioral Sciences (Stanford, 1984-1985). Fui afortunada por ter um ambiente intelectual e físico excepcionalmente agradável e a assistência de uma equipe amiga e eficiente, enquanto tentava organizar meus pensamentos. Tive também muita sorte durante os anos de 1986 e 1987, quando fui membra da School of Social Science no Institute for Advanced Study, em Princeton. No instituto, estava num ambiente intelectual bastante diferente, excepcionalmente calmo, mas muito estimulante. Este livro foi totalmente escrito com o financiamento do Institute for Advanced

Study, com exceção do último capítulo, que foi completado em meio à falta de recursos públicos da University of Sydney.

Agradeço especialmente a Joan Scott por ter lido e comentado os capítulos 1 a 4, e a Itsie Hull por sua análise minuciosa do capítulo 5, e a ambas, além de Giovanna Proacci, por nossas discussões, sobre meu trabalho, durante os horários de almoço. Devo um agradecimento especial a Maria Vigilante por ter me livrado de muitas das tarefas tediosas relacionadas com a redação do livro e por seu interesse crítico, e a Peg Clarke e Lucille Allsen, sem as quais o livro não poderia ter sido escrito. Sua habilidade, supererrogação e disposição diante da confusão de páginas sinistras escritas à mão ou mal datilografadas salvaram a mim e ao livro de repetitivos erros graves. Meu marido transpôs o capítulo 8 e este prefácio para o computador e, mais uma vez, deu apoio ao meu trabalho acadêmico, além de ter sido um crítico arguto. Também gostaria de agradecer a David Held por seu estímulo e sua eficiência editorial exemplar.

1

FAZENDO CONTRATOS

Contar histórias de todos os tipos é a principal forma desenvolvida pelos seres humanos para atribuírem sentido a si próprios e à sua vida social. A mais famosa e influente história política dos tempos modernos encontra-se nos escritos dos teóricos do contrato social. A história — real ou hipotética — conta como uma nova forma de sociedade civil e de direito político foi fundada por meio de um contrato original. A autoridade legal do Estado, a legislação civil e a própria legitimidade do governo civil moderno são explicadas como apreensões, de nossa sociedade, de referenciais desse contrato. O fascínio exercido pela ideia de um contrato original e pela teoria do contrato num sentido mais geral, uma teoria que sustenta que as relações sociais livres tomam uma forma contratual, é provavelmente maior agora do que em qualquer outro momento, desde os séculos XVII e XVIII, quando os autores clássicos contaram suas histórias. Mas hoje, invariavelmente, apenas metade da história é contada. Ouvimos muito sobre o contrato social, mas se mantém um silêncio profundo sobre o contrato *sexual*.

O contrato original é um pacto sexual-social, mas a história do contrato sexual tem sido sufocada. As versões tradicionais da teoria do contrato social não examinam toda a história, e os teóricos contemporâneos do contrato não dão nenhuma indicação de que metade do acordo está faltando. A história do contrato sexual também trata da gênese do direito político e explica por que o exercício desse direito é legitimado; porém, essa história trata o direito político como *direito patriarcal* ou instância do sexual — o poder que os homens exercem sobre as mulheres. A metade perdida da história conta como uma forma caracteristicamente moderna de patriarcado se estabelece. A nova sociedade civil criada, através do contrato original, é uma ordem social patriarcal.

A teoria do contrato social, convencionalmente, é apresentada como uma história sobre a liberdade. Uma interpretação do contrato original é a de que os homens no estado natural trocaram as inseguranças dessa liberdade pela liberdade civil e equitativa, salvaguardada pelo Estado. A liberdade é universal na sociedade civil; todos os adultos desfrutam da mesma condição civil e podem exercer sua liberdade como se essa estivesse reproduzindo o contrato original quando participam, por exemplo, do contrato de trabalho ou do contrato de casamento. Outra interpretação — que leva em consideração histórias hipotéticas sobre o estado natural —, existente nos textos clássicos, é a de que a liberdade é conquistada por filhos que renegam sua sujeição natural a seu pai e substituem o regime paterno pelo governo civil. O direito político como direito paterno é incompatível com a sociedade civil moderna. Nessa versão da história, a sociedade civil é criada pelo contrato original após a destruição do regime paterno — ou patriarcado. A nova ordem civil parece ser, portanto, anti ou pós-patriarcal. A sociedade civil é criada pelo contrato, de modo que contrato e patriarcado parecem ser irrevogavelmente contrários.

Essas leituras das histórias familiais clássicas não mencionam que há coisas em jogo além da liberdade. A dominação dos homens sobre as mulheres e o direito masculino de acesso sexual regular a elas estão em questão na formulação do pacto original. O contrato social é uma história de liberdade; o contrato sexual é uma história de sujeição. O contrato original cria ambas, a liberdade e a dominação. A liberdade do homem e a sujeição da mulher derivam do contrato original, e o sentido da liberdade civil não pode ser compreendido sem a metade perdida da história, que revela como o direito patriarcal dos homens sobre as mulheres é criado pelo contrato. A liberdade civil não *é* universal — é um atributo masculino e depende do direito patriarcal. Os filhos subvertem o regime paterno não apenas para conquistar sua liberdade, mas também para assegurar as mulheres para si próprios. Seu sucesso nesse empreendimento é narrado na história do contrato sexual. O pacto original é tanto um contrato sexual quanto social: é sexual no sentido de patriarcal — isto é, o contrato cria o direito político dos homens sobre as mulheres —, e também sexual no sentido do estabelecimento de um acesso sistemático dos homens aos corpos das mulheres. O contrato original cria o que chamarei, seguindo Adrienne Rich, de "lei do direito sexual masculino".[1] O contrato está longe de se contrapor ao patriarcado; ele é o meio pelo qual se constitui o patriarcado moderno.

Um motivo pelo qual os teóricos políticos tão raramente percebem que metade da história está faltando, ou que a sociedade civil é patriarcal, é que "patriarcado" geralmente é interpretado como regime paterno (no sentido literal do termo). Assim se entende, por exemplo, na leitura tradicional da batalha teórica do século XVII entre os patriarcalistas e os teóricos do contrato social, que o patriarcado se refere somente ao direito paterno. Sir Robert Filmer afirmava que o poder político era poder paterno e que o poder reprodutor do pai era a origem do direito político. Locke e os teóricos do contrato associados a ele insistiam que os poderes paterno e político eram distintos e que o contrato era a gênese do direito político. Os teóricos do contrato venceram neste aspecto: a interpretação tradicional está bem fundamentada — até onde ela vai. Mais uma vez, está faltando uma parte crucial da história. A verdadeira origem do direito político é deixada de lado nessa interpretação; nenhuma história foi contada sobre a sua gênese (eu tento remediar a omissão no capítulo 4). O direito político origina-se no direito sexual ou conjugal. O direito paterno é somente uma dimensão do poder patriarcal, e não a fundamental. O poder de um homem como pai *é* posterior ao exercício do direito patriarcal de um homem (marido) sobre uma mulher (esposa). Os teóricos do contrato não tinham a intenção de contestar o direito patriarcal original em seu ataque violento ao direito paterno. Em vez disso, eles incorporaram o direito conjugal em suas teorias e, ao fazê-lo, deram ao preceito do direito sexual masculino sua forma contratual moderna. O patriarcado deixou de ser paternal há muito tempo. A sociedade civil moderna não está estruturada no parentesco e no poder dos pais; no mundo moderno, as mulheres são subordinadas aos homens *como homens*, como fraternidade. O contrato original é feito depois da derrota política do pai e cria o *patriarcado fraternal* moderno.

Outro motivo para a omissão da história do contrato sexual deve-se ao fato de as abordagens tradicionais dos textos clássicos, sejam as dos teóricos políticos convencionais ou as de seus críticos socialistas, fornecerem uma imagem enganosa de um aspecto característico da sociedade criada por meio do contrato original. A sociedade civil patriarcal está dividida em duas esferas, mas só se presta atenção a uma delas. A história do contrato social é tratada como um relato da constituição da esfera pública da liberdade civil. A outra esfera, a privada, não é encarada como sendo politicamente relevante. O casamento e o contrato matrimonial também são considerados, portanto, politicamente irrelevantes. Ignorar o contrato matrimonial é ignorar metade do contrato original. Nos textos clássicos, conforme demonstrarei detalhadamente, o contrato sexual é transformado em contrato matrimonial. A transformação impede que se recupere e reconte a história perdida. Tem-se, facilmente, a impressão de que os contratos sexual e social são dois contratos distintos, embora relacionados, e que o contrato sexual diz respeito à esfera privada. O patriarcado parece não ser, então, relevante para o mundo público. Ao contrário, o direito patriarcal propaga-se por toda a sociedade civil. O contrato de trabalho e o que chamarei de contrato de prostituição, ambos integrantes do mercado capitalista público, sustentam o direito dos homens tão firmemente quanto o contrato matrimonial. As duas esferas da sociedade civil são separáveis e inseparáveis ao mesmo tempo. O domínio público não pode ser totalmente compreendido sem a esfera privada e, do mesmo modo, o sentido do contrato original é desvirtuado sem as duas metades interdependentes da história. A liberdade civil depende do direito patriarcal.

Meu interesse pelo contrato sexual não recai, essencialmente, na interpretação de textos, embora os trabalhos clássicos sobre a teoria do contrato social apareçam amplamente em minha discussão. Estou recuperando essa história a fim de iluminar a estrutura atual das principais instituições sociais na Inglaterra, na Austrália e nos Estados Unidos — sociedades que, dizem-nos, podem ser corretamente compreendidas como originadas num contrato social. Pode-se elucidar em que sentido essas sociedades são patriarcais através da história completa do contrato original; elas têm muito em comum histórica e culturalmente, possibilitando que se conte a mesma história a seu respeito (e muitas das minhas discussões gerais também serão relevantes para outros países ocidentais desenvolvidos). O modo como a dominação patriarcal difere de outras formas de dominação do final do século XX fica muito mais claro uma vez que se tire o contrato sexual do esquecimento. A relação entre patriarcado e contrato tem sido pouco explorada, mesmo pelas feministas, embora na sociedade civil moderna instituições extremamente importantes sejam criadas e mantidas através de contratos.

A relação entre patrão e trabalhador é contratual e, para muitos teóricos do contrato, esse é o contrato exemplar. O casamento também começa num contrato. As feministas têm se preocupado muito com o contrato matrimonial, mas seus escritos e suas atividades têm sido quase que totalmente ignorados, mesmo pela maioria dos críticos socialistas da teoria do contrato e do contrato de trabalho, que supostamente estariam bastante interessados nas discussões feministas. (Exceto onde estiver especificado, utilizarei o termo "socialista" num sentido muito amplo, agrupando marxistas, social-democratas, anarquistas, e assim por diante.) Além dos contratos de trabalho e matrimonial, analisarei o contrato entre prostituta e cliente, e tenho algo a dizer a respeito do contrato servil (ou, mais precisamente, como discutirei no capítulo 3, o que deveria ser chamado de contrato civil de escravidão). No final do capítulo 7, analisarei um tipo mais recente, o contrato de que participa a mãe de aluguel. Esses contratos ou são regulamentados, ou proibidos por lei, e também falarei rapidamente sobre a condição legal das partes neles envolvidas em vários pontos de minha discussão. Não estou, contudo, escrevendo sobre legislação contratual. Minha preocupação é com o contrato como um princípio de associação e uma das formas mais importantes de instituição das relações sociais, tais como a relação marido e mulher ou a relação entre capitalista e trabalhador. Também minha discussão sobre a propriedade não vai no sentido em que "propriedade" geralmente entra nas discussões sobre a teoria do contrato. Os partidários e os críticos da teoria do contrato tendem a focalizar a propriedade ou como bens materiais, terra e capital, ou como lucro (a propriedade) que se diz que os indivíduos podem ter na liberdade civil. O objeto de todos os contratos em que estou interessada é um tipo muito especial de propriedade, a propriedade que os indivíduos detêm em sua pessoa.

Conhecer um pouco da história do contrato sexual ajuda a explicar por que aparecem problemas específicos nos contratos em que as mulheres estão envolvidas. Tais problemas nunca são mencionados na maioria das discussões sobre os textos clássicos, nem pelos teóricos contemporâneos do contrato. As feministas têm, sem sucesso, apontado as particularidades do contrato de casamento há pelo menos um século e meio. As análises tradicionais das histórias clássicas do contrato original geralmente não mencionam que as mulheres estão *excluídas* dele. Os homens fazem o contrato original. O artifício do estado natural é utilizado para explicar por que, dadas as características dos homens nesse estado, a entrada no contrato original é um ato racional. A questão essencial, que é omitida, refere-se ao fato de os homens primitivos serem diferenciados sexualmente e, para todos os autores clássicos (com exceção de Hobbes), as diferenças de racionalidade derivam de diferenças sexuais naturais. As análises dos textos atenuam o fato de os teóricos clássicos construírem uma versão patriarcal da masculinidade e da feminilidade, do que é ser macho e fêmea. Somente os seres masculinos são dotados das capacidades e dos atributos necessários para participar dos contratos, dentre os quais o mais importante é a posse da propriedade em sua pessoa; quer dizer, somente os homens são "indivíduos".

No estado natural "todos os homens nascem livres" e são iguais entre si, são "indivíduos". Esse pressuposto da doutrina do contrato cria um sério problema: como pode ser legítimo, nesse estado, o governo de um homem por outro; como podem existir os direitos políticos? Somente uma resposta é possível sem se negar o pressuposto inicial da liberdade e da igualdade. A relação deve surgir por meio de um acordo, e por razões que analisarei no capítulo 3, o contrato é encarado como o paradigma do livre acordo. Mas as mulheres não nascem livres, elas não têm liberdade natural. As descrições clássicas do estado natural também contêm um tipo de sujeição — entre homens e mulheres. Com exceção de Hobbes, os teóricos clássicos argumentam que as mulheres naturalmente não têm os atributos e as capacidades dos "indivíduos". A diferença sexual é uma diferença política; a diferença sexual é a diferença entre liberdade e sujeição. As mulheres não participam do contrato original através do qual os homens transformam sua liberdade natural na segurança da liberdade civil. As mulheres são o objeto do contrato. O contrato sexual é o meio pelo qual os homens transformam seu direito natural sobre as mulheres na segurança do direito patriarcal civil. Mas se as mulheres não participam do contrato original, se elas não desempenham um papel nele, por que os teóricos clássicos do contrato social (novamente, com exceção de Hobbes) consideram o casamento e o contrato matrimonial parte do estado natural? Como seres que não têm capacidade de fazer contratos podem, contudo, participar continuamente desse contrato? Por que, além disso, todos os teóricos clássicos (inclusive Hobbes) insistem que, na sociedade civil, as mulheres não só podem como devem participar do contrato matrimonial?

A construção da diferença entre os sexos como diferença entre a liberdade e a sujeição não é fundamental apenas para uma célebre história política. A estrutura de nossa sociedade e de nossa vida cotidiana incorpora a concepção patriarcal de diferença sexual. Pretendo mostrar como a exclusão das mulheres da categoria fundamental de "indivíduo" teve expressão social e legal, e como essa exclusão estruturou os contratos em que estou interessada. Apesar das diversas reformas recentes na legislação e das mudanças mais amplas na condição social das mulheres, ainda não temos a mesma situação civil que os homens, embora esse fato político fundamental de nossas sociedades raramente seja tema dos debates contemporâneos sobre a teoria e a prática do contrato. Os maridos não desfrutam mais dos amplos direitos que exerciam sobre sua mulher no século XIX, quando as esposas estavam na condição legal de propriedade. Mas, nos anos 1980, esse aspecto da sujeição conjugal subsiste nas jurisdições que se recusam a aceitar algum tipo de limitação do acesso de um marido ao corpo de sua mulher, negando, desse modo, a possibilidade de estupro no casamento. Uma reação comum é o desprezo por esse assunto, como se ele fosse irrelevante para os teóricos e ativistas *políticos*. A possibilidade de que a condição da mulher no casamento reflita problemas muito mais profundos relativos às mulheres e aos contratos, ou de que a estrutura do contrato de casamento possa ser muito parecida com a dos outros contratos também é desconsiderada. A recusa em admitir que a dominação do marido seja politicamente significante torna óbvia a necessidade de considerar se existem relações entre o contrato de casamento e os outros contratos que envolvem mulheres.

Surpreendentemente, tem-se dado pouca atenção à relação entre o contrato original — que geralmente se concorda ser uma ficção política — e os contratos reais. O contrato social, assim continua a história, cria uma sociedade em que os indivíduos podem fazer contratos, seguros de que seus atos são regulamentados pela legislação civil e de que, se necessário, o Estado fará com que seus acordos sejam cumpridos. Os contratos reais parecem assim exemplificar a liberdade que os indivíduos exercem quando fazem o pacto original. Segundo os teóricos contemporâneos do contrato, as condições sociais são tais que é sempre possível que indivíduos exerçam sua liberdade e participem dos contratos de casamento ou de trabalho, ou mesmo, de acordo com alguns autores clássicos e contemporâneos, de contrato (civil) de escravidão. Outra maneira de se ler a história (como Rousseau a entendeu) é que o contrato social permite que indivíduos se submetam voluntariamente ao Estado e à legislação civil; a liberdade transforma-se em obediência e, em troca, recebe-se proteção. Nessa leitura, os contratos reais da vida cotidiana também refletem o contrato original, mas agora eles envolvem uma troca de obediência por proteção; eles criam o que chamarei de *dominação* e *subordinação civis*.

Um motivo pelo qual a dominação e a subordinação patriarcais raramente têm recebido a atenção que merecem é que a *subordinação* frequentemente tem sido um tema menor entre os críticos do contrato. Tem-se dado muita atenção às condições sob as quais se participa dos contratos e à questão da exploração, uma vez realizado o contrato. Os partidários da doutrina do contrato sustentam que os contratos da vida cotidiana são bastante parecidos com o modelo do contrato original, em que as partes concordam voluntariamente com os seus termos; os contratos reais fornecem, portanto, exemplos de liberdade individual. Seus críticos, sejam os socialistas preocupados com o contrato de trabalho, ou as feministas, preocupadas com o contrato de casamento ou com o de prostituição, contrapõem-se a essa afirmação ao exporem a situação frequente de total desigualdade das partes envolvidas e as restrições econômicas, entre outras, enfrentadas pelos trabalhadores, pelas esposas e mulheres em geral. Porém, a ênfase na participação forçada nos contratos, ainda que relevante, pode ocultar uma questão importante: os socialistas e as feministas se interessariam pelo contrato se a participação realmente fosse voluntária, sem coerção?

Tem-se criticado a exploração, tanto no sentido marxista técnico de extração de mais-valia como no sentido mais popular de que os trabalhadores não recebem salários justos por seu trabalho e enfrentam duras condições de trabalho, bem como no de que as mulheres não são remuneradas por seu trabalho em casa, ou de que as prostitutas são ultrajadas e estão sujeitas à violência física. Novamente, a exploração é importante, mas a história hipotética das origens do patriarcado existente na teoria clássica do contrato também focaliza a criação das relações de dominação e subordinação. Desde o século XVII, as feministas estão conscientes de que as esposas são subordinadas ao marido, mas sua crítica à dominação (conjugal) é muito menos conhecida do que as discussões socialistas, que subsumem a subordinação na exploração. Entretanto, a exploração é possível justamente porque, conforme demonstrarei, os contratos referentes às propriedades que as pessoas detêm em si próprias colocam o direito de controle nas mãos de uma das partes contratantes. Os capitalistas podem explorar os trabalhadores e os maridos podem explorar as esposas, porque trabalhadores e esposas constituem-se em subordinados através dos contratos de trabalho e de casamento. A astúcia dos teóricos do contrato foi apresentar tanto o contrato original como os reais como exemplificadores e asseguradores da liberdade individual. Pelo contrário, na teoria do contrato, a liberdade universal é sempre uma hipótese, uma história, uma ficção política. O contrato sempre dá origem a direitos políticos sob a forma de relações de dominação e subordinação.

Em 1919, G. D. H. Cole declarou que as pessoas geralmente não responderam corretamente à indagação sobre o que estava errado na organização capitalista de produção; "elas responderam 'pobreza' [desigualdade] quando deveriam ter respondido 'escravidão'".[2] Cole exagerou, com a intenção de polemizar. Quando os indivíduos são juridicamente livres e civilmente iguais, o problema não é literalmente a escravidão; ninguém pode ser, ao mesmo tempo, propriedade humana e cidadão. Entretanto, a observação de Cole refere-se ao fato de os críticos do capitalismo — e do contrato — enfocarem a exploração (desigualdade) e se descuidarem, desse modo, da subordinação, ou do grau em que instituições supostamente constituídas por relações livres se assemelham às relações entre senhor e escravo. Rousseau criticou os teóricos do contrato que o precederam por defenderem um acordo original que era equivalente ao contrato de escravidão. (Analisei a questão da transferência do poder político para os representantes e para o Estado, uma questão essencial para o contrato social, em *The Problem of Political Obligation* [O problema da obrigação política].) Rousseau é o único teórico clássico do contrato que rejeita categoricamente a escravidão e qualquer outro tipo de contrato — exceto o sexual — que tenha alguma semelhança com o contrato de escravidão. As diferenças entre os autores clássicos tornam-se menos importantes do que seu endosso coletivo ao patriarcado somente em uma perspectiva externa à teoria política dominante. A dominação patriarcal é essencial nas teorias de todos os autores clássicos, mas tem sido quase totalmente desprezada pelos teóricos e ativistas políticos radicais (sejam eles liberais ou socialistas, como G. D. H. Cole); as vozes feministas não foram ouvidas.

O renascimento do movimento feminista organizado no final dos anos 1960 também ressuscitou o termo "patriarcado". Não há um consenso quanto ao seu significado, e analisarei as controvérsias feministas em curso no próximo capítulo. Os debates sobre o patriarcado são marcados por interpretações patriarcais; dentre as mais importantes e frequentes estão dois argumentos inter-relacionados: o de que "patriarcado" deve ser interpretado literalmente, e o de que o patriarcado é uma relíquia do antigo mundo do *status*, ou uma ordem natural de sujeição — em suma, um resquício do antigo mundo do direito paterno, que precedeu o novo mundo civil do contrato. Ou seja, o patriarcado é encarado como sinônimo de *status*, como na famosa caracterização de sir Henry Maine da transformação do antigo mundo no novo como um "movimento do *status para o contra-to*".[3] O contrato ganha, desse modo, seu significado como liberdade, em contraste e em oposição à antiga ordem da sujeição do *status* ou patriarcado. O nome de sir Henry Maine e seu famoso aforismo são mais evocados nas discussões sobre contrato do que analisados rigorosamente. A discussão de Maine dizia respeito à substituição do *status*, no sentido de autoridade paterna absoluta na família patriarcal, por relações contratuais, bem como à substituição da família pelo indivíduo como "unidade" fundamental da sociedade. "*Status*", no sentido de Maine, abrange um dos dois sentidos em que esse termo é comumente utilizado hoje.

Às vezes, "*status*" é utilizado para se referir mais genericamente a atributo; os seres humanos ocupam certas posições sociais em função de suas características, tais como sexo, cor, idade, e assim por diante. A crítica de John Stuart Mill em "A sujeição das mulheres" sobre a insuficiência contratual do contrato de casamento, o qual pressupõe que uma das partes — a esposa — nasce dentro de uma determinada condição, apoia-se numa contraposição implícita entre contrato e *status* nesse sentido amplo. Já os juristas contemporâneos utilizam o termo "*status*" de maneira um pouco diferente. Para esses autores, "contrato" refere-se à ordem econômica do *laissez-faire*, uma ordem de "liberdade contratual", em que as características individuais essenciais e o objeto de um acordo são irrelevantes. Contrato, nesse sentido, contrapõe-se a "*status*" enquanto normatização (estatal). As normas impõem limites e condições especiais aos contratos, considerando justamente *quem* está fazendo um contrato, sobre *o que* e *em quais circunstâncias*. O desenvolvimento de um amplo sistema de tais regulamentações levou Patrick Atiyah a afirmar, em *The Rise and Fall of Freedom of Contract* [A ascensão e queda da liberdade de contrato], que se "tornou um clichê dizer que houve uma reversão do 'contrato' para o '*status*', uma mudança contrária à que Maine percebeu e descreveu em 1861".[4] Entretanto, as mudanças a que se referem Maine e Atiyah estão localizadas em contextos históricos muito diferentes. *"Status"* nos anos 1980 *é* muito diferente do *"status"* de Maine. Retomarei o significado de *status* e sua relação com o patriarcado e com o contrato em vários pontos de minha discussão.

A percepção da sociedade civil como uma ordem social pós-patriarcal também depende da ambiguidade inerente ao termo "sociedade civil". Por um lado, a sociedade civil é a ordem contratual que sucede a ordem pré-moderna do *status*, ou a ordem civil do governo constitucional e restritivo que substitui o absolutismo político. Por outro, a sociedade civil substitui o estado natural; e, novamente, "civil" também se refere a uma das esferas da "sociedade civil", a pública. A maioria dos defensores e opositores da teoria do contrato aproveita-se da ambiguidade do termo "civil". A "sociedade civil" diferencia-se das outras formas de ordem social por meio da separação das esferas pública e privada; a sociedade civil é dividida em dois domínios contrários, cada qual com modos de associação característicos e distintos. Contudo, presta-se atenção somente a uma esfera, tratada como o único domínio de interesse público. Raramente se interroga sobre o significado político da existência de duas esferas, ou sobre como elas surgiram. A origem da esfera pública não é um mistério. O contrato social dá origem ao mundo público da legislação civil, da liberdade e da igualdade civis, do contrato e do indivíduo. Qual é a história (hipotética) da origem da esfera privada?

Para se compreender o retrato feito por qualquer autor clássico, seja da condição natural ou do estado civil, estes devem ser considerados conjuntamente. "Natural" e "civil" são, ao mesmo tempo, opostos e interdependentes. Os dois termos adquirem significado a partir de sua relação um com o outro; o que é "natural" exclui o que é "civil", e vice-versa. Chamar a atenção para a interdependência entre estado natural e sociedade civil não explica por que, após o pacto original, o termo "civil" transforma-se e passa a ser utilizado para se referir não ao todo da "sociedade civil", mas a uma de suas partes. Para se explicar a transformação, uma dupla análise da oposição e dependência entre "natural" e "civil" deve ser levada

O CONTRATO SEXUAL | 25

em consideração. Uma vez que se introduz o contrato, a dicotomia pertinente passa a ser entre a esfera privada e a esfera pública, civil — uma dicotomia que reflete a ordem da divisão sexual na condição natural, que é também uma diferença política. As mulheres não têm um papel no contrato original, mas elas não são deixadas para trás no estado natural — isso invalidaria o propósito do contrato sexual! As mulheres são incorporadas a uma esfera que ao mesmo tempo faz e não faz parte da sociedade civil, mas que está separada da esfera "civil". A antinomia privado/público é uma outra expressão das divisões natural/civil e mulheres/homens. A esfera privada, feminina (natural), e a esfera pública, masculina (civil), são contrárias, mas uma adquire significado a partir da outra, e o sentido de liberdade civil da vida pública é ressaltado quando ele é contraposto à sujeição natural que caracteriza o domínio privado (Locke induz ao erro ao apresentar o contraste em termos patriarcais, como sendo entre os poderes paterno e político). O significado do que é ser um "indivíduo", produtor de contratos e civilmente livre, é revelado através da sujeição das mulheres dentro da esfera privada.

Geralmente se admite que a esfera privada é o alicerce necessário e natural da vida civil — isto é, pública —, mas ela é tratada como sendo irrelevante para os interesses dos teóricos e ativistas políticos. Desde 1792, pelo menos, quando apareceu *Reivindicação dos direitos da mulher*, de Mary Wollstonecraft, as feministas têm apontado insistentemente para a complexa interdependência das duas esferas, mas, cerca de dois séculos depois, a sociedade "civil" ainda é comumente tratada como um domínio que subsiste independentemente. A origem da esfera privada continua sendo, desse modo, um mistério. O mistério aprofunda-se porque as discussões sobre a teoria do contrato social quase sempre passam diretamente do século XVIII para o presente e para as reformulações da história do contrato (social) contemporâneas, feitas por John Rawe. Contudo, Sigmund Freud também (re)escreveu mais de uma versão da história do contrato original. Ele raramente é mencionado, mas talvez exista um bom motivo para a ausência do nome de Freud. Suas histórias explicitam que o poder sobre as mulheres, e não somente a liberdade, está em questão antes de o acordo original ser feito, além de deixarem claro que os dois domínios são criados por meio do pacto original. À primeira vista, pode parecer que nos textos clássicos (exceto nos de Hobbes) não há necessidade de se criar a esfera privada, dado que as relações sexuais entre homens e mulheres, o casamento e a família já existiam no estado natural. Mas o contrato original dá origem à "sociedade civil", e a história do contrato sexual deve ser contada a fim de se esclarecer como o domínio privado é estabelecido e por que a separação da esfera pública é necessária.

O contrato sexual, deve-se enfatizar, não está associado apenas à esfera privada. O patriarcado não é puramente familiar ou está localizado na esfera privada. O contrato original cria a sociedade civil patriarcal em sua totalidade. Os homens passam de um lado para outro, entre a esfera privada e a pública, e o mandato da lei do direito sexual masculino rege os dois domínios. A sociedade civil é bifurcada, mas a unidade da ordem social é mantida, em grande parte, através da estrutura das relações patriarcais. Nos capítulos 5 e 7 analisarei alguns aspectos da dimensão pública do patriarcado e explorarei algumas relações entre a dominação patriarcal nas duas esferas. A dicotomia público/privado, assim como a natural/civil, tomam uma dupla forma e assim mascaram sistematicamente essas relações.

A maior parte das polêmicas entre liberais e socialistas sobre o público e o privado não é em torno da separação *patriarcal* do civil e do natural. A esfera privada é "esquecida", de modo que o "privado" se transforma no mundo civil e na divisão de *classes* do privado e do público. A separação *é* feita, assim, dentro do próprio domínio "civil", entre a economia capitalista privada ou iniciativa privada e o Estado político ou público, resultando nos debates conhecidos. De fato, o grande público reconhece o termo "contrato social" porque ele tem sido utilizado para se referir às relações entre governo, trabalho e capital no domínio "civil". Nos anos 1970, os governos trabalhistas fizeram um grande alarde na Inglaterra sobre as relações entre o seu contrato social e o movimento sindical, e o acordo entre Estado, capital e trabalho na Austrália, feito em 1983, é frequentemente chamado de contrato social. Nos anos 1980, apareceram nos Estados Unidos alguns livros sobre a política econômica da administração Reagan, com o termo "contrato social" no título.[5] Assim, a defesa liberal e a crítica socialista dessa variante da antinomia privado/público ou defendem ou atacam a dominação de classes e o contrato de trabalho. A dominação patriarcal permanece fora de seus quadros de referência, juntamente com as questões referentes à relação entre os contratos de casamento e de trabalho, bem como qualquer sinal de que o contrato de trabalho também faça parte da estrutura do patriarcado.

Na última década, o teor dos debates entre liberais e socialistas, e entre os próprios socialistas, tornou-se cada vez mais problemático. A inadequação se revelou em face de uma série de processos políticos, econômicos e intelectuais, dos quais quero tratar apenas de um. As feministas mostraram como, nesses debates bastante demorados, os partidários, com frequência severamente antagônicos uns aos outros, compartilhavam alguns pressupostos importantes. O pressuposto fundamental era o de que a divisão patriarcal entre a esfera privada/natural e o domínio público/civil seria irrelevante para a vida política. Mas a fundamentação comum vai ainda mais longe. A complexa relação entre patriarcado, contrato, socialismo e feminismo é relativamente pouco explorada. Uma análise desse campo, através da história do contrato sexual, mostra como certas correntes modernas do socialismo e do feminismo aliam-se à teoria do contrato mais radical. A intersecção está na ideia de que, como na famosa formulação de Locke, "todo homem tem uma *propriedade em sua pessoa*";[6] todos os indivíduos são proprietários, todos possuem uma propriedade em suas capacidades e atributos.

A ideia de que os indivíduos são proprietários em sua pessoa tem sido fundamental na luta contra a dominação classista e patriarcal. Marx jamais poderia ter escrito *O capital* e formulado o conceito de força de trabalho sem ela; mas ele também não poderia ter evocado a abolição do trabalho assalariado e do capitalismo, ou do que é chamado de escravidão assalariada na antiga terminologia socialista, se não tivesse rejeitado essa visão dos indivíduos e o corolário de que a liberdade é o contrato e a posse. Com a atual popularidade do socialismo de mercado e com a opção pelo marxismo analítico nos meios acadêmicos, está-se correndo o risco de esquecer que Marx necessariamente teve que utilizar a ideia de posse da propriedade na pessoa a fim de rejeitar essa concepção e o tipo de ordem social para o qual ela contribui. Do mesmo modo, o argumento de que as mulheres possuem uma propriedade em sua própria pessoa tem motivado muitas campanhas feministas no passado e no presente, desde os esforços pela reforma da legislação matrimonial até a conquista de reconhecimento das reivindicações pelo direito de aborto. O apelo dessas ideias para as feministas é facilmente perceptível, visto que a doutrina legal* determinava que as esposas eram propriedades de seu marido, e os homens ainda pressionam muito para que a lei do direito sexual masculino seja cumprida, além de reivindicarem que o corpo das mulheres esteja publicamente disponível, como carne ou representação. O reconhecimento de que as mulheres têm uma propriedade em sua própria pessoa parece ser, desse modo, um golpe decisivo contra o patriarcado, mas, historicamente, enquanto o movimento feminista fazia campanha por questões que poderiam ser facilmente formuladas em termos de propriedade da pessoa, o argumento feminista predominante era o de que as mulheres reivindicavam a liberdade civil como *mulheres*, não como meros reflexos dos homens. O argumento apoiava-se, portanto, numa rejeição implícita da construção patriarcal do indivíduo como proprietário masculino.

Hoje, entretanto, muitas feministas parecem ver apenas as vantagens do atual clima político, em que suas reivindicações são feitas em

---

* A doutrina legal comum designa um tipo de sistema legal, existente principalmente na Inglaterra, baseado nos costumes e nas decisões dos juízes, e não nas leis. (N.T.)

termos contratuais, e elas não parecem perceber que o "indivíduo", como proprietário, é o ponto em torno do qual gira o patriarcado moderno. Isso é particularmente verdadeiro nos Estados Unidos, onde é raro atualmente se tomar conhecimento dos debates socialistas e onde a forma mais radical de doutrina contratual é muito influente. Vou me referir a essa doutrina, que tem sua expressão clássica na teoria de Hobbes, como *contratual* ou *contratualismo* (nos Estados Unidos ela é geralmente chamada de libertarianismo, mas, na Europa e na Austrália, "libertário" refere-se à ala anarquista do movimento socialista; visto que minha discussão deve muito a essa fonte, não manterei o costume estadunidense). O "indivíduo" é o alicerce sobre o qual a doutrina contratual é construída, e dado o grau em que o socialismo e o feminismo apoiam-se no indivíduo atualmente, eles deram as mãos aos contratualistas. Quando os socialistas se esquecem de que ambas, a aceitação *e* a rejeição do indivíduo como proprietários, são necessárias para suas discussões, a subordinação (escravidão assalariada) desaparece, e somente a exploração torna-se visível. Quando as feministas se esquecem de que a aceitação ou a rejeição do "indivíduo" pode ser politicamente necessária, elas aceitam a construção patriarcal da feminilidade.

Para os contratualistas contemporâneos, ou seguindo Hegel, o que chamarei de "ponto de vista do contrato",[7] a vida e as relações sociais não apenas se originam no contrato social, mas são encaradas propriamente como séries intermináveis de contratos distintos. As implicações dessa visão podem ser percebidas por meio de uma antiga charada filosófica. Antigamente, acreditava-se que o Universo apoiava-se sobre um elefante que, por sua vez, apoiava-se nas costas de uma tartaruga; mas o que sustentava a tartaruga? Uma resposta inexorável é a de que havia um número infinito de tartarugas, uma embaixo da outra. Pela perspectiva do contrato, há um número infinito de contratos na vida social. Além disso, não se pode impor limites aos contratos e às relações contratuais; até mesmo a forma máxima de subordinação civil, o contrato de escravidão, é legítima. Um contrato civil de escravidão não difere muito de qualquer outro contrato. O fato de a liberdade individual, mediada por um contrato, poder ser exemplificada pela escravidão, deveria fazer os socialistas e as feministas hesitarem em utilizar as ideias do contrato e do indivíduo como proprietário.

Os bem-conhecidos argumentos contra o contrato, sejam os da esquerda ou os de Hegel, o maior teórico crítico do contrato, são todos colocados sob uma luz diferente assim que a história do contrato sexual é restabelecida. Ironicamente, os críticos também operam dentro dos parâmetros fixados pelo contrato original patriarcal e, portanto, suas críticas são sempre parciais. Por exemplo, a sujeição matrimonial ou é referendada, ou é ignorada, nunca se avaliando a interpretação patriarcal do "trabalhador" e nunca se apreendendo as implicações do contrato civil de escravidão. Isso não quer dizer que uma análise do patriarcado a partir da perspectiva do contrato sexual seja uma tarefa simples; mal-entendidos podem surgir facilmente. Por exemplo, algumas feministas ficaram compreensivelmente preocupadas com a ampla difusão da imagem das mulheres como meros objetos de poder dos homens, como vítimas passivas, e o enfoque da subordinação patriarcal parecia reforçar esse retrato. Entretanto, enfatizar que a dominação patriarcal surge de um contrato não implica pressupor que as mulheres simplesmente aceitaram a sua condição. Ao contrário, a compreensão de como o contrato é apresentado como liberdade e antipatriarcalismo, como é um importante mecanismo por meio do qual o direito sexual é renovado e mantido, só é possível porque as mulheres (e alguns homens) têm resistido e criticado as relações patriarcais desde o século XVII. Esse estudo é tributário da resistência deles, e eu pretendo me referir a algumas críticas do contrato que foram desconsideradas.

A atenção à subordinação estabelecida pelo contrato original e pelos contratos de uma forma geral é em si outra possível fonte de mal-entendidos. Os influentes estudos de Michel Foucault podem sugerir que a história do contrato sexual produza uma abordagem do poder e da dominação que permanece presa a uma antiga formulação jurídica, "centrada unicamente na afirmação da lei e da ação dos interditos".[8] Seguramente, a legislação e o contrato, bem como a obediência e o contrato, andam juntos, mas disso não se deduz que o contrato refere-se apenas à legislação, nem, nos termos de Foucault, à disciplina, à normalização e ao controle. Na *História da sexualidade*, Foucault observa que, "desde o século XVIII, [novos mecanismos de poder] tomaram conta da existência dos homens, dos homens como corpos vivos".[9] Mas desde o século XVII, quando as histórias do contrato original foram contadas pela primeira vez, um novo mecanismo de subordinação e disciplina permitiu que os homens tomassem conta do corpo e da vida das mulheres. O contrato original (diz-se) criou uma nova forma de legislação, e a participação nos contratos reais da vida cotidiana constitui uma forma moderna de estabelecimento de relações localizadas de poder dentro dos campos da sexualidade, do casamento e do trabalho. A legislação e o estado civil, bem como a disciplina (patriarcal), não são duas formas de poder, mas dimensões da estrutura complexa e multifacetada de dominação do patriarcado moderno.

Contar a história do contrato sexual é mostrar como a diferença sexual, o que é ser "homem" ou "mulher", e a construção da diferença sexual como diferença política são essenciais para a sociedade civil. O feminismo sempre se preocupou com a diferença sexual, e as feministas estão enfrentando agora um problema muito complexo. No patriarcado moderno, a diferença entre os sexos é apresentada como uma diferença essencialmente natural. O direito patriarcal dos homens sobre as mulheres é apresentado como um reflexo da própria ordem da natureza. Como as feministas devem, então, lidar com a diferença sexual? O problema *é* que numa época em que o contrato tem um grande apelo, a insistência patriarcal na importância política da diferença sexual pode facilmente sugerir que os argumentos que se referem às mulheres *como mulheres* reforçam o apelo patriarcal à natureza. A resposta feminista adequada parece ser, então, lutar pela eliminação de todas as referências à diferença entre homens e mulheres na vida política; assim, por exemplo, todas as leis e políticas deveriam ser do "gênero neutro". Pretendo falar algo a respeito da terminologia ubíqua atual de "gênero" no capítulo final. Tal resposta supõe que os "indivíduos" podem ser distinguidos dos corpos sexualmente diferenciados. A doutrina do contrato apoia-se no mesmo pressuposto, a fim de argumentar que todos os exemplos de contrato envolvendo a propriedade que as pessoas têm em si mesmas instituem relações livres. O problema é que esse pressuposto apoia-se numa ficção política (discussão que apresentarei minuciosamente nos capítulos 5 e 7).

Quando as feministas ocupam, de forma acrítica, o mesmo terreno que o contrato, uma reação possível contra o patriarcado, que parece combater a sujeição das mulheres, também serve para consolidar a forma caracteristicamente moderna de direito patriarcal. Argumentar que se combate melhor o patriarcado através do esforço de transformação da diferença sexual em algo politicamente irrelevante é aceitar a visão de que o domínio civil (público) e o "indivíduo" não estão contaminados pela subordinação patriarcal. O patriarcado é entendido, então, como um problema privado e familiar que pode ser resolvido se as leis e políticas públicas tratarem as mulheres como sendo exatamente iguais aos homens. Entretanto, o patriarcado moderno não é relativo, primordialmente, à sujeição familiar da mulher. As mulheres têm relações sexuais com os homens e são esposas antes de se tornarem mães de família. A história do contrato sexual é sobre relações (hetero)sexuais e sobre mulheres personificadas como seres sexuais. A história nos ajuda a compreender os mecanismos através dos quais os homens reivindicam os direitos de acesso sexual e de domínio dos corpos das mulheres. Além disso, as relações heterossexuais não estão limitadas à vida privada. O exemplo mais dramático da dimensão pública do direito patriarcal é o fato de os homens exigirem que o corpo das mulheres esteja à venda como mercadoria no mercado capitalista; a prostituição é uma importante indústria capitalista.

Algumas feministas temem que as referências aos "homens" e às "mulheres" simplesmente reforcem o argumento patriarcal de que "mulher" é uma categoria natural e atemporal, definida por certas características inatas, biológicas. Falar sobre mulher, entretanto, não é de modo algum o mesmo que falar sobre as mulheres. A "mulher eterna" é uma invenção do imaginário patriarcal. As construções dos teóricos clássicos do contrato são, sem dúvida alguma, influenciadas pela figura da mulher e eles têm muito a dizer sobre suas capacidades naturais. Contudo, desenvolveram uma construção social e política, apesar de patriarcal, do significado do que é ser masculino e feminino na sociedade moderna. Enfatizar como o significado de "homem" e "mulher" contribui para a estruturação das mais importantes instituições sociais não é recorrer a categorias puramente naturais. Nem é negar a existência de muitas diferenças importantes entre as mulheres, e que, por exemplo, a vida de uma jovem aborígine no centro de Sidney é muito diferente da vida de uma esposa de um rico banqueiro em Princeton. Em alguns pontos de minha discussão farei referências específicas, do tipo "mulheres da classe operária", mas, numa pesquisa sobre contratos e direito patriarcal, o fato de as mulheres serem *mulheres* é mais importante do que as diferenças entre elas. Por exemplo, os significados social e legal do que é ser uma "esposa" aumentam as diferenças de classe e de raça. Claro que nem todos os casais se comportam da mesma maneira, como "esposas" e "maridos", mas a história do contrato sexual elucida a *instituição* do casamento; não importa o quanto um casal evite reproduzir as relações matrimoniais patriarcais, nenhum de nós consegue escapar completamente das consequências sociais e legais do ingresso no contrato de casamento.

Finalmente, quero deixar explícito que embora esteja (re)contando histórias hipotéticas sobre a origem do direito político, e reparando algumas omissões das histórias, não estou defendendo a substituição das histórias patriarcais por versões feministas das origens.

Notas

1. A. Rich, "Compulsory Heterosexuality and Lesbian Existence", *Signs*, vol. 5, n° 4, 1980, p. 645. [Ed. bras.: *Heterossexualidade compulsória, existência lésbica e outros ensaios*, trad. Angélica Freitas e Daniel Lühmann, Rio de Janeiro, A Bolha Editora, 2019.]

2. G. D. H. Cole, *Self-Government in Industry* [Autogoverno na indústria], Londres, G. Bell and Sons, 1919, p. 34.

3. Sir Henry Maine, *Ancient Law* [Lei Antiga], Londres, J. M. Dent and Sons, 1917, p. 100.

4. P. S. Atiyah, *Rise and Fall of Freedom of Contract* [Ascensão e queda da liberdade de contrato], Oxford, Clarendon, 1979, p. 716. Atiyah e alguns outros escritores especializados em legislação também discutem se o comprometimento é o paradigma da obrigação e do contrato. Explorei algumas dessas questões em outro lugar e não lidarei com esse aspecto do contrato neste estudo; ver o meu *The Problem of Political Obligation* [O problema da obrigação do contrato], 2ª ed., Cambridge, Polity Press; Berkeley e Los Angeles, University of California Press, 1985.

5. Por exemplo, M. Camoy, D. Shearer e R. Rumberger, *A New Social Contract: The Economy and Government After Reagan* [Um novo contrato social: a economia e o governo após Reagan], Nova York, Harper & Row, 1983; D. L. Bawden (org.), *The Social Contract Revisited* [O contrato social revisitado], Baltimore, The Urban Institute Press, 1984.

6. P. Laslett (org.), *Locke: Two Treatises of Government* [Locke: Dois tratados sobre o governo], 2ª ed., Cambridge, Cambridge University Press, 1967, II, § 27.

7. G. W. F. Hegel, *Philosophy of Right*, trad. T. M. Knox), Oxford, Clarendon, Press, 1952, § 163. [Ed. bras.: *Filosofia do direito*, trad. Paulo Meneses, Agemir Bavaresco, Alfredo de Oliveira Moraes, Danilo Vaz-Curado R. M. Costa, Greice Ane Barbieri e Paulo Roberto Konzen, São Paulo, Loyola/São Leopoldo, Unisinos, 2010.]

8. M. Foucault, *The History of Sexuality*, Nova York, Vintage Books, 1980, vol. 1, *An Introduction*, p. 85. [Ed. bras.: *História da sexualidade*, 4 volumes, Rio de Janeiro/São Paulo, Paz e Terra, 2020.]

9. *Ibidem*, p. 89.

2
CONFUSÕES PATRIARCAIS

A história do contrato original fornece uma narrativa hipotética das origens do patriarcado moderno. Antes que eu possa recuperar a história perdida do contrato sexual, algo tem que ser dito a respeito do "patriarcado". O termo é muito controverso, e seu significado, problemático. "Patriarcado" refere-se a uma forma de poder político, mas, apesar de os teóricos políticos terem gastado muito tempo discutindo a respeito da legitimidade e dos fundamentos de formas de poder político, o modelo patriarcal foi quase totalmente ignorado no século XX. A interpretação tradicional da história do pensamento político moderno é a de que a teoria e o direito patriarcais estão mortos e enterrados há 300 anos. Desde o final do século XVII, as feministas observam que os teóricos políticos modernos têm sustentado, de fato, explícita ou implicitamente, o direito patriarcal. Elas também têm empreendido algumas campanhas políticas longas, e frequentemente bastante violentas, contra a subordinação patriarcal. Entretanto nenhuma dessas campanhas foi suficiente para persuadir todos, a não ser uma pequena minoria de teóricos e ativistas políticos do sexo masculino, de que o direito patriarcal ainda existe, e de que ele merece um estudo minucioso, além de ser um antagonista tão importante quanto o poder da aristocracia, de classe ou de outras formas de poder.

O renascimento do movimento feminista organizado, no final dos anos 1960, trouxe "patriarcado" de volta ao uso corrente popular e acadêmico. Houve várias discussões entre as feministas sobre o significado de "patriarcado" e sobre questões tais como: se em nossa sociedade o termo deve ser usado em seu sentido literal de governo paterno; se o patriarcado é uma característica humana universal ou se ele é histórica e culturalmente variável; se o matriarcado ou a igualdade sexual existiram alguma vez, e, caso tenham existido, como aconteceu a "derrota mundial e histórica do sexo feminino" (para utilizar a dramática formulação de Engels);[1] se as relações patriarcais estão essencialmente estabelecidas na família ou se a vida social, como um todo, está estruturada pelo poder patriarcal; e quais as relações existentes entre patriarcado, ou dominação sexual, e capitalismo, ou dominação de classe. Não existe um consenso acerca de nenhuma dessas questões, e as feministas utilizam o termo "patriarcado" em muitos sentidos. Algumas argumentam que os problemas com o conceito são tão grandes que ele deveria ser abandonado. Seguir tal caminho representaria, na minha maneira de entender, a perda, pela teoria política feminista, do único conceito que se refere especificamente à sujeição da mulher e que singulariza a forma de direito político que todos os homens exercem pelo fato de serem homens. Se o problema não for nomeado, o patriarcado poderá muito bem ser habilmente jogado na obscuridade, por debaixo das categorias convencionais da análise política.

Obviamente, pode-se inventar um termo para servir aos mesmos propósitos que "patriarcado", e há vários candidatos disponíveis, tais como "falocracia" e outros termos a ele relacionados, como "androcentrismo" e "relações de gênero". Entretanto, além do exotismo de muitas dessas invenções, não há nenhum bom motivo para se abandonar os termos "patriarcado", "patriarcal" e "patriarcalismo". Grande parte da confusão surge porque "patriarcado" ainda está por ser desvencilhado das interpretações patriarcais de seu significado. Até as discussões feministas tendem a permanecer dentro das fronteiras dos debates patriarcais sobre o patriarcado. É urgente que se faça uma história feminista do conceito de patriarcado. Abandonar o conceito significaria a perda de uma história política que ainda está para ser mapeada. Pode-se mencionar o uso que Virginia Woolf faz de "patriarcado" em *Três guinéus*, assim como a citação de Weber, já referida,[2] mas as discussões feministas raramente dão algum indício do tamanho ou da complexidade dos debates modernos sobre o patriarcado.

Durante a última década, as feministas têm, aparentemente sem sucesso, retomado alguns dos aspectos fundamentais dos principais debates sobre o patriarcado dos últimos três séculos. Houve três grandes momentos desse debate. O primeiro ocorreu no século XVII e resultou no desenvolvimento de uma teoria especificamente moderna do patriarcado. O segundo começou em 1861 e adentrou o século XX; Rosalind Coward recentemente nos proporcionou um valioso estudo sobre os participantes e as questões desse debate, em *Patriarchal Precedents* [Precedentes patriarcais]. O terceiro debate começou com o atual renascimento do movimento feminista organizado e ainda está em curso.

Provavelmente, o aspecto mais marcante das discussões feministas da atualidade seja o fato de tão poucas participantes mencionarem a grande batalha teórica entre os patriarcalistas e os teóricos do contrato social e seus aliados políticos durante o século XVII. A visão predominante, a de que houve um "rápido declínio do patriarcalismo como ideologia política viável, após 1690",[3] dá a dimensão da amplitude da façanha dos teóricos do contrato social. Algumas poucas teóricas políticas feministas têm discutido o debate entre Locke e sir Robert Filmer, mas suas discussões parecem dever mais à teoria política, e consequentemente à teoria patriarcal, do que ao feminismo. A exclusão da participação das mulheres no ato que cria a sociedade civil não aparece muito frequentemente nessas discussões. Melissa Butler questiona o fato de Locke nada dizer a respeito do papel das mulheres no contrato social original, mas sua discussão é um exemplo quase perfeito de uma interpretação liberal e acrítica de Locke, e nos diz mais sobre a supressão da história do contrato sexual do que sobre o modo como Locke e Filmer trataram as relações sexuais. Butler sugere que o silêncio de Locke a respeito das mulheres e o contrato social decorre do fato de ele não querer se indispor com seu público (masculino). Ela também sugere que os argumentos de Locke deixam em aberto a possibilidade de as mulheres poderem fazer parte do contrato social. "A visão de Locke sobre as mulheres", de acordo com Butler, "exemplificava o seu individualismo".[4] De certo modo, isso é verdade — mas não porque, como Butler supõe, o individualismo de Locke seja genuinamente universal e capaz de incorporar as mulheres, mas porque, conforme pretendo demonstrar no próximo capítulo, o "indivíduo" de Locke é masculino.

Recentemente, foi dito também que a posição de Locke "tem menos a ver com sua postura em relação às mulheres do que com sua visão da separação da família e do político".[5] No entanto, esses dois aspectos da discussão de Locke não podem ser dissociados; não é possível compreender a natureza do patriarcado moderno, ou a contribuição teórica fundamental de Locke para a sua constituição, sem compreender também que a separação da família da vida política estava intimamente relacionada com a visão de Locke sobre as mulheres. O significado da separação de família e política, ou de privado e público (civil), somente é esclarecido quando colocado no contexto do contrato sexual. À medida que as feministas se orientam pelas leituras tradicionais de Locke e Filmer, pode-se compreender a sociedade moderna como pós-patriarcal e apreender o patriarcado como uma forma social pré-moderna e/ou familiar. O patriarcado pode, então, ser meramente reduzido à substituição das primeiras relações familiares pelo domínio político. Como diz Jean Elshtain, chamar a sociedade contemporânea de "patriarcado" é "confundir e distorcer a realidade [...] o patriarcado como forma social não funciona mais, pelo menos não nas sociedades industriais avançadas". O patriarcado é, de outro modo, um símbolo, uma metáfora, uma linguagem; "nosso vocabulário político ressoa termos cujos significados são extraídos de nossas primeiras relações sociais dentro da família".[6] Isso pode muito bem ser verdade, mas destacar esse aspecto desse vocabulário reforça as interpretações patriarcais da sociedade do final do século. A contínua dominação dos homens adultos sobre as mulheres adultas torna-se invisível quando o patriarcado é reduzido a linguagem e a símbolos do poder paterno (ou talvez parental) sobre bebês e crianças.

Zillah Eisenstein proporciona um questionamento incomum da interpretação patriarcal do debate entre Locke e Filmer. Surpreendentemente, Eisenstein não tem uma compreensão superficial da derrota do poder paterno e da separação dos poderes político e paterno e, portanto, entende Locke como um "antipatriarcalista patriarcal". Ela argumenta que, embora "o modelo do pai e filho tenha sido substituído pelo modelo da igualdade liberal",[7] não se asseguram, em decorrência disso, *status* iguais aos homens e às mulheres. Eisenstein aponta que a ênfase de Locke sobre o fato de o quarto mandamento ("Honra pai e mãe") prescrever a autoridade dos pais, e não apenas a paterna, sobre os filhos, não significa que ele questione o poder dos homens como marido. Locke, ela argumenta, "usa a igualdade entre homens e mulheres na educação dos filhos somente para desmascarar a natureza despótica e absolutista do poder paternal entre marido e esposa". O marido ainda exerce poder sobre a sua mulher, mas esse poder não chega a ser absoluto. Eisenstein, contudo, nunca foi seduzida pela categoria de Locke do "poder paternal" ao se referir ao "poder paternal entre marido e mulher". O poder conjugal não é paterno, e sim parte do direito sexual masculino, o poder que os homens exercem como homens, e não como pais.

Para se compreender melhor o significado político do *status* atribuído às mulheres na formulação da concepção moderna do patriarcado, o termo "patriarcado" tem que ser desvencilhado de vários pressupostos patriarcais sobrepostos e que se reforçam mutuamente, alguns dos quais podem ser vistos em funcionamento na discussão entre Locke e Filmer, a que me refiri há pouco. O mais eficaz deles é o de que "patriarcado" é corretamente compreendido no seu sentido literal de governo do pai ou de direito paterno. As dificuldades e mal-entendidos que esse pressuposto provoca são agravados, visto que quase todos os participantes do debate atual sobre o patriarcado supõem que o pai pode simplesmente ser visto de maneira consagrada pelo senso comum como um dos dois pais. Estranhamente, presta-se pouca atenção ao sentido político da paternidade patriarcal. A interpretação literal está relacionada com um outro pressuposto comum por ela estimulado: que as relações patriarcais são familiares. A concepção genérica de patriarcado também está ligada à percepção bastante comum de que o patriarcado é uma característica universal da sociedade humana. Nos três períodos de debate sobre o patriarcado muitos dos argumentos em conflito levantaram diferentes histórias hipotéticas sobre sua origem social e política. A gênese da família (patriarcal) é frequentemente entendida como sinônimo da origem da vida social propriamente dita, e tanto a origem do patriarcado quanto a da sociedade são tratadas como sendo o mesmo processo.

A história de um contrato original que cria a sociedade civil também é demarcada pelas controvérsias a respeito das origens do liberalismo e do capitalismo. No século XX, as histórias hipotéticas sobre origens políticas moldaram parte das discussões sobre as relações entre capitalismo e patriarcado, embora, curiosamente, quase nunca se mencione a história do contrato original nas discussões socialistas-feministas em andamento. A interpretação familial e paternal do patriarcado também é influente aqui. Se o patriarcado é universal, ele deve preceder o capitalismo; o patriarcado pode aparecer, portanto, como uma relíquia medieval ou um vestígio do antigo mundo do *status* que institui uma esfera familial, paternal, natural, privada e distinta do mundo convencional, civil e público do contrato e do capitalismo.

A fim de simplificar várias complexidades dos debates e desfazer algumas confusões, seria útil distinguir três formas de argumentação patriarcal não excludentes entre si. Chamarei a primeira de pensamento patriarcal *tradicional*. Durante séculos, a família, sob o comando da autoridade paterna, forneceu o modelo ou a metáfora para as relações de poder e autoridade de todos os tipos. A argumentação patriarcal tradicional incorpora todas as relações de poder ao regime paterno. Na Inglaterra do século XVII, a obediência dos súditos ao Estado era ensinada a partir do púlpito, utilizando-se essa analogia. No catecismo, o quarto mandamento era interpretado de modo a significar, em uma única declaração poderosa, que "o Pai Civil é aquele que Deus instituiu como Magistrado Supremo [...]. Ele é o pai comum de todos aqueles que estão sob sua autoridade".[8] O pensamento patriarcal tradicional também está repleto de histórias, especulações e hipóteses sobre o modo como a sociedade política surge a partir da família patriarcal ou da reunião de muitas dessas famílias, e outras histórias semelhantes são contadas por vários teóricos clássicos. Gordon Schochet, em seu inestimável estudo (apesar de patriarcal) sobre as controvérsias do século XVII, *Patriarchalism in Political Thought* [Patriarcalismo no pensamento político], observa que o debate político referente às origens (ao qual ele chama de discussão genética) terminou no final do século XVII: "depois de 1690, a justificação genética e a identificação dos poderes familial e político eram questões resolvidas".[9] A percepção de que o poder familial, e mais do que isso, o poder conjugal, era o poder político, enfraqueceu após a derrota de sir Robert Filmer por Locke, mas isso não quer dizer que a justificativa genética também tenha desaparecido. A controvérsia acerca do patriarcado, iniciada em 1800, questionava se os poderes paterno e materno consistiam na forma social "originária". É possível escutar os ecos da argumentação patriarcal tradicional nessas discussões, assim como nas histórias feministas recentes sobre o fim do matriarcado e a origem do patriarcado. Além disso, embora Schochet enfatize que a teoria clássica do contrato seja uma discussão genética, as teorias contemporâneas do contrato também o são. Para os teóricos do contrato, as relações contratuais são legítimas justamente por causa da maneira como se originaram.

Schochet enfatiza que sir Robert Filmer rompeu com a argumentação patriarcal tradicional ao declarar que os poderes político e paterno não eram simplesmente análogos, e sim *idênticos*. Filmer justificava a monarquia absoluta com o argumento de que os reis eram pais e os pais eram reis, e nos anos entre 1680 e 1690 "a posição de Filmer quase se tornou a ideologia oficial do Estado".[10] Chamarei a argumentação de Filmer de patriarcalismo *clássico*. A teoria clássica — a segunda das três formas de argumentação patriarcal — foi a primeira que desenvolveu extensivamente uma teoria do direito e da obediência políticos — "não existia uma teoria patriarcal de obrigação antes de 1603"[11] — mas ela teve uma vida muito curta. A teoria patriarcal, que se extinguiu no final do século XVII, foi a clássica, a de Filmer. Este escreveu, conforme Schochet demonstrou, em resposta ao desafio lançado pela declaração dos teóricos do contrato, que todos os homens são naturalmente livres. O argumento patriarcal clássico era o de que os filhos nasciam submetidos aos pais e estavam, portanto, a eles submetidos politicamente. O direito político era natural, e não uma convenção — não envolvia o consentimento ou o contrato —, e o poder político era paternal, originado no poder de reprodução do pai. Analisarei a discussão de sir Robert Filmer e a batalha entre o patriarcalismo clássico e a teoria do contrato social no capítulo 4, e demonstrarei como a teoria clássica foi transformada pelos teóricos do contrato numa terceira forma, o patriarcado *moderno*. O patriarcado moderno é fraternal, contratual e estrutura a sociedade civil capitalista.

Uma das maiores fontes de confusão nos debates a respeito do patriarcado deve-se ao fato de as histórias hipotéticas sobre o desenvolvimento da família patriarcal ou da sociedade civil, inclusive as dos teóricos clássicos do contrato, serem apresentadas como histórias da origem da sociedade humana ou da civilização. Freud, por exemplo, escreve suas narrativas sobre o pacto original como se estivesse escrevendo histórias da gênese da civilização e, numa influente interpretação feminista de Freud, Juliet Mitchell endossa sua argumentação sem levar em consideração suas consequências. Mas "civilização" não é sinônimo de sociedade humana. O termo "civilização" passou a ser amplamente utilizado por volta do século XVIII, sendo precedido pelo termo "civilidade", e expressava um "estágio final ou definitivo da evolução histórica da sociedade europeia".[12] A ideia de civilização "celebrava o sentido de modernidade a ela associado: uma condição de refinamento e de ordem conquistada".[13] Em poucas palavras, "civilização" refere-se a uma forma histórica e culturalmente específica de vida social, e o conceito está rigorosamente relacionado à emergência da ideia de "sociedade civil" (a sociedade criada através do contrato original). Enfatizei, no capítulo 1, que o significado de "sociedade civil" é ambíguo e deriva de uma série de comparações e contrastes com outras formas sociais. Uma comparação é a que se faz entre sociedade civil e o estado natural, mas entender o estado natural como pré-social ou não social é dizer que a sociedade civil representa a própria vida social — a civilização. Para aumentar a confusão, outros teóricos do contrato social entendem a família patriarcal como a forma social originária e natural e, assim, a sociedade civil ou política se desenvolve, na configuração patriarcal tradicional, a partir da família ou das famílias.

A segunda onda de debates sobre o patriarcado, que começou em 1861 com a publicação de *Ancient Law*, de sir Henry Maine, e *Das Muterrecht* [O direito materno], de Johann Bachofen, concentrou-se nas discussões sobre a origem da família patriarcal ou da civilização. Mas como são interpretados esses debates do século XIX e começo do século XX? A primeira batalha acerca do patriarcado, conforme já observei, é geralmente compreendida como um combate em torno do poder paterno, ou o direito do pai, e não sobre o direito patriarcal como direito sexual. Rosalind Coward propõe uma abordagem parecida da segunda batalha. Ela argumenta que, a partir de 1860, "as relações sexuais, no sentido em que são analisadas pelo feminismo contemporâneo, não eram o verdadeiro objeto desses debates. O verdadeiro objeto era a natureza das alianças políticas e sociais". Os debates eram a respeito da relação "entre formas familiares e a organização política da sociedade".[14] Mas não é porque historiadores do direito, antropólogos e teóricos da psicanálise discutiram sobre a família patriarcal e a civilização, que se deduz que o verdadeiro "objeto" de sua discussão não era *também* as relações sexuais e conjugais. Coward discute a hipótese de Freud sobre a origem da "civilização", mas (como Juliet Mitchell alguns anos antes) ela lê as histórias de Freud através das lentes patriarcais de Lévi-Strauss ou de Lacan e, portanto, entende que o objeto dessas histórias são a classificação social, o parentesco, a exogamia e o tabu do incesto, e não a dominação sexual.

Coward afirma, no primeiro capítulo de *Patriarchal Precedents*, que *Ancient Law*, de Maine "demarca o balanço final das ideias sobre a família patriarcal, dominantes na teoria política durante os séculos XVII e XVIII. Porém, essa obra também apresenta uma abordagem metodológica e teórica que poderia subverter definitivamente os últimos traços remanescentes dessa teoria política".[15] A declaração de Coward é enganosa sob dois aspectos. Em primeiro lugar, a discussão de Maine sobre a família patriarcal e o poder paterno, *patria potestas*, é muito diferente daquelas dos autores precedentes, embora apresente alguma semelhança com a visão de Hobbes sobre a família. O pai patriarcal de Filmer detém o poder absoluto do *patria potestas*, que, na legislação romana, tinha poder de vida e morte sobre seus filhos. Os pais politicamente derrotados dos teóricos do contrato social foram destituídos desse antigo poder; eles se tornaram pais modernos em famílias modernas e *privadas*. Além disso, a maior parte dos teóricos políticos do contrato, no modelo da argumentação patriarcal tradicional, sustentava que a família era uma instituição natural e que o poder do pai sobre os membros da família derivava naturalmente das aptidões e do zelo paterno, embora seu poder também pudesse basear-se no consenso. Hobbes, ao contrário, argumenta que a família é uma instituição "artificial" e que o direito paterno ou é simplesmente uma convenção, ou é contratual, o que, para Hobbes, significa baseado na força. Sir Henry Maine também argumentava que a família patriarcal — a forma social original — era uma convenção, e não algo natural. Maine enfatizava que "a história das ideias políticas começa [...] com o pressuposto de que o parentesco sanguíneo é o único fundamento possível do funcionamento político da comunidade".[16] O pressuposto é falso. A família patriarcal não se baseava em laços naturais de sangue, mas no que Maine chamou de uma "ficção legal". As primeiras famílias e sociedades (que eram associações de famílias) absorviam muitos estranhos, mas mantinha-se a ficção de que todos derivavam da mesma linhagem sanguínea ou descendiam do mesmo ancestral (pai). A ficção era tão poderosa que não se estabeleciam distinções entre "a ficção da adoção" e a "realidade do parentesco".[17] Essas famílias eram mantidas unidas através da obediência ao chefe patriarcal. O direito político paterno constituía a família antiga. É possível entender o *patria potestas* como originado no poder natural da paternidade, mas os argumentos de Maine, de que o direito paterno absoluto baseava-se numa ficção, não na natureza, indicam que sua explicação para a família patriarcal é muito diferente das encontradas na maioria dos escritos patriarcais tradicionais, clássicos ou modernos.

A segunda questão é o fato de o livro de Maine não subverter, como Coward sugere, a teoria política predecessora; ao contrário, Maine escreveu rigorosamente dentro dos padrões estabelecidos pelos teóricos clássicos do contrato. Bachofen argumentava que o direito materno ou matriarcado era a forma social original e iniciou um longo debate sobre as origens, mas *Ancient Law*, de Maine, diz respeito a uma outra origem. Em sua fundamentação, ele insistiu que a família originária ou antiga é patriarcal, mas o tema de Maine não é o "começo" no sentido de civilização ou vida social, mas o começo da sociedade civil moderna. Ele estava preocupado com o que viria *depois* da família patriarcal — ou do mundo tradicional do *status* — e não se o matriarcado antecedeu o direito paterno. Nas "sociedades progressistas", ou seja, aquelas sobre as quais os teóricos do contrato escreveram, a família patriarcal está deixando de ser a unidade a partir da qual a sociedade se constituiu. Em vez disso, o indivíduo está se tornando a base da sociedade e as relações entre eles são moldadas por acordos livres; "o vínculo, entre os homens, que substitui gradualmente aquelas formas de reciprocidade de direitos e deveres originadas na família [...] é o contrato".[18] Entretanto, Maine também salientou que, embora as formas antigas de tutela tenham quase desaparecido, a esposa ainda permanece sob a tutela do marido.

A interpretação patriarcal do "patriarcado" como direito paterno provocou, paradoxalmente, o ocultamento da origem da família na relação entre marido e esposa. O fato de que homens e mulheres fazem parte de um contrato de casamento — um contrato original que instituiu o casamento e a família —, e de que eles são marido e esposa *antes* de serem pai e mãe, é esquecido. O direito conjugal está, assim, subsumido sob o direito paterno e, segundo as histórias feministas contemporâneas que recuperam a ideia de um matriarcado primitivo ilustram, as discussões sobre o patriarcado giram em torno do poder (familiar) da mãe e do pai, ocultando, portanto, a questão social mais ampla referente ao caráter das relações entre homens e mulheres e à abrangência do direito sexual masculino. Coward refere-se à observação de Malinovski de que o canto do cisne dos primeiros exemplos da hipótese do direito materno foi *The Mothers* [As mães], de Robert Briffault, publicado em 1927;[19] porém, o movimento contemporâneo de mulheres provocou uma proliferação de narrativas hipotéticas sobre as origens do patriarcado e os eventos que levaram à derrota mundial e histórica do sexo feminino, as quais utilizaram muito da mesma mistura de antropologia, história, religião e mito de um século atrás.

Existe, entretanto, uma diferença interessante entre as duas ondas de especulação sobre as origens. No começo, conforme narram as primeiras histórias, a vida social era governada pelo direito materno, a descendência era matrilinear e a promiscuidade sexual impedia o reconhecimento da paternidade. As histórias dão explicações diferentes para a subversão do direito materno, mas esse processo estava relacionado com o reconhecimento da paternidade. Qual foi o significado do triunfo do direito paterno? Coward observa que "o imaginário socialista da época estava cheio de imagens do comunismo 'maternal' democrático, em oposição ao capitalismo patriarcal individualista".[20] Todavia, a maioria das histórias hipotéticas identificava a vitória do pai com a origem da civilização. O patriarcado foi um triunfo social e cultural. O reconhecimento da paternidade foi interpretado como um exercício da razão, um avanço necessário que forneceu as bases para a emergência da civilização — todas elas realizações dos homens. Logo voltarei a essa questão. Coward também aponta que vários dos participantes do debate sobre o direito materno achavam quase impossível pensar no matriarcado como o inverso do patriarcado; "quase ninguém aderiu à visão que Bachofen tinha de mulheres todo-poderosas, suas Amazonas, lutando para defender o direito materno". Na melhor das hipóteses, argumentava-se que a antiga sociedade era matrilinear (isto é, a descendência era determinada através da mãe).[21] Não se acreditava que as mulheres tivessem sido capazes de dominar os homens. É nesse ponto que muitas histórias hipotéticas feministas contemporâneas diferem. Postula-se um matriarcado original, que é o oposto do patriarcado; mães, e não pais, exerceriam o direito político.

A questão que imediatamente aparece a partir de tais histórias é se as conjeturas sobre origens remotas teriam alguma relevância para as instituições políticas e sociais dos anos 1980. A mais nova história hipotética feminista é o livro *A criação do patriarcado*, de Gerda Lerner, um exemplo bastante sofisticado do gênero. Lerner procura diferenciar cuidadosamente seu trabalho das discussões que postulam uma única origem para o patriarcado, ou dos mitos sobre um matriarcado original; tanto os homens quanto as mulheres, enfatiza ela, participaram da criação do patriarcado. Lerner afirma que o patriarcado surgiu no Ocidente, na antiga Mesopotâmia, entre 6000 e 3000 a.C. Ela faz algumas especulações fascinantes sobre os mecanismos envolvidos, abrangendo várias alternativas que poderiam explicar a "substituição das mulheres" (uma ideia derivada de Claude Lévi-Strauss, que comentarei no capítulo 4), o que, ela sugere, foi um desenvolvimento crucial. Lerner afirma que está acompanhando "o desenvolvimento das principais ideias, símbolos e metáforas através dos quais as relações patriarcais de gênero foram incorporadas à civilização ocidental".[22] Ao compreenderem esse desenvolvimento, as mulheres podem tomar consciência de si próprias e de sua condição. Mas qual a utilidade de se voltar às origens remotas na Mesopotâmia, considerando-se que existem histórias sobre uma origem muito mais próxima? Além disso, esse "começo" mais recente do patriarcado coincide com a emergência da ordem social civil moderna, dentro da qual ainda vivemos.

Falar de uma "proteção do patriarcado" universal (ocidental) somente faz sentido se, nas palavras de Lerner, "não existir nenhuma sociedade conhecida em que as mulheres, como grupo, tenham poder de decisão *sobre* os homens ou sejam elas a definir as regras de conduta sexual ou as trocas matrimoniais".[23] Isso não significa, entretanto, conforme Lerner reconhece, que a condição das mulheres tenha sido sempre a mesma — que, como algumas feministas asseguram, as mulheres estejam fora da história[24] — ou que elas nunca tenham tido algum tipo de autonomia ou de poder social. A condição econômica e social das mulheres e seus campos de atividade variam enormemente em diferentes culturas e períodos históricos. Se o "patriarcado" realmente acarretou a negação da existência de tal variedade, nós deveríamos, então, abandonar o termo imediatamente. A maioria das feministas que defende o abandono do termo "patriarcado" o faz por achar que esse conceito é inoportuno e a-histórico. Patriarcado, Michelle Barrett declara, "cheira a uma opressão trans-histórica e universal";[25] e Sheila Rowbotham argumenta que ele "implica uma forma de opressão a-histórica e universal que nos reduz à biologia, [...] implica uma estrutura que *é* fixa, [...] sugere uma submissão fatalista".[26]

50 | CAROLE PATEMAN

É difícil evitar tais interpretações, considerando que "patriarcado" está relacionado a relatos hipotéticos que falam sobre as origens do começo da história, da vida social ou da civilização. Quando "patriarcado" é utilizado nesse sentido, a singularidade da ordem civil desaparece e formas pré-modernas parecem ter sido mantidas até hoje. Por exemplo, seguindo a apresentação de Freud do pacto original como a história da criação da civilização ou da vida social propriamente dita, Juliet Mitchell não só argumenta em *Psicanálise e feminismo* que o patriarcado é a "lei do pai", mas que a posição social da mulher está inserida na estrutura de parentesco. Ela afirma, além disso, que a estrutura de parentesco se tornou "arcaica" e que existe, portanto, pela primeira vez, a possibilidade de derrubada do patriarcado.[27] A história do contrato original, inclusive as versões encontradas nos escritos de Freud, confirma que o "parentesco" se tornou arcaico há muito tempo. A vitória da teoria do contrato sobre o patriarcalismo clássico assinalou o fim de uma ordem social estruturada no parentesco e no governo do pai. A sociedade moderna é estruturada pelos vínculos convencionados e universais do contrato, e não pelos vínculos particulares e imputados do parentesco. No mundo moderno, o "parentesco" foi transformado na "família", a qual tem seu princípio de associação e sua localização próprios na esfera privada, separada da sociedade "civil" pública.

Outras feministas, conscientes de que a ordem tradicional do parentesco e do direito paterno não é uma ordem moderna, e ainda interpretando "patriarcado" literalmente, argumentam que o conceito não tem aplicação em nossa sociedade. Gayle Rubin defende que "patriarcado" deveria ser limitado às sociedades dos "tipos nômade e pastoril do Velho Testamento".[28] Do mesmo modo, mas um pouco menos drasticamente, Michele Barrett afirma que "patriarcado" é útil nos "contextos em que a dominação masculina é expressa pelo poder do pai sobre a mulher e o homens jovens. Algumas sociedades foram claramente organizadas em torno desse princípio, mas não as capitalistas".[29] As sociedades capitalistas parecem ser, assim, pós-patriarcais, as sociedades do contrato.

Para aumentar a confusão, contrato, do mesmo modo que patriarcado, pode ser visto como fenômeno universal ou como característica de um mundo moderno que abandonou o patriarcado (o movimento "do *status* para o contrato"). A teoria clássica do contrato social marca uma mudança decisiva na utilização da ideia de contrato no debate político. O contrato original cria (conta a história da criação de) uma nova ordem social constituída pelos vínculos convencionados do contrato. O contrato, como base geral para a ordem social, é muito diferente dos exemplos de contrato em épocas anteriores. *A criação do patriarcado* contém uma discussão fascinante sobre o pacto de Jeová com Abraão, cuja história é contada no livro de Gênesis. Jeová exige um símbolo espetacular do poder patriarcal como prova do acordo: a pele circuncidada do pênis. Lerner aponta para o pouco interesse que tem sido dispendido na análise da escolha dessa marca (embora note que Calvino insistisse que "devemos perguntar se há aqui alguma analogia manifesta entre o signo visível e a coisa significada") e, a seguir, sutilmente, pergunta por que, se uma marca corporal fez-se necessária para distinguir o povo eleito de Jeová, *essa* foi a marca exigida.[30] As mulheres, evidentemente, não têm condições de participar do pacto de Abraão, mas a exclusão de sua participação no pacto original nos textos da teoria clássica do contrato social é defendida de uma maneira muito menos obviamente patriarcal. A singularidade do contrato original é justamente o fato de ele parecer ser universal e abranger todos aqueles a serem incorporados na nova ordem civil.

Lerner também se refere a outro "contrato tácito" que faz parte da "proteção do patriarcado". Ela afirma que, por quase 4 mil anos, a proteção recobriu a "dominação patriarcal" — uma forma de dominação atenuada por direitos e obrigações mútuos. "A troca controlada de submissão por proteção, de trabalho gratuito por sustento [...]. A base do patriarcalismo é um contrato tácito de troca: sustento econômico e proteção dados pelo homem em troca da subordinação em todos os aspectos, e das assistências sexual e doméstica gratuita dadas pela mulher."[31] Aparentemente, a dominação paternalista parece ser um contrato moderno que, conforme argumentarei, geralmente toma a forma de troca de obediência por proteção. Mas a semelhança somente existe se o contrato for retirado de seu contexto histórico. A linguagem de Lerner sobre o paternalismo é uma maneira muito enganadora de falar sobre o patriarcado contratual moderno. "Paternalista" pode muito bem ser um termo apropriado para descrever exemplos de contrato no mundo pré-moderno, onde as relações sociais eram estruturadas pelo parentesco ou pelo *status*, nos termos de sir Henry Maine. O contrato também pode ser visto, assim, sob a luz do modelo paternal e familiar de relações sociais e da hierarquia social, e assimilado ao *status*, o qual traz consigo seus próprios deveres, atribuídos aos indivíduos, independentemente do acordo. Assim, Gordon Schochet observa que, na Inglaterra do século XVII, pessoas comuns conheciam "uma tradição contratual", mas esta era parte da "explicação patriarcal da hierarquia social". O contrato não era entendido da mesma maneira como nós o entendemos hoje; "o contrato parece ter sido usado mais como uma explicação formal de como as pessoas ingressavam nas relações, do que como uma definição da natureza e do conteúdo daquelas divisões sociais".[32] Entretanto, no mesmo século, o contrato estava tomando, nas mãos dos teóricos do contrato social, sua forma moderna e se transformando numa doutrina antipaternalista.

Muito estranhamente, embora as interpretações familial e paternal do patriarcado sejam tão conhecidas, as discussões feministas sobre o patriarcado têm pouco ou quase nada a dizer sobre o paternalismo e sua relação com o patriarcado. No entanto, está acontecendo há algum tempo entre os filósofos, incluindo os contratualistas, um debate sobre o paternalismo. A discussão é sobre se certas atividades, inclusive o ingresso nos contratos, podem ser legitimamente proibidas ou controladas pela lei, a fim de se impedir que indivíduos sejam prejudicados, apesar de essas atividades serem empreendidas voluntariamente. O debate dos filósofos sobre o paternalismo coincide com a discussão entre os autores que tratam de legislação sobre contrato e *status*, a qual me referi no capítulo 1; deve a legislação ser utilizada para limitar e regular a liberdade contratual e assim impor limites ao contrato com o *status*? Ambos os debates também coincidem com a batalha política acerca do estado de bem-estar empreendida entre os socialistas e a nova direita, durante os últimos anos. Realmente, nos anos 1940, num famoso ensaio sobre cidadania e estado de bem-estar, T. H. Marshall declarou que "as formas modernas de direitos (bem-estar) sociais implicam uma invasão do contrato pelo *status*".[33] O uso de "paternalismo" para se referir a essas questões não deixa de ter interesse na análise do patriarcado moderno; por que *esse* termo?

A resposta imediata é que a relação do pai dedicado com seu filho fornece o modelo de relação do cidadão com o Estado. Do mesmo modo que o pai proíbe seu filho de agir de certas maneiras porque sabe que ele se machucará, e um pai tem a obrigação de proteger seu filho, assim também o Estado protege os cidadãos através do paternalismo legal. Os contratualistas são os mais ferrenhos opositores do paternalismo, e a história do contrato social mostra por quê. O jargão do paternalismo lembra o tradicional modelo patriarcal da ordem política; todos os dominantes são como pais — mas esse modelo foi destruído pela teoria do contrato. Na história do contrato social o pai é (metaforicamente) assassinado por seus filhos, que transformam (a dimensão paterna do) direito patriarcal paterno em governo civil. Os filhos transferem essa dimensão do poder político para os representantes, o Estado. (Rousseau conta uma história diferente.) Quando o Estado aplica restrições injustificadas à liberdade contratual, o termo "paternalismo" ilustra o comprometimento da liberdade do cidadão (do filho). O Estado está agindo como um pai e tratando os indivíduos como filhos ainda incapazes de agir por si próprios. O antipaternalismo parece ser, então, a última etapa da batalha entre contrato e patriarcado.

Tal visão da relação entre paternalismo, contrato, patriarcado e *status* depende também de uma interpretação patriarcal do patriarcado como poder paterno, como um aspecto do velho mundo do *status* interferindo e distorcendo o novo mundo do contrato. Essa visão também depende de uma persistente supressão da história do contrato sexual. A tomada simultânea pelos filhos de *ambas* as dimensões do derrotado direito político do pai, seu direito sexual bem como seu direito paterno, não é mencionada. O antipaternalismo dos contratualistas parece, portanto, ser antipatriarcal. Além disso, tratar o patriarcado como paternalismo (ou ver o Estado como um pai) também apazigua a enorme diferença entre as relações pai-criança e as relações patriarcais entre homens e mulheres adultos. Pretendo falar mais sobre essa diferença no próximo capítulo; aqui, a questão pertinente é o fato de o paternalismo ser controverso justamente porque os atos controlados ou proibidos por lei se dão entre "adultos responsáveis". O rótulo "paternalismo" dirige a atenção para as relações familiais e ajuda a impedir o questionamento das relações contratuais entre homens e mulheres.

Não é preciso se preocupar com o alcance do paternalismo ou ler histórias sobre as origens da sociedade para associar família a patriarcado. Há vozes que ainda gritam que o lugar social adequado às mulheres é o mundo privado da família e que as múltiplas sanções legais e sociais utilizadas para nos conservar nele tendem a manter as relações familiares como objetivo. Identificar o patriarcado com a família pode ter consequências inesperadas, uma das quais é a recente argumentação de que a mãe é considerada mais influente que o pai! Se o desenvolvimento do mandato do direito paterno se esgotou há muito tempo — e os poderes sancionados pela legislação e pela sociedade aos pais são apenas uma sombra do que eles já foram — o que sustenta o direito paterno? Algumas escritoras feministas, influenciadas pela teoria psicanalítica sociologizante comum nos Estados Unidos, respondem que ele é sustentado pelas mães; ou, mais comumente, responde-se que o patriarcado é mantido pelo fato (universal) de a educação dos filhos ser assumida, quase que exclusivamente, pelas mulheres. Em seu influente *The Reproduction of Mothering* [A reprodução da maternidade], Nancy Chodorow argumenta que "algumas grandes discrepâncias sexuais universais na organização social dos gêneros são geradas pelos cuidados das mulheres com os filhos".[34] Isaac Balbus afirmou, mais vigorosamente, que "o monopólio da educação do filho pela mãe" é "o fundamento psicológico da dominação masculina", e que o poder pré-edipiano da mãe está no cerne do patriarcado; "é a experiência da autoridade materna, em vez da paterna, que é a fonte definitiva de anuência e apoio para os políticos autoritários."[35]

Ambos os autores sugerem que a "educação compartilhada" é a solução para o patriarcado. Ecoando as histórias da derrocada do matriarcado — só que dessa vez com a paradoxal variação da necessidade da destruição do patriarcado — a "mãe patriarcal" deve ser deposta em favor do que pode ser chamado de "direito parental". Chamar tal sugestão de absurda não implica argumentar que os pais não devem tomar conta dos filhos; o absurdo reside no argumento de que o direito patriarcal deriva da posição das mulheres como mães. O sentido e o valor atribuídos à maternidade na sociedade civil são, ao contrário, uma consequência da construção patriarcal da diferença sexual como uma diferença política. O argumento de que o poder materno é essencial para o patriarcado pode ser formulado somente porque se tem dado muito pouca atenção ao sentido político e social do pai patriarcal e ao poder de sua paternidade. Essa é, talvez, a omissão mais surpreendente nas discussões feministas sobre o patriarcado. A suposição que geralmente está implícita é a de que "pai" significa que o homem tem uma relação fisiológica, natural com o filho. O pressuposto é o de que há uma ligação clara entre a relação sexual e a paternidade, de modo que a "paternidade seja [...] um equivalente semântico da maternidade".[36] Um pai (patriarcal) é, simplesmente, um dos elementos que constituem o casal pai-mãe.

O fato de o estabelecimento da relação do pai com o filho ser mais complicado do que a relação da mãe com o filho, obviamente, não foi esquecido. A paternidade nunca deixa de ser incerta. Em um nível, pode-se questionar qual homem efetivamente gerou um determinado filho. As dúvidas sobre quem *é* o pai de uma criança podem ser politicamente relevantes quando existem bens em jogo, e os homens atingiram um grande nível de sofisticação para garantir que as mulheres não os enganem nesse aspecto. Rousseau, por exemplo, declarou que uma esposa infiel "dissolve a família e quebra todos os laços naturais. Ao dar ao homem um filho que não seja seu, ela trai a ambos: alia a perfídia à infidelidade. Acho difícil perceber quais distúrbios e crimes não derivam deste".[37] Fundamentalmente, podem surgir dúvidas quanto ao reconhecimento da paternidade em si. Não há dúvida quanto à maternidade. A mulher que dá à luz *é* a mãe, e uma mulher não pode desconhecer que deu à luz um filho; a maternidade é um fato natural e social. Mas um espaço de tempo consideravelmente longo separa o ato sexual do nascimento da criança; qual é, então, a ligação entre o papel do homem na relação sexual e o nascimento do filho? A paternidade tem que ser conhecida ou inventada. Diferentemente da maternidade, a paternidade é um mero fato social, uma invenção humana.

Mary O'Brien argumentou que a vida política patriarcal é resultado da necessidade masculina de superar a incerteza em torno da paternidade. A descontinuidade entre a perda do sêmen durante o coito e o nascimento do filho levou os homens a criar a teoria e a organização políticas; "o homem reprodutor, em virtude de sua necessidade de mediar sua alienação da procriação, é essencialmente o homem criador. O que ele criou são as formas institucionais das relações sociais de reprodução".[38] São necessários mecanismos institucionais elaborados a fim de que os homens, como pais, possam se apropriar dos filhos até o casamento e a separação da vida pública e da vida privada. Contudo, apreender o poder da paternidade como a força política criadora não implica necessidade de se recorrer a discussões ontológicas sobre a vida reprodutora dos homens (e, como indicarei no capítulo 7, o contrato da chamada mãe de aluguel apoia-se no fato de o esperma ser quase que literalmente alienável, diferindo, portanto, de outros tipos de propriedade que as pessoas detêm em si próprias). O argumento de O'Brien presume que os homens tentaram tornar o significado da paternidade socialmente equivalente ao da maternidade através da eliminação da incerteza. Ao contrário, o poder da paternidade patriarcal sempre dependeu da diferença de significado social entre a paternidade e a maternidade.

Nos anos de 1960 e 1970, os antropólogos novamente se envolve- ram numa discussão a respeito do conhecimento ou da ignorância dos fatos naturais da paternidade em certos povos do Pacífico. Carol Delaney observou recentemente que os argumentos dos antropó- logos baseiam-se na negação do significado social da paternidade. Explicações que aparentemente demonstram desconhecimento dos fatos naturais da inseminação e da gravidez são um reflexo exato da construção da paternidade. Os fatos psicológicos da maternidade e da paternidade nunca foram socialmente encarados da mesma maneira; "a maternidade significa dar à luz e criar. A paternidade significa gerar. *A paternidade significa ter o papel criador, essencial e elementar*".[39] Socialmente, para utilizar o termo de Delaney, a reprodução é en- carada de um modo "monogenético", como fruto do sêmen criador do pai. A visão monogenética foi fundamental para o patriarcalismo clássico, como demonstram os escritos de sir Robert Filmer, mas ela ainda é vigente. Enquanto eu estava escrevendo este capítulo, publicou-se que o primaz da Holanda supostamente afirmou que a mulher espera pelo esperma do homem, que é o "vetor masculino, ativo e dinâmico da nova vida".[40]

Estou interessada nas implicações políticas da capacidade criado- ra masculina, que, na sua forma moderna, não é paterna. Segundo a argumentação patriarcal, os homens não são apenas os motores fundamentais da gênese de uma nova vida física, mas, como O'Brien declarou, *eles também originam a vida política e social*. O'Brien afirma que nós não temos uma filosofia do nascimento. Num sentido, isso é verdadeiro, mas em outro, não é bem o caso. A teoria política está cheia de histórias sobre homens dando à luz a política, de homens criando novas formas de existência política ou a política em si. Diz-se que a descoberta da paternidade é o ponto crítico na história hipotética de Bachofen sobre a derrubada da maternidade e a criação da civilização. O poder das mulheres tem que ser derrubado para que a civilização possa emergir; a descoberta da paternidade é o avanço intelectual vital e a força criadora que permite aos homens realizar essa importante façanha. No ponto de inflexão entre o antigo mundo do *status* e o mundo moderno do contrato conta-se mais uma história sobre o nascimento político masculino. A história do contrato original é, provavelmente, a maior narrativa sobre a criação de uma nova existência política pelos homens. Mas desta vez, as mulheres já foram derrotadas e declaradas irrelevantes para a política e a reprodução. Agora, o pai está sendo atacado. O contrato original mostra como o monopólio do poder criador pelos pais foi tomado e dividido uniformemente entre os homens. Na sociedade civil, todos os homens, não apenas os pais, podem gerar a vida e o direito políticos. A criação política não é própria da paternidade, e sim da masculinidade.

Mas exatamente como deve ser caracterizada a ordem social gerada pela capacidade criadora dos homens? A sociedade civil é, como um todo, pós-patriarcal? John Stuart Mill escreveu certa vez que "a família feudal, a última forma histórica de vida patriarcal, foi destruída há muito tempo e, agora, a base da sociedade não é a família ou o clã [...] e sim o indivíduo; ou, no máximo, um casal de indivíduos com seus dependentes".[41] Do mesmo modo, se a sociedade moderna não tem pai, então todas as antigas formas devem ter sido abandonadas; "a dominação característica dessa época [civil] se expressa [...] na despersonalização, na instrumentalização e na objetivação de todas as relações e atividades".[42] As relações contratuais impessoais substituíram a sujeição antiga e personalizada do *status* ou do patriarcado.

Ou, dizendo de uma maneira um pouco diferente, o patriarcado foi substituído pelas relações civis contratuais capitalistas; as relações econômicas do capitalismo e as relações patriarcais são incompatíveis. Keith Tribe recentemente interpretou as discussões de Hobbes e Locke da seguinte maneira. Ele afirma que, no "discurso" do século XVII, os "homens", como agentes políticos e econômicos, eram os chefes da casa, não os indivíduos livres do discurso capitalista. A "demonstração discursiva" das relações capitalistas era inviável para os padrões dentro dos quais Hobbes e Locke escreveram. A família patriarcal incluía os empregados e os escravos (não era a "família" composta por marido, esposa e filhos), e o chefe da casa não controlava o trabalho dos seus empregados, como o capitalista. Nem as relações entre os senhores, como agentes econômicos, eram do tipo capitalista.[43]

Entretanto, a discussão de Tribe não leva em consideração a importância do contrato original e a diferença entre os patriarcados clássico, tradicional e moderno. O chefe de uma família não é capitalista, mas nem todas as formas de subordinação civil são capitalistas, e a subordinação capitalista também não é pós-patriarcal. Como analisarei em detalhes, o "discurso" de Hobbes e Locke tinha necessariamente espaço para o patriarcado e para o capitalismo; os "indivíduos" que introduziram a economia capitalista eram chefes de família (que posteriormente se transformaram nas "famílias" das quais fazemos parte, nos anos 1980). Para se compreender o patriarcado moderno, inclusive as relações econômicas capitalistas, é necessário ter em mente o contrato entre patrão e empregado e entre senhor e escravo, além de considerar a relação entre o contrato "personalizado" na esfera privada e o contrato "impessoal" no mundo público do capitalismo. Infelizmente, poucas discussões feministas sobre o patriarcado e o capitalismo estabelecem as ligações de forma suficientemente estreita.

Um argumento feminista recente é o de que a antiga forma familiar do patriarcado tomou uma forma pública,[44] mas esse argumento deixa em aberto a questão do caráter das relações extrafamiliares anteriores à transformação do patriarcado. Era o domínio civil, isto é, público, exterior ao patriarcado até essa transformação recente? Nas discussões feministas sobre o capitalismo e o patriarcado, o pressuposto típico é o de que o patriarcado é universal e/ou paterno e familial. O patriarcado parece, então, anteceder o capitalismo, existindo atualmente, num certo sentido, interior ou paralelamente, ou ainda como um complemento, às relações capitalistas. As explicações feministas mais influentes sobre a conexão entre as duas formas sociais apoiam-se no chamado argumento de estrutura dual; o patriarcado e o capitalismo são vistos como sistemas autônomos. Às vezes o patriarcado é visto como uma estrutura ideológica e psicológica; outras vezes, como um conjunto de relações sociais materiais, distinto das relações sociais capitalistas. Esse último argumento pode ser exemplificado pelo discutidíssimo artigo "The Unhappy Marriage of Marxism and Feminism" [O casamento infeliz entre marxismo e feminismo], de Heidi Hartmann. Ela apresenta essa relação como uma "parceria" entre patriarcado e capitalismo; "o patriarcado como um sistema de relações entre homens e mulheres que existe no capitalismo" e a "acumulação de capital, que tanto se acomoda à estrutura social patriarcal quanto ajuda a perpetuá-la".[45] O pressuposto, conforme observaram os críticos, é o da existência de uma avaliação disponível mais ou menos adequada ao capitalismo e à dominação de classes, e que está sendo simplesmente complementada pelo feminismo.[46]

As dificuldades em romper com essa abordagem podem ser percebidas na discussão de Zillah Eisenstein, que se distingue ao argumentar que "o capitalismo ainda é patriarcal", e que, "na transição do feudalismo para o capitalismo, o patriarcado mudou de acordo com essas variações econômicas, mas ele também impõe limites e estrutura a essa mudança". Contudo, ela também afirma que nós devemos reconhecer "dois sistemas, um econômico e o outro sexual, relativamente autônomos", mas, complementa, "eles estão totalmente entrelaçados".[47] Se o capitalismo é patriarcal, é difícil perceber o que se ganha com a insistência de que existem dois sistemas. Uma das vantagens da abordagem do problema do patriarcado através da história do contrato sexual é mostrar que a sociedade civil, inclusive a economia capitalista, tem uma estrutura patriarcal. As aptidões que permitem aos homens, mas não às mulheres, serem "trabalhadores" são as mesmas capacidades masculinas exigidas para se ser um "indivíduo", um marido e um chefe de família. A história do contrato sexual começa, portanto, com a construção do indivíduo. Para contar a história de modo a elucidar as relações capitalistas dentro do patriarcado moderno, a tendência teórica que utiliza a escravidão (civil) para exemplificar a liberdade também deve ser considerada.

NOTAS

1. E. Engels, *The Origin of the Family, Private Property and the State*, Nova York, International Publishers, 1942, p. 50. [Ed. bras.: *A origem da família, da propriedade privada e do Estado*, trad. Nélio Schneider, São Paulo, Boitempo, 2019.]

2. V. Beechey, "On Patriarchy" [Sobre patriarcado], *Feminist Review*, 1979, p. 66. Uma outra discussão explica que "as análises contemporâneas" remontam a Wollstonecraft, Sade e Mill; R. W. Connell, *Which Way is Up?: Essays on Sex, Class and Culture* [De que maneira está acontecendo?: ensaios sobre sexo, classe e cultura], Sidney, George Allen and Unwin, 1983, p. 51.

3. G. J. Schochet, *Patriarchalism in Political Thought: The Authoritarian Family and Political Speculation and Attitudes Especially in Seventeenth--Century England* [Patriarcalismo no pensamento político: a família autoritária e especulações e atitudes políticas, especialmente na Inglaterra do século XVII], Oxford, Basil Blackwell, 1975, p. 273.

4. M. A. Buder, "Early Liberal Roots of Feminism: John Locke and the Attack on Patriarchy" [As primeiras raízes liberais do feminismo: John

Locke e o ataque ao patriarcado], *American Political Science Review*, vol. 72, nº 1, 1978, p. 149.

5. L. J. Nicholson, *Gender and History: The Limits of Social Theory in the Age of the Family* [Gênero e história: os limites da teoria social na era da família], Nova York, Columbia University Press, 1986, p. 161.

6. J. B. Elshtain, *Public Man, Private Woman: Women in Social and Political Thought* [Homem público, mulher particular: mulheres em pensamento social e político], Princeton, Princeton University Press, 1981, pp. 128 e 215.

7. Z. R. Eisenstein, *The Radical Future of Liberal Feminism* [O futuro radical do feminismo liberal], Nova York, Longman, 1981, pp. 41 e 49.

8. Citado em Schochet, *op cit.*, p. 80.

9. *Ibidem*, p. 276.

10. *Ibidem*, p. 193.

11. *Ibidem*, p. 16.

12. S. Rothblatt, *Tradition and Change in English Liberal Education* [Tradição e mudança na educação liberal inglesa], Londres, Faber & Faber, 1976, p. 18.

13. R. Williams, *Keywords: A Vocabulary of Culture and Society*, Nova York, Oxford University Press, 1985, (ed. rev.) p. 58. [Ed. bras.: *Palavras--chave: um vocabulário de cultura e sociedade*, São Paulo, Boitempo, 2007.] Agradeço a Ross Poole por ter chamado minha atenção para "civilização" e por essas referências.

14. R. Coward, *Patriarchal Precedents: Sexuality and Social Relations* [Precedentes patriarcais: sexualidade e relações sociais], Londres, Routledge and Kegan Paul, 1983, pp. 12 e 26.

15. *Ibidem*, p. 18.

16. Sir Henry Maine, *Ancient Law* [Lei Antiga], Londres, J. M. Dent and Sons, 1917 (1861), p. 76.

17. *Ibidem*, p. 78.

18. *Ibidem*, p. 99.

19. R. Coward, *op. cit.*, pp. 47-8.

20. *Ibidem*, p. 73.

21. *Ibidem*, p. 53.

22. G. Lerner, *The Creation of Patriarchy* [A criação do patriarcado], Nova York, Oxford University Press, 1986, p. 10.

23. *Ibidem*, p. 30.

24. Por exemplo, Simone de Beauvoir afirmou que as mulheres "não têm passado, história e religião próprios" (citado por G. Lerner, *The Creation of Patriarchy*, p. 221). Mais recentemente, Andrea Dworkin afirmou: "acho que a condição das mulheres é essencialmente a--histórica" (E. Wilson, "Interview with Andrea Dworkin" [Entrevista com Andrea Dworkin], *Feminist Review*, n° 11, 1982, p. 27).

25. M. Barrett, *Womens Oppression Today: Problems in Marxist Feminist Analysis* [Opressão feminina hoje: problemas na análise feminista marxista], Londres, Verso Books, 1980, p. 14.

26. S. Rowbotham, "The Trouble with 'Patriarchy'" [O problema com "patriarcado"], *New Statesman*, 21-28 dez. 1979, p. 970.

27. J. Mitchell, *Psychoanalysis and Feminism* [Psicanálise e feminismo], Harmondsworth, Penguin Books, 1975, p. 409.

28. G. Rubin, "The Traffic in Women" [O tráfico de mulheres], *in* R. Reiter (org.), *Toward an Anthropology of Women* [Em direção a uma antropologia da mulher], Nova York, Monthly Review Press, 1975, p. 168.

29. M. Barret, *Women's Oppression Today* [Opressão da mulher hoje], p. 250.

30. G. Lerner, *The Creation of Patriarchy* [A criação do patriarcado], pp. 191-2.

31. *Ibidem*, pp. 217-8.

32. G. Schochet, *Patriarchalism in Political Thought*, pp. 81-2.

33. T. H. Marshall, "Citizenship and Social Class" [Cidadania e classe social], MD. Held *et al.* (orgs.), *States and Societies* [Estados e sociedades], Nova York e Londres, New York University Press, 1983, p. 258.

34. N. Chodorow, *The Reproduction of Mothering: Psychoanalysis and the Sociology of Gender* [A reprodução da maternidade: psicanálise e sociologia do gênero], Berkeley, University of California Press, 1978, pp. 9-10.

35. I. Balbus, *Marxism and Domination: A Neo-Hegelian, Feminist, Psychoanalytic Theory of Sexual, Political, and Technological Liberation* [Marxismo e dominação: uma teoria neo-hegeliana, feminista e psicanalítica da libertação sexual, política e tecnológica], Princeton, Princeton University Press, 1982, pp. 311-2, 324. Uma interpretação como essa baseia-se numa teoria psicanalítica que valoriza a fase pré-edipiana da infância

e a mãe que aparece como todo-poderosa, dominadora e sufocadora (ver também a mais recente interpretação de Hannah Pitkin sobre Maquiavel, *Fortune is a Woman* [A fortuna é uma mulher]. As histórias hipotéticas encontradas na teoria psicanalítica derivam da teoria que valoriza o complexo de Édipo em si; como a teoria do contrato social, elas falam do desejo da morte do pai pelas mãos dos próprios filhos.

36. C. Delaney, "The Meaning of Paternity and the Virgin Birth Debate" [O significado da paternidade e o debate sobre o nascimento virgem], *Man*, vol. 21, nº 3, 1986, p. 495 (agradeço a Albert Hirschman por ter chamado minha atenção para a discussão de Delaney).

37. J.-J. Rousseau, *Emile or On Education* (trad. Alan Bloom), Nova York, Basic Books, 1979, p. 361. [Ed. bras.: *Emílio ou Da educação*. São Paulo, Martins Fontes, 2018.]

38. Mary O'Brien, *The Politics of Reproduction* [A política da reprodução], Londres, Routledge and Kegan Paul, 1981, p. 56.

39. C. Delaney, "The Meaning of Paternity" [O significado de paternidade], p. 495 (grifo meu); também pp. 500-2.

40. Publicado em *The New York Times*, 15 mar. 1987.

41. J. S. Mill, "Principles of Political Economy" [Princípios de política econômica], *in* J. M. Robson (org.), *Collected Works* [Obras reunidas], Toronto, University of Toronto Press, 1965, vol. 2, livro 2, cap. ii, § 3.

42. J. Benjamin, "Authority and the Family Revisited or A World without Fathers?" [Autoridade e família revisitadas ou um mundo sem pais?], *New German Critique*, vol. 4, nº 3, 1978, p. 35.

43. K. Tribe, *Land, Labour and Economic Discourse* [Tribo, terra, trabalho e discurso econômico], Londres, Routledge and Kegan Paul, 1978, cap. 3.

44. Por exemplo, C. Brown, "Mothers, Fathers and Children: From Private to Public Patriarchy" [Mães, pais e crianças: do patriarcado privado ao patriarcado público], *in* L. Sargent (org.), *Women and Revolution: A Discussion of the Unhappy Marriage of Marxism and Feminism* [Mulheres e revolução: uma discussão sobre o casamento infeliz entre marxismo e feminismo], Boston, South End Press, 1981.

45. H. Hartmann, "The Unhappy Marriage of Marxism and Feminism: Towards a More Progressive Union" [O infeliz casamento entre

marxismo e feminismo: rumo a uma união mais progressiva], *in* L. Sargent (org.), *Women and Revolution*, pp. 3 e 19.

46. Ver particularmente I. Young, "Beyond the Unhappy Marriage: A Critique of the Dual Systems Theory" [Além do casamento infeliz: uma crítica à teoria dos sistemas duplos], *in* L. Sargent (org.), *Women and Revolution*.

47. Z. Eisenstein, *The Radical Future of Liberal Feminism* [O futuro radical do feminismo liberal], p. 20.

3

O CONTRATO, O INDIVÍDUO E A ESCRAVIDÃO

A teoria clássica do contrato social e o argumento mais amplo de que, de maneira ideal, todas as relações sociais devem adotar uma forma contratual, derivam de uma reivindicação revolucionária: os indivíduos são naturalmente livres e iguais, ou nascem livres e iguais. Se hoje em dia essa ideia parece ser senso comum em vez de revolucionária, essa é uma consequência da maneira bem-sucedida como os teóricos do contrato transformaram uma proposição subversiva em uma defesa da sujeição civil. A teoria do contrato não é o único exemplo de uma estratégia política teórica que justifica a sujeição apresentando-a como liberdade, mas é digna de nota por chegar a essa conclusão a partir de seu próprio ponto de partida. A doutrina da liberdade e da igualdade individual natural foi revolucionária justamente porque aboliu, de uma só vez, todos os fundamentos através dos quais a subordinação de alguns indivíduos, categorias ou grupos de pessoas a outros era justificada; ou, ao contrário, por meio dos quais a dominação de um indivíduo ou grupo sobre os outros era justificada. A teoria do contrato era a doutrina emancipatória *par excellence*, a promessa de que a liberdade universal seria o princípio da era moderna.

O pressuposto de que os indivíduos nascem livres e iguais levou à rejeição de todos os antigos argumentos em favor da subordinação. Argumentos de que os dominadores e os senhores exerciam seu poder através da vontade de Deus tinham que ser rejeitados; o vigor e a força não podiam mais ser traduzidos em direito político;

os apelos aos costumes e às tradições não eram mais suficientes; nem o eram os diversos argumentos fundados na natureza, sejam os apoiados no poder de procriação do pai, ou na origem superior, na força, na habilidade ou na razão. Todos esses conhecidos argumentos tornaram-se inaceitáveis por causa da doutrina da liberdade individual, e a igualdade acarretava a existência de apenas uma justificativa para a subordinação. Um indivíduo livre e igual aos outros deve, necessariamente, *concordar* em ser dominado por outro. O estabelecimento da dominação e da subordinação civis deve ser voluntário; tais relações podem ser trazidas à existência apenas de uma única maneira: através do livre acordo. Há uma variedade de formas de livre acordo, mas, por motivos que analisarei adiante, o contrato se tornou o paradigma da obrigação voluntária.

Visto que os indivíduos têm de concordar de livre vontade ou fazer contratos para serem dominados, o corolário é que eles podem se recusar a essa sujeição. Desde o século XVII, quando as doutrinas da liberdade e da igualdade individuais se tornaram a base das teorias gerais sobre a vida social, conservadores de todos os tipos tiveram medo de que essa situação se tornasse realidade e de que a teoria do contrato se tornasse, por conseguinte, nociva à ordem social. Temia-se que crianças, servos, esposas, camponeses, trabalhadores e cidadãos dependentes do Estado deixassem de obedecer a seus superiores se a ligação entre eles passasse a ser entendida como simples convenção ou contrato e abrisse espaço, consequentemente, para os impulsos e os caprichos da sujeição voluntária. Os conservadores tanto tinham quanto não tinham motivos para se preocupar. O motivo da preocupação era, a princípio, a dificuldade em perceber por que um indivíduo livre e igual aos outros teria motivos suficientes para se subordinar a outro. Além disso, na prática, apareceram, nos últimos trezentos anos, movimentos políticos que tentaram substituir instituições estruturadas por meio da subordinação por outras constituídas através de relações livres. Entretanto, o medo não tinha sentido, não apenas porque esses movimentos políticos raramente foram bem-sucedidos, mas porque a preocupação com a teoria do contrato era infundada. Em vez de abalar a subordinação, os teóricos do contrato fundamentaram a sujeição civil moderna.

Os teóricos clássicos do contrato supunham que as aptidões individuais e as condições sociais sempre possibilitariam ao indivíduo aceitar o estabelecimento de uma relação de subordinação criada por contrato. Para a história do contrato social, o problema é que, no estado natural, a liberdade é tão instável que a subordinação dos indivíduos à lei civil do Estado, ou, na versão de Rousseau, a submissão a eles próprios, coletivamente, numa associação política participativa, seria uma escolha sensata. Os retratos do estado natural e as histórias do contrato social dos textos clássicos variam muito, mas apesar de suas diferenças importantes encontramos nos teóricos clássicos do contrato uma característica comum essencial: todos contam histórias patriarcais.

A doutrina do contrato implica a existência de uma única origem do direito político, o acordo, embora, com exceção da teoria de Hobbes — em que os dois sexos são descritos como naturalmente livres e iguais —, os teóricos do contrato também insistiram que o direito dos homens sobre as mulheres tem uma base natural. Somente os homens têm as aptidões dos "indivíduos" livres e iguais. As relações de subordinação entre *homens* devem, para ser legítimas, ter origem num contrato. As mulheres nascem dentro da sujeição. Os autores clássicos estavam conscientes da importância dos pressupostos da doutrina contratual para as relações entre os sexos. Eles nada podiam garantir, uma vez que a premissa de seus argumentos era potencialmente subversiva para todas as relações de autoridade, inclusive as conjugais. As descrições clássicas do estado natural levam em consideração a diferença sexual entre os seres humanos. Até na visão radicalmente individualista de Hobbes da condição natural, os sexos são diferenciados. Nas discussões contemporâneas sobre o estado natural, entretanto, essa característica da existência humana geralmente é menosprezada. O fato de os "indivíduos" serem todos do mesmo sexo nunca é mencionado; em vez disso, volta-se a atenção para as diferentes concepções de "indivíduo" masculino.

Os indivíduos (masculinos) naturalmente livres e iguais que povoam as páginas dos teóricos do contrato social formam, de fato, um conjunto díspar. Eles cobrem o espectro que vai desde os seres sociais de Rousseau até as entidades reduzidas à matéria em movimento de Hobbes, ou, mais recentemente, até a redução dos indivíduos à escolha e às funções de produção feita por James Buchanan; John Rawls consegue abranger as duas extremidades do espectro na sua versão sobre o contrato social. Rousseau criticava os teóricos do contrato social ligados a ele por apresentarem os indivíduos no estado natural como destituídos de todas as características sociais, e suas críticas foram reproduzidas muitas vezes. A tentativa de determinar quais são as aptidões naturais puras dos indivíduos está fadada ao fracasso; o que sobra, se a tentativa for suficientemente coerente, é uma entidade pensante, biológica e psicológica, e não um ser humano. No intuito de tornar seus seres naturais reconhecíveis, os teóricos do contrato social contrabandeiam características sociais para a condição natural, ou seus leitores e leitoras preenchem o que falta. O tipo de Estado ou de associação política que um teórico deseja justificar também influencia as características "naturais" que ele atribui aos indivíduos; conforme Rawls afirmou recentemente, o objetivo da argumentação calcada na condição original — o equivalente do estado natural em Rawls — "é obter a solução desejada".[1] O que geralmente não se reconhece, entretanto, é que a "solução desejada" abranja o contrato sexual e o direito patriarcal sobre as mulheres.

Apesar de a ausência de concordância sobre o que se considera uma característica "natural", aspectos assim denominados são tidos como comuns a todos os seres humanos. Contudo, quase todos os autores clássicos sustentaram que as capacidades e os atributos variam de acordo com o sexo. Os teóricos contemporâneos do contrato implicitamente seguem o exemplo desses autores, mas isso passa despercebido, uma vez que eles subsumem os seres femininos na categoria aparentemente universal e sexualmente neutra de "indivíduo". Na maioria das revisões modernas da história do contrato social, perdem-se de vista as relações sexuais, porque os indivíduos sexualmente diferentes desaparecem. Em *Uma teoria da justiça*, as partes da condição original são entidades pensantes. Rawls segue Kant nessa questão, e a visão de Kant sobre o contrato original difere da de todos os autores clássicos, embora (conforme demonstrarei no capítulo 6) em outros aspectos seus argumentos se pareçam com os deles. Kant não oferece uma história sobre as origens do direito político e nem sugere que, mesmo hipoteticamente, um acordo original alguma vez tenha sido feito. Kant não está lidando com nenhum tipo de ficção política. Para ele, o contrato original *é* "meramente uma *ideia* do pensamento",[2] "uma ideia necessária para a compreensão das instituições políticas reais. Do mesmo modo, Rawls explica em suas discussões mais recentes, que seu argumento "tenta apoiar-se apenas nas ideias implicitamente embutidas nas instituições políticas do regime democrático constitucional e nas formas tradicionais de interpretá-las". Como ideia do pensamento, em vez de ficção política o contrato original "ajuda-nos a formular o que pensamos".[3] Para que Rawls demonstre como partes livres e iguais, propriamente definidas, concordam com os princípios que estão (bastante próximos das) implícitos nas instituições existentes, é necessária a pertinente ideia do pensamento. O problema do direito político enfrentado pelos teóricos clássicos do contrato desaparece. A tarefa de Rawls é encontrar um retrato da condição original que confirme "nossas" intuições a respeito das instituições existentes, as quais contêm as relações patriarcais de subordinação.

Rawls sustenta que as partes da condição original desconhecem completamente os "aspectos característicos" deles próprios.[4] As partes são cidadãos livres, e Rawls afirma que a liberdade deles é "uma capacidade moral de compor, modificar e atingir uma concepção de prosperidade", que envolve uma visão deles próprios como fontes de reivindicações justas e como responsáveis por suas consequências.

Se os cidadãos modificam sua noção de prosperidade, isso não tem nenhum efeito sobre sua "identidade pública", ou seja, sua situação jurídica de indivíduos civis ou cidadãos. Rawls também afirma que a condição original é um "artifício de representação".[5] Mas a representação é quase desnecessária. Como entidades pensantes (como Sandel observou), as partes são indiferenciáveis umas das outras. Uma parte pode "representar" todas as outras. De fato, há apenas um indivíduo na condição original por trás do "véu do desconhecimento" de Rawls.[6] Ele pode, portanto, afirmar que "podemos analisar a escolha [contrato] na condição original, a partir da perspectiva de uma pessoa escolhida ao acaso".[7]

As partes de Rawls simplesmente pensam e fazem sua escolha — ou a única parte faz isso como representante de todas as outras — e assim seu corpo pode ser desconsiderado. O representante é assexuado. A parte despersonificada que faz a escolha desconhece um "aspecto característico" fundamental, ou seja, seu sexo. A condição original de Rawls é uma construção lógica no sentido mais perfeito; é um domínio da razão pura, destituído de qualquer característica humana — com exceção do fato de Rawls inevitavelmente introduzir, de modo natural, como Kant o fez antes dele, seres masculinos e femininos personificados e reais no decorrer de sua discussão. Antes de o desconhecimento dos "aspectos característicos" ser postulado, Rawls já havia sustentado que as partes têm "descendentes" (com quem elas se preocupam), e diz que pretende, de um modo geral, tratar as partes como "chefes de família".[8] Ele simplesmente dá por certo que pode, simultaneamente, postular a existência de partes despersonificadas e destituídas de todas as características essenciais e admitir que a diferença sexual existe, que a relação sexual acontece, que os filhos nascem e que as famílias se formam. Os participantes do contrato original de Rawls são, ao mesmo tempo, meras entidades pensantes e "chefes de família", ou homens que representam a esposa.

A condição original é, em Rawls, uma abstração lógica dotada de tal rigidez que permanece sempre imutável. Diferentemente, os vários estados naturais retratados pelos teóricos clássicos do contrato são cheios de vida. Eles retratam o estado natural como uma condição que se prolonga por mais de uma geração. Homens e mulheres se encontram, mantêm relações sexuais, e as mulheres dão à luz. As circunstâncias dentro das quais eles fazem isso, sejam as relações sexuais ou a formação das famílias, depende do grau em que o estado natural é retratado como uma condição social. Começarei por Hobbes, o primeiro contratualista, e por seu retrato de uma guerra não social de todos contra todos. Hobbes situa-se num polo teórico da doutrina do contrato, e seu individualismo radical exerce uma grande atração sobre os teóricos contemporâneos do contrato. Entretanto, muitos argumentos importantes de Hobbes tiveram que ser rejeitados antes de a teoria do patriarcado moderno poder ser construída.

Para Hobbes, todo poder político era absoluto, e não existia diferenças entre conquista e contrato. Teóricos posteriores do contrato estabeleceram uma distinção bem clara entre acordo livre e submissão imposta e argumentaram que o poder político civil era limitado, restrito pelos termos do contrato original, apesar de o Estado deter poder de vida e morte sobre os cidadãos. Hobbes também encarava todas as relações contratuais, inclusive as sexuais, como políticas, embora um pressuposto fundamental da teoria política moderna seja que as relações sexuais não são políticas. Hobbes também foi esclarecedor no que diz respeito ao fato de a ordem civil se tornar fundadora do patriarcado moderno. Como já mencionei, Hobbes difere dos outros teóricos clássicos do contrato por supor a inexistência da dominação no estado natural, nem mesmo dos homens sobre as mulheres; as aptidões e as capacidades são distribuídas independentemente do sexo. Não há diferenças de força e bom senso entre homens e mulheres, e todos os indivíduos são independentes e prevenidos uns em relação aos outros. Isso implica a ocorrência de relações sexuais somente em duas circunstâncias: ou um homem e uma mulher concordam (fazem um contrato) em ter relações sexuais, ou um homem, por meio de algum estratagema, submete uma mulher e a conquista à força, embora ela também tenha a capacidade de revidar e matá-lo.

O patriarcalismo clássico apoiava-se no argumento de que o direito político originava-se naturalmente na paternidade. Os filhos nasciam submetidos a seus pais, e o direito político era o direito paterno. Hobbes insiste que todos os exemplos de direito político são convencionais e que, no estado natural, o direito político é materno e não paterno. Uma criança, necessariamente, tem um pai e uma mãe ("no que concerne à geração, Deus instituiu uma colaboradora para o homem"),[9] mas ambos não podem deter o controle sobre o filho, porque ninguém pode obedecer a dois senhores. Na condição natural, a mãe, e não o pai, detém o direito político sobre o filho; "toda mulher que dá à luz uma criança torna-se *mãe* e *senhora*".[10] Ao nascer, a criança está sob o poder da mãe. E ela quem decide se vai abandonar ou criar o filho. Se ela decidir "criá-lo", a condição em que o fará é a de que ele "não se torne seu inimigo até chegar à idade adulta";[11] ou seja, o filho tem que fazer um contrato de obediência a ela. A postulação do acordo com o filho é um exemplo da identificação de Hobbes entre a submissão imposta e o acordo voluntário, um exemplo de seu entendimento da conquista e do consenso. A submissão a um poder absoluto em troca da proteção, seja o poder da espada do conquistador ou o poder da mãe sobre seu filho recém-nascido, é, para Hobbes, sempre um sinal significativo do acordo, "sendo a preservação da vida o fim pelo qual um homem se submete a outro, todo homem [ou filho] deve prometer obediência a ele [ou ela], sob cujo poder será salvo ou destruído".[12] O direito político da mãe sobre seu filho origina-se, portanto, em um contrato, e lhe garante poderes de um senhor ou de um monarca absoluto.

O poder político da mãe decorre do fato de que há "ausência de regras matrimoniais" no estado natural hobbesiano.[13] O casamento não existe porque ele *é* um acordo de longa duração, e relacionamentos sexuais de longa duração, como outros relacionamentos, são virtualmente impossíveis de serem estabelecidos e mantidos na condição natural hobbesiana. Seus indivíduos somente estão interessados em si próprios e, portanto, sempre romperão um acordo, ou se recusarão a participar de um contrato, se for de seu interesse fazer isso. Participar de um contrato ou concordar em fazer um é manter-se aberto para a traição. O estado natural hobbesiano sofre do problema endêmico da manutenção dos contratos, de *performing second*. Só se pode confiar em um contrato em que o acordo e a sua concretização acontecem ao mesmo tempo. Não surgem problemas se há uma troca simultânea de propriedades, inclusive aquelas que as pessoas detêm em si próprias, como num simples ato sexual. Se um filho nasce em decorrência desse ato, o nascimento ocorre muito tempo depois, e então o filho pertence à mãe. Uma mulher pode fazer um contrato com o pai requerendo os direitos sobre seu filho, mas não há um motivo, dada a igualdade natural entre homens e mulheres, pelo qual as mulheres tenham que fazer isso sempre, especialmente quando não há como determinar com certeza a paternidade. Na ausência de regras matrimoniais, conforme Hobbes observa, a prova da paternidade depende do testemunho da mãe.

A crítica de Hobbes ao fundamento natural do direito paterno implica a existência de uma única forma de direito político no estado natural: o direito materno. Não pode existir, ao que parece, nenhum tipo de dominação de um adulto sobre o outro porque os indivíduos de ambos os sexos são suficientemente fortes e capazes de se matarem uns aos outros. Ninguém tem motivos suficientes para participar de um contrato em troca de proteção. Mas é isso tão evidente? Mesmo que o contrato de casamento não exista, haveria famílias no estado natural? Hobbes tem sido entendido, por Hinton, por exemplo, como um patriarcalista e não como um antipatriarcalista (no que se refere ao direito paterno). Hobbes era "o mais patriarcal de todos porque se baseava no consenso", "aceitando o patriarcalismo e classificando-o como um ato de consentimento".[14] Hinton refere-se à menção que Hobbes faz ao "reino patrimonial" e a algumas passagens em que

Hobbes parece cair na história patriarcal tradicional de famílias se transformando em reinos ("cidades e reinos [...] não são mais do que famílias maiores").[15] O critério para se determinar o que é um "reino familiar" é que a família deve se tornar forte o suficiente para se proteger contra os inimigos. Hobbes explica que se a família

> cresce por multiplicação dos filhos, seja por procriação ou por adoção; ou dos servos, seja por procriação, conquista, ou submissão voluntária, a ponto de se tornarem muitos e numerosos, e se ela é capaz de se proteger quando necessário, então essa família é chamada de *reino patrimonial*, ou monarquia por aquisição, em que a soberania é exercida por um único homem, como acontece na monarquia criada pela *instituição política*. Assim, os direitos existentes em uma são os mesmos da outra.[16]

Hobbes também diz que *"um reino hereditário"* difere de uma monarquia institucional, ou seja, instituída por convenção ou contrato, somente por ter sido "adquirido através da força".[17]

Encarar Hobbes como patriarcalista implica desconsiderar duas questões: primeiro, como os pais conquistaram o poder no estado natural, uma vez que Hobbes esforçou-se em demonstrar que o direito político é o direito materno?; segundo, por que o direito político na família é baseado na força? Certamente Hobbes não é um patriarcalista no mesmo sentido que sir Robert Filmer, que vê o direito paterno como natural, derivado da capacidade de reprodução ou de procriação, e não uma conquista. Hobbes transforma no seu oposto os laços sociais de Filmer: este encarava as famílias e os reinos como homólogos e sustentados pelo poder de reprodução natural do pai; Hobbes encarava as famílias e os reinos como homólogos, mas como sendo sustentados pelo contrato (força). Para Hobbes, os poderes de uma mãe, no estado natural, eram exatamente do mesmo tipo dos exercidos pelos chefes de família e soberanos. Talvez Hobbes esteja sendo apenas inconsequente ao introduzir as famílias no estado natural. Mas já que ele é tão implacavelmente coerente em tudo o mais — por isso ele é tão esclarecedor em tantos sentidos, no que se refere à teoria do contrato —, isso parece ser um lapso estranho. O argumento de que Hobbes *é* patriarcalista apoia-se na visão patriarcal de que o patriarcado é paternal e familial. Se deixarmos de ler Hobbes patriarcalmente, fica claro que seu patriarcalismo é conjugal e não paterno e que há algo de muito estranho acerca da "família" hobbesiana na condição natural.

As características "naturais" com as quais Hobbes dota seus indivíduos implicam a improbabilidade da existência de relações de longa duração em seu estado natural. Entretanto, Hobbes afirma, no *Leviatã*, que na guerra de todos contra todos "não há nenhum homem que seja capaz de se defender contra a destruição por meio de sua própria força e habilidade, sem a ajuda de aliados".[18] Mas como tal aliança protetora pode ser feita na condição natural, uma vez que há o grave problema da manutenção dos acordos? A resposta *é* que as alianças são feitas por meio das conquistas e, uma vez feitas, são chamadas de "famílias". A "família" de Hobbes é muito peculiar e não tem nada em comum com as famílias das páginas de Filmer, com a família encontrada nos escritos de outros teóricos clássicos do contrato social, ou com o modo como ela é normalmente entendida hoje. Consideremos a definição de "família", em Hobbes. No *Leviatã*, ele afirma que uma família "consiste em um homem e seus filhos, em um homem e seus servos e em um homem, seus filhos e servos juntos, em que o pai ou senhor *é o* soberano".[19] Em *De Cive* [O cidadão], encontramos "um *pai* com seus *filhos* e *servos*, que se tornam uma pessoa civil graças ao domínio de seu pai, e que é chamada de *família*".[20] Somente em *Elementos da lei* ele diz que "um pai ou uma mãe de família são igualmente soberanos".[21] Mas é muito pouco provável que a mãe seja a soberana, dadas as referências de Hobbes ao "homem" e ao "pai" e à necessidade de se garantir o direito patriarcal na sociedade civil.

Se um indivíduo masculino consegue conquistar um outro no estado natural, o conquistador terá adquirido um servo. Hobbes supõe que ninguém abriria mão voluntariamente de sua pessoa; então, com a espada do conquistador sobre seu peito, o derrotado decide fazer um contrato (baseado na razão) de obediência ao conquistador. Hobbes define a dominação ou o direito político adquirido por meio da força como "a dominação de um senhor sobre seu servo".[22] O conquistador e o conquistado constituem, assim, "um pequeno corpo político que consiste em duas pessoas: uma, soberano, que é chamado de *senhor* ou amo, e a outra, que é chamada de *servo*".[23] Outra maneira de apresentar a questão é que o senhor e o servo são uma aliança contra os outros, ou, de acordo com a definição de Hobbes, eles são uma "família". Suponhamos, entretanto, que um indivíduo de sexo masculino consiga conquistar um indivíduo de sexo feminino. Para proteger sua vida, a mulher participa de um contrato de sujeição — e, assim, ela também se torna a serva de um senhor e, mais uma vez, uma "família" foi formada, sustentada pela "jurisdição paterna" do senhor, o que significa sua espada, agora transformada em contrato. A linguagem de Hobbes é enganadora aqui; o domínio do senhor não é "paterno" em nenhum dos dois casos criados. Numa discussão anterior, juntamente com Teresa Brennan, sobre o desaparecimento da esposa e da mãe na definição hobbesiana de família, rejeitamos a ideia de que seu *status* seria o de serva.[24] Acredito, agora, que fomos muito precipitadas. Se um homem é capaz de derrotar uma mulher no estado natural e formar um pequeno corpo político ou uma "família", e se essa "família" é capaz de se defender e crescer, a mulher conquistada está subsumida no *status* de "serva". Todos os servos são objetos do poder político do senhor. O senhor também é, então, senhor dos filhos da serva; ele é o senhor de tudo que seus servos possuem. O poder de um senhor sobre todos os membros de sua "família" é absoluto.

No estado natural, indivíduos livres e iguais entre si podem tornar-se subordinados através da conquista — que Hobbes chama de contrato. Mas no estado natural não existem "esposas". O casamento, e, consequentemente, os maridos e as esposas, aparecem apenas na sociedade civil, em que a legislação abrange o matrimônio. Hobbes supõe que, na sociedade civil, a sujeição das mulheres aos homens é assegurada por meio de um contrato; dessa vez, não um contrato "imposto", mas um contrato de casamento. Os homens não têm necessidade de subjugar as mulheres, uma vez que a legislação civil garante a eles seu direito político patriarcal por meio do contrato de casamento. Hobbes afirma que na sociedade civil o marido detém o domínio "porque a maioria das comunidades foi erigida pelos pais, e não pelas mães de família".[25] Ou, novamente, "em todas as cidades [...] fundadas por *pais*, os quais governam sua família, e não por *mães*, o domínio doméstico pertence aos homens; e se esse contrato for feito de acordo com as leis civis, ele é chamado de casamento".[26]

Há dois pressupostos implícitos funcionando aqui. Primeiro, que os maridos são os senhores civis porque os homens ("pais") fizeram o contrato social original do qual surgiu a legislação civil. Os homens que fazem o pacto original garantem a manutenção do direito político patriarcal na sociedade civil. Segundo, que há somente uma maneira por meio da qual as mulheres — que no estado natural têm o mesmo *status* de indivíduos livres e iguais aos homens — podem ser excluídas do contrato social. E elas têm de ser excluídas para que o contrato seja ratificado; mulheres racionais, livres e iguais não concordariam em participar de um pacto que as subordinassem aos homens na sociedade civil. É preciso supor que, quando o contrato original foi feito, todas as mulheres da condição natural haviam sido conquistadas pelos homens e eram seus objetos (servas). Se algum homem também tivesse sido submetido e estivesse numa condição de servidão, ele também seria excluído do contrato social. Apenas os homens livres e senhores de "famílias" iguais aos outros farão parte do contrato.

Pode-se elaborar uma história (quase) plausível a partir da suposição geral de Hobbes sobre os indivíduos, que demonstre por que os homens teriam sido capazes de conquistar as mulheres na condição natural. A fim de combater e desmontar o argumento de que o direito político deriva naturalmente dos poderes de procriação do pai, Hobbes foi forçado a argumentar que o direito materno, e não o paterno, existiu na condição natural e se originou num contrato. Então, a história pode mostrar que, antes de mais nada, as mulheres conseguem garantir que as relações sexuais sejam consensuais. Quando uma mulher se torna mãe e decide criar seu filho, sua situação muda; ela fica com uma pequena desvantagem em relação aos homens, já que agora ela também tem um filho para defender. Então, um homem consegue derrotar uma mulher que originalmente tinha de ser tratada como um igual (e desse modo ele adquire uma "família"). O problema com a história é que, logicamente, dado o pressuposto de Hobbes de que todos os indivíduos têm apenas interesses pessoais, parece não haver motivos para uma mulher (ou um homem) fazer um contrato para se tornar senhor de seu filho. Os filhos colocariam em risco a pessoa que detivesse os direitos sobre eles ao darem uma chance para seus inimigos, na guerra de todos contra todos. Portanto, todas as histórias sobre as origens do contrato social e da sociedade civil são absurdas, porque os indivíduos em estado natural seriam a última geração. O problema da explicação da sobrevivência dos filhos é parte de uma questão mais ampla do contratualismo, que pretendo retomar no capítulo 6. Pode-se supor que um estudioso do gênio hobbesiano fosse capaz de reconhecer a existência de uma dificuldade aqui, sendo levado a observar que, no estado natural, os indivíduos nascem como cogumelos — uma observação que Filmer tratou com desdém e superficialmente.

Hobbes é incomum, por sua abertura a respeito do caráter e do escopo da dominação ou do direito político na sociedade civil. Para Hobbes, a distinção entre indivíduo civil ou cidadão e indivíduo submetido a um senhor não reside no fato de o primeiro ser livre e o segundo, preso; "a sujeição daqueles que se transformam numa comunidade não é menor que a sujeição dos servos". Ao contrário, a diferença é que aqueles que se submetem ao Leviatã (o Estado), o fazem porque acreditam haver um bom motivo para se tomar essa atitude, e assim vivem "numa condição de maior esperança" que os servos. A "esperança" deles decorre do fato de um indivíduo "participar livremente, chamando-se de *homem livre*, apesar de viver submetido", e de que sociedade civil os homens livres têm "a honra da igualdade de privilégios, uns em relação aos outros" e, "diferentemente dos servos, podem esperar a aplicação desses privilégios".[27] Ou, como Hobbes formula em outro momento, "os sujeitos livres e os filhos de uma família são superiores aos servos em qualquer governo ou família em que eles existam; ambos estão sujeitos a ocupar as posições mais nobres da cidade ou da família".[28] Na sociedade civil, a espada do Leviatã sustenta as leis civis, mas os indivíduos podem participar, de acordo com sua própria vontade, de contratos que estabelecem "senhores" e "servos". Ou, mais precisamente, os indivíduos masculinos o podem.

No estado natural, todas as mulheres se tornam servas, e todas as mulheres são excluídas do pacto original. Isso significa que todas as mulheres deixam de se tornar indivíduos civis. Nenhuma mulher é sujeito livre. Todas são "servas" de um tipo especial na sociedade civil, isto é, "esposas". Para se garantirem, as mulheres tornam-se esposas ao fazer parte de um contrato; mais adiante analisarei o enigma de por que seres que não detêm o *status* de indivíduos (civis) para fazer contratos são, contudo, chamados a participar do contrato de casamento. A relação entre um marido e sua esposa difere da submissão entre os homens, mas é importante enfatizar que Hobbes insiste que a sujeição patriarcal também é um exemplo de direito *político*. Ele é o único a fazer tal afirmação. Todos os outros teóricos clássicos argumentam que o direito conjugal não é político, ou pelo menos não o é integralmente.

Isso é verdadeiro até no caso de Pufendorf, que começa, como Hobbes, incluindo as mulheres como "indivíduos" no estado natural, mas cuja coerência logo desaparece. Pufendorf assegura que embora, por natureza, "o homem seja superior à mulher em capacidade do corpo e da mente",[29] a desigualdade não é suficiente para garantir a ele a dominação natural sobre ela. Pufendorf, entretanto, também argumenta que a lei natural mostra que o casamento é a base da vida social, e que ele existe na condição natural. As mulheres não têm que se casar nessa condição. Se uma mulher apenas deseja ter um filho e deter o poder sobre ele, pode então fazer um contrato com um homem "para concederem um ao outro os serviços de seu corpo". Se o contrato "não estabelecer nenhum outro acordo sobre a continuidade da convivência, ele não conferirá nenhuma autoridade de um sobre o outro, e nem direitos de um sobre o outro".[30] Mas o casamento, afirma Pufendorf, "ajusta-se melhor à condição da natureza humana".[31] A diferença entre os sexos não é suficiente para assegurar a supremacia natural dos homens sobre as mulheres, porém ela acaba sendo suficiente para firmar a supremacia conjugal. Pufendorf diz:

> Qualquer que seja o direito que um homem tem sobre uma mulher, considerando que ela é igual a ele, terá esse direito de ser garantido com o consentimento dela, ou através de uma guerra. Embora normalmente os casamentos aconteçam de comum acordo, o primeiro método é mais adequado para assegurar as esposas, e o segundo, para as criadas.[32]

O pressuposto é que uma mulher *sempre* concordará em se submeter como esposa porque o homem é mais forte, e o homem "desfruta da superioridade de seu sexo."[33]

Pufendorf discute se o casamento garante ao marido a "soberania, ou a dominação, como ela é propriamente chamada" — ou seja, se ele obtém o direito político. O casamento é como um negócio em que, uma vez estabelecido o contrato, o desejo de uma das partes prevalece (embora Pufendorf não mencione que, supostamente, não existem regras fixas no negócio a respeito de qual das partes exercerá o direito). O poder de um marido, no entanto, não é similar à soberania política. Seu direito, assim como o dos parceiros que dirigem negócios, é limitado, estendendo-se somente dentro do casamento; "a esposa é obrigada a se adaptar à vontade de seu marido nos assuntos concernentes ao casamento, embora isso não implique necessariamente que ele tenha poder sobre ela em todos os seus atos". O casamento é o que Pufendorf chama de "um pacto desigual", no qual a esposa deve obediência a seu marido e, em troca, ele a protege.[34] Um marido não exige o poder soberano de vida e morte sobre sua esposa. Portanto, o direito do marido não é propriamente político. Mas também não advém da natureza. O direito conjugal se origina num "pacto interveniente e na submissão voluntária por parte da esposa".[35] O *status* das mulheres como "indivíduos" é, portanto, imediatamente solapado do estado natural. Seres que sempre fazem um contrato no qual se submetem a outros que detêm uma superioridade natural não podem ser livres e iguais a outros e, consequentemente, não podem se tornar indivíduos civis quando se faz a passagem para a sociedade civil.

O problema aparece mais claramente no estado natural retratado por Locke. As mulheres estão excluídas do *status* de "indivíduos" na condição natural. Locke admite que o casamento e a família existem no estado natural e declara que as aptidões dos indivíduos variam conforme o sexo; somente os homens detêm por natureza as características de seres livres e iguais entre si. As mulheres são naturalmente subordinadas aos homens, e a ordem da natureza está refletida nas relações conjugais. À primeira vista, entretanto, Locke pode parecer um verdadeiro antipatriarcalista — Hinton argumenta que ele "se contrapôs à discussão do patriarcalismo quase eficientemente demais" — e ele já foi encarado também como um feminista embrionário.[36] Locke diz mais de uma vez que o quarto mandamento não se refere exclusivamente ao pai de família. A mãe também exerce autoridade sobre os filhos; a autoridade é parental, e não paterna. Mas, notavelmente, Locke sugere que a esposa pode possuir uma propriedade em seu próprio direito, e até introduz a possibilidade do divórcio, de um contrato de casamento dissolúvel.

O CONTRATO SEXUAL | 83

Quando "a procriação e a educação estiverem asseguradas e a hereditariedade garantida", a separação de um marido e uma esposa será possível; "não é necessário em sua natureza, nem em suas finalidades, que o casamento dure por toda a vida". Ele prossegue afirmando que a liberdade que uma mulher tem de deixar seu marido "em várias situações" demonstra que ele não tem o poder de um monarca absoluto.[37]

Na sociedade civil, ninguém detém o direito político absoluto, livre das restrições impostas pela legislação civil. A questão não é se um marido é um soberano absoluto, mas se ele é um soberano de algum modo e, se ele sempre tem um direito (civil) limitado sobre sua mulher, como esse direito surge. A resposta de Locke é que o poder conjugal se origina na natureza. Ao discutir com sir Robert Filmer sobre Adão e Eva, ele discorda do caráter do poder de Adão sobre Eva, não da existência desse poder. A batalha não é sobre a legitimidade do direito conjugal do marido, mas sobre como nomear esse direito. Locke insiste que Adão não era um monarca absoluto; assim, a submissão de Eva não era "nada mais do que a submissão que [as esposas] devem normalmente ter em relação ao marido". Sabemos que as esposas devem se submeter, escreve Locke, porque "geralmente as leis da humanidade e os costumes das nações assim o determinam; *existe, eu garanto, um fundamento da natureza para isso*".[38] O fundamento natural que garante que prevaleça a vontade do marido e não a da esposa é o de que o marido "é mais capaz e mais forte".[39] Ou seja, as mulheres não são "indivíduos" livres e iguais, mas súditos naturais. Uma vez que o homem e uma mulher se tornam marido e esposa e têm de tomar decisões, o direito de decidir, ou "a última determinação, isto é, o domínio" fica a cargo de um ou de outro (apesar de a discussão de Locke contra Filmer e Hobbes ter como objetivo demonstrar por que o domínio de um homem é incompatível com a vida "civil"). Locke afirma que "naturalmente cabe ao homem" governar seu "interesse e propriedade comuns", embora o mandato de um marido não vá além disso.[40]

Nada disso atrapalha o retrato do estado natural feito por Locke, como uma condição "em que todo o poder e jurisdição são recíprocos [...] sem subordinação ou a submissão". Quando ele afirma que vai considerar "a qual Estado todos os homens naturalmente pertencem", a fim de apreender o caráter do poder político (civil), o termo "homens" deve ser entendido literalmente.[41] A submissão natural das mulheres, que acarreta a sua exclusão da categoria de "indivíduo", é irrelevante para a investigação de Locke. A submissão das mulheres (esposas) aos homens (maridos) não é um exemplo de dominação e subordinação políticas. Locke já deixou isso claro, tanto na discussão com Filmer sobre Adão e Eva, no *Primeiro tratado*, quanto em sua afirmação inicial, no capítulo 1 do *Segundo tratado*, antes de começar sua discussão sobre o estado natural no capítulo 2. Segundo ele, os poderes de um pai, um senhor, um amo e um marido são todos diferentes dos de um magistrado, que é propriamente uma autoridade política com poderes de vida e morte sobre seus súditos. No *Primeiro tratado*, Locke explica que a submissão de Eva

> [...] não é outra submissão senão a que toda esposa deve a seu marido [...]. [O poder de Adão] só pode ser um poder conjugal, e não político, o poder que todo marido detém de mandar nas questões do domínio privado em sua família, como proprietário dos bens e das terras, e de ter sua vontade colocada acima da de sua esposa em todas as questões de domínio comum; mas não um poder político de vida e morte sobre ela, muito menos sobre qualquer outra pessoa.[42]

Rousseau, que era tão crítico em relação a tudo o mais nas teorias de Hobbes, Pufendorf e Locke, não tem problemas com suas discussões sobre o direito conjugal. Ele admite que a ordem civil depende do direito dos maridos sobre a esposa, o qual, argumenta, advém da natureza, da diferença de atributos naturais entre os sexos. Rousseau tem muito mais a dizer sobre o que existe na natureza das mulheres e que acarreta a sua exclusão da vida civil do que os outros teóricos clássicos do contrato. Ele detalha os motivos pelos quais as mulheres "nunca deixam de ser submetidas aos homens ou às suas decisões", e também por que um marido tem de ser "o soberano por toda a vida". Retomarei as discussões de Rousseau no capítulo 4.[43]

Muitos enigmas, anomalias e contradições, aos quais voltarei nos capítulos subsequentes, derivam da manobra teórica dos pensadores clássicos do contrato social na questão do direito conjugal e da liberdade e da igualdade naturais. Talvez o enigma mais óbvio se refira ao *status* do direito conjugal ou sexual; por que, desde Hobbes, ele raramente tem sido encarado como um poder político? Na sociedade civil todo poder absoluto é ilegítimo (não civil), assim, o fato de o direito de um marido sobre sua esposa não ser absoluto não é suficiente para tornar seu papel apolítico. Por outro lado, um aspecto característico da sociedade civil *é* a crença de que somente o governante de um Estado consiste em exemplo de poder político. A subordinação civil em outros foros sociais "privados", seja a economia ou a esfera doméstica, em que a subordinação é estabelecida através de um contrato, é declarada como apolítica.

Há outros problemas em relação à origem do direito conjugal. As discussões dos teóricos clássicos sobre o estado natural conseguem excluir as mulheres da participação do contrato original. Mas, e o contrato de casamento? Se as mulheres foram forçosamente submetidas pelos homens, ou se elas naturalmente não têm as aptidões dos "indivíduos", elas também não têm a condição e as aptidões necessárias para participar do contrato original. Mas os teóricos do contrato social insistem que elas são capazes de participar; na verdade elas têm que participar de um contrato, ou seja, do contrato de casamento. Os teóricos do contrato negam e supõem ao mesmo tempo que as mulheres podem fazer contratos. Nem Locke, por exemplo, explica por que o contrato de casamento é necessário, uma vez que as mulheres são declaradas como naturalmente submetidas aos homens. Há outras formas em que uma união entre um homem e sua subordinada natural pode ser instituída, mas Locke sustenta, no entanto, que ela é instituída por meio do contrato, que é um acordo entre dois seres iguais.

Os enigmas também não são resolvidos quando o contrato de casamento é firmado. A maioria dos teóricos clássicos do contrato social apresenta o casamento como uma relação natural que é transportada para a sociedade civil. O casamento não é excepcional nessa particularidade; outras relações contratuais são tidas como existentes na condição natural. O aspecto curioso do casamento é que ele detém um *status* natural mesmo na sociedade civil. Uma vez que o contrato original foi feito e que foi instituída a sociedade civil, o estado natural é abandonado e o contrato estabelece relações civis, e não naturais. Obviamente, a relação entre patrão e empregado é encarada como civil, como um contrato ou um acordo puro. Mas o casamento necessariamente difere de outras relações contratuais, porque participam do contrato um "indivíduo" e um subordinado natural, e não dois "indivíduos". Além disso, quando o estado natural é abandonado, o significado de sociedade "civil" não é atribuído independentemente, mas sim em contraposição à esfera "privada", na qual o casamento é a relação essencial. Para contextualizar meus últimos argumentos, é preciso aprofundar a discussão sobre dois pontos; primeiro, sobre a ideia de "contrato" propriamente dito e, segundo, sobre o contrato civil de escravidão.

A primeira pergunta a ser feita é por que o contrato é encarado como o paradigma do acordo voluntário. A resposta é mais bem determinada começando-se pelo "indivíduo" assim como ele é encontrado na teoria de Hobbes e no contratualismo contemporâneo, em que ele é visto como completo em si mesmo. Quer dizer, os limites que separam um indivíduo de outro são tão rigidamente demarcados que um indivíduo é retratado como existindo sem qualquer relação com os outros. Suas aptidões e atributos próprios não devem nada a qualquer outro indivíduo ou a qualquer relação social; são exclusivamente dele. O indivíduo do contratualismo é necessariamente o proprietário de sua pessoa e de seus atributos ou, na famosa descrição de C. B. Macpherson, ele é um indivíduo possuidor. O indivíduo possui o seu corpo e suas aptidões como propriedades, exatamente como ele possui propriedades materiais. De acordo com essa abordagem, cada indivíduo pode e deve encarar o mundo e os outros indivíduos somente a partir da perspectiva de sua avaliação subjetiva de como melhor proteger sua propriedade ou, como frequentemente se diz, a partir da perspectiva do seu interesse pessoal. O isolamento total do indivíduo desaparece no retrato não tão individualista do estado natural feito por Locke, mas o pressuposto essencial permanece; "todo Homem", declara Locke, "detém a *propriedade* em sua própria *pessoa*. Ninguém, a não ser ele, tem direitos sobre ela".[44] Portanto, a tarefa do indivíduo é assegurar que seu direito de propriedade não seja violado. A legítima defesa individual *é* um problema a ser resolvido no estado natural — e a solução *é* o contrato. Ou mais precisamente — já que o problema tem que ser resolvido por todos os indivíduos —, ele é uma questão de ordem social (ou para utilizar o vocabulário da escolha racional e da teoria dos jogos em voga, um problema de coordenação), e a solução é o contrato original. Mas por que *contratos?*

Se o indivíduo possui as suas aptidões, ele está na mesma relação de exterioridade com sua propriedade pessoal que com qualquer outra. Para se tornar o detentor da propriedade em sua pessoa, o indivíduo tem que estabelecer uma relação entre ele e sua propriedade, tem que tomar a posse de si mesmo e traduzir sua vontade em sua pessoa e suas aptidões e torná-las "suas". Do mesmo modo, se o indivíduo não tem relação natural com nenhum outro, então todas as relações têm que ser um acordo, a criação dos próprios indivíduos; os indivíduos têm que induzir suas relações sociais à existência. Eles fazem isso se, e somente se, puderem proteger suas propriedades ao estabelecer uma relação. Uma condição necessária para tal proteção é que cada indivíduo reconheça os outros como detentores de propriedade, como ele o é. Sem esse reconhecimento, os outros vão parecer ao indivíduo mera propriedade (potencial), não detentores de propriedade, e assim a igualdade desaparece.

O reconhecimento mútuo dos proprietários é atingido por meio de um contrato: "o contrato supõe que as partes envolvidas se reconheçam como pessoas e proprietárias" — estas palavras são de Hegel, o maior crítico da teoria do contrato, que desnuda os seus pressupostos.[45]

Se a propriedade tem que ser protegida, um indivíduo pode ter acesso à propriedade de um outro apenas com a autorização do segundo. Um indivíduo somente permitirá o uso de sua propriedade por outro, ou a alugará ou venderá, se sua defesa não for violada, se for vantajoso para ele. Se esse for o caso de dois indivíduos, eles participam de um contrato dentro das mesmas bases, como proprietários que têm um objetivo comum, ou uma vontade comum, de utilizar as propriedades um do outro para a vantagem de ambos. Kant argumentava que a prática do contrato poderia ser viável apenas se essa vontade comum fosse encarada como parte necessária do contrato e as partes transcendessem a perspectiva de dois indivíduos preocupados com seus próprios interesses. Ou seja, eles têm que barganhar de boa fé e reconhecer que os contratos devem ser mantidos. Só não surgem problemas com um contrato se as duas partes manifestam sua concordância simultaneamente. Kant argumentava que, empiricamente, suas declarações estão separadas no tempo; uma tem que suceder à outra, embora o tempo que as separe possa ser realmente muito pequeno:

> Se fiz uma promessa e outra pessoa simplesmente está pensando em aceitá-la, durante o intervalo que precede a aceitação concreta, não importa quão pequeno ele seja, posso retirar a minha oferta, porque ainda não assumi o compromisso; e, por outro lado, o aceitante, pelo mesmo motivo, também pode preferir não se comprometer até o momento da aceitação, através de uma manifestação contrária.

A solução para esse problema é que as duas declarações não sejam compreendidas como dois atos (verbais) que se seguem, mas "como um *pactum re initium*, como o ato de uma vontade *comum*".[46]

Tal solução não é possível para os contratualistas; se os indivíduos agem, necessariamente, segundo seus próprios interesses, a vontade comum, como "ideia da razão", não pode emergir. O contratualismo (conforme ilustra a teoria de Hobbes) dá margem a um grave problema em relação ao contrato, que preocupa muitos filósofos contemporâneos. O único contrato que pode ser feito no mundo contratualista é uma troca simultânea. Se há alguma demora no cumprimento do contrato, então é muito pouco provável que ele se concretize, e se um indivíduo tem uma atuação dominante, *é* sempre do interesse do outro romper o contrato. O contrato social e a legislação civil dão alguma garantia ao contrato ao assegurar que os indivíduos podem confiar uns nos outros. Mas o fato de a garantia não ser total, especialmente quando o contratualismo for socialmente influente, é ilustrado pelo que concerne correntemente à preocupação com os problemas de cooperação, do desempenho subordinado, da livre atuação e do voluntarismo individual.

Os indivíduos se reconhecem como proprietários ao fazer uso recíproco ou *troca* de suas propriedades. A troca *é* a essência do contrato; Hobbes afirma que "todo contrato é uma transferência mútua ou troca de direito".[47] Cada indivíduo ganha com a troca — caso contrário ninguém iria alienar sua propriedade — e assim a troca é equitativa. Os críticos socialistas do contrato de trabalho e as críticas feministas do contrato de casamento reprovam o argumento de que, se dois indivíduos fazem um contrato, o fato de ele ter sido feito é suficiente para demonstrar que a troca é equitativa. Os críticos observam que se uma parte está em posição de inferioridade — o trabalhador ou a mulher —, então ele ou ela não tem escolha a não ser aceitar os termos desfavoráveis propostos pela parte em superioridade. Entretanto, as críticas socialistas e feministas da desigualdade entre os participantes dos contratos de trabalho e de casamento reconhecem a troca. Mas em que consiste a "troca" nos contratos em que estou interessada? O que exatamente é trocado?

A princípio, a troca pode tomar muitas formas, e qualquer tipo de propriedade pode ser trocada, mas os contratos que têm destaque na teoria clássica do contrato social não dizem respeito somente a bens materiais, mas à propriedade no sentido singular de propriedade que as pessoas detêm em si mesmas, e implicam a troca de obediência por proteção. Essa troca não tem relação direta com os retratos evocados nas histórias do estado natural, no qual dois indivíduos barganham a posse de madeira ou, por exemplo, as castanhas colhidas por um são trocadas por um pedaço de coelho caçado pelo outro. Falar de "troca" pode ser enganador no contexto de propriedade na pessoa. A teoria de contrato é, antes de mais nada, uma forma de estabelecer relações sociais constituídas através da subordinação, e não da troca. Com certeza a troca está envolvida, mas novamente o que está em questão é a "troca" — ou, mais precisamente, duas trocas — num sentido particular.

Em primeiro lugar, há a troca constitutiva dos contratos e das relações sociais. A não ser que alguns sinais de compromisso da vontade sejam encarados como propriedade, essa troca não envolve propriedade. Em vez disso, o contrato é firmado e a relação é instituída por meio da troca de promessas, ou seja, pela utilização da fala (ou da troca de outros signos, tais como assinaturas). Uma vez que as promessas são proferidas, o contrato está selado e os indivíduos posicionam-se um diante do outro, numa nova relação. Portanto, no contrato social, indivíduos masculinos se transformam em indivíduos civis (cidadãos); no contrato de trabalho, os homens tornam-se patrão e empregado e, no contrato de casamento, as mulheres se convertem em esposas e os homens, em maridos, em virtude de dizerem "sim". (Deve-se observar, *contra* Kant, que as promessas podem ser feitas simultaneamente, a fim de que não haja problema em torno da realização desse contrato no estado natural — o problema é a imposição). A segunda "troca" não poderia ser mais diferente da primeira. A nova relação é estruturada no decorrer do tempo por uma troca permanente entre as duas partes — a troca de obediência por proteção (pretendo posteriormente falar mais a respeito da proteção). A peculiaridade dessa troca é que uma das partes do contrato — a que dá a proteção — tem o direito de determinar como a outra cumprirá a sua parte na troca. Nos próximos capítulos, analisarei várias formas de utilização da propriedade na pessoa do subordinado pelo dominador (uma troca muito estranha). Mas, como um primeiro exemplo dessa questão, consideremos o contrato de trabalho.

Observei anteriormente que a concepção contratualista da vida social sugere que o contrato existe "indefinidamente"; a vida social não é nada mais do que contratos entre indivíduos. A vida econômica deve ser estruturada dessa maneira. O fato de os contratualistas tratarem o contrato de trabalho como sendo o contrato exemplar implica instituições econômicas dando um exemplo do seu ideal. Mas, em uma empresa capitalista, conforme deixa claro a análise neoclássica de Coase, a transferência de um trabalhador, de um departamento para outro, não decorre de uma negociação livre com o empregador, fazendo-se um novo contrato; ele é transferido "porque o mandaram se transferir". Uma empresa não é uma sociedade contratualista em miniatura, constituída por uma série de contratos distintos; como mostra Coase, "essa série de contratos é substituída por um único". O empregador faz somente um contrato para cada trabalhador. No contrato de trabalho, o trabalhador, "em troca de uma certa remuneração (que pode ser fixa ou variável), concorda em obedecer às orientações de um empresário, *dentro de certos limites*. A essência do contrato é a definição dos limites do poder do empresário".[48] Coase observa que, se não existissem limites, o contrato seria de escravidão voluntária. E também enfatiza que, quanto mais tempo o patrão utilizar os serviços do empregado, mais será desejável que o contrato não seja específico no que se refere ao que o patrão poderá mandá-lo fazer. É prerrogativa do patrão orientar o empregado em seu serviço e, para Coase, essa é a essência do contrato de trabalho. O contrato estabelece uma relação de subordinação.

No contrato de casamento a "troca" entre as partes é ainda mais curiosa, já que ele implica apenas um "indivíduo" detendo a propriedade em si mesmo. Observei, no capítulo anterior, que algumas feministas contemporâneas baseiam-se em Lévi-Strauss que, longe de ver o contrato de casamento e a troca que ele envolve como sendo curiosos de algum modo, ou contraditórios, proclama que "o casamento é o arquétipo da troca".[49] E, de acordo com Lévi-Strauss, o que é trocado durante a elaboração do contrato de casamento é um tipo singular de propriedade: "o tipo mais precioso de bens: as mulheres".[50] Elas são trocadas exatamente como as palavras, e, dessa forma, tornam-se signos. No penúltimo parágrafo de *As estruturas elementares do parentesco*, Lévi-Strauss comenta que as mulheres não são simplesmente signos (propriedades), mas também pessoas. A dúvida sobre se existem seres humanos que não são nada mais do que propriedades também surge em outro contexto; por alguns motivos, os senhores de escravos não puderam deixar de reconhecer que sua propriedade também era humana. A contradição inerente à escravidão, de que a humanidade do escravo deve ser negada e afirmada ao mesmo tempo, reaparece de várias formas mais ou menos dramáticas no patriarcado moderno. As mulheres são propriedades, mas também pessoas; diz-se que as mulheres têm e não têm as aptidões necessárias para fazer contratos — e o contrato exige que sua feminilidade seja negada e afirmada.

Somente o postulado da igualdade natural impede o contrato social original de ser um contrato explícito de escravidão; ou, dito de outra maneira, somente o postulado da igualdade natural impede todas as histórias sobre os contratos sociais de se transformarem numa espécie de pacto coercitivo. A necessidade do pressuposto da igualdade no estado natural foi ilustrada por James Buchanan, um contratualista contemporâneo (muito a despeito dele próprio). Buchanan argumenta que, se a teoria do contrato tem que ser o mais genérica possível, a desigualdade, e não a igualdade, deve caracterizar "o cenário original imaginário".[51] Ele retrata dois indivíduos em um ambiente desfavorável, onde os recursos são escassos. Um indivíduo descobre que pode obter bens não apenas se ele mesmo os produzir, mas também se apossando do estoque do outro. Ambos os indivíduos têm, então, que gastar recursos para defender seus bens. Buchanan argumenta, portanto, que o acordo original, que antecede qualquer contrato social, é um contrato ou "uma troca bilateral de atitudes, de desarmamento mútuo".[52] Entretanto, não há nenhum motivo para que tal pacto aconteça numa situação de desigualdade.

No texto "Conquest, Slavery and Contract" [Conquista, escravidão e contrato], Buchanan também menciona por alto outros fins possíveis para o cenário original em que "as diferenças individuais são bastante grandes".[53] Alguns indivíduos podem conseguir matar outros, e o pacto do desarmamento é feito apenas depois que uma parte da população foi eliminada. Nesse caso, como no caso das duas pessoas, o cenário original de Buchanan se parece muito com o estado natural de Hobbes; as desigualdades são grandes o bastante para permitir que qualquer indivíduo ou um grupo derrote completamente os outros. De fato, Buchanan contrabandeia de volta uma aparente igualdade natural. Os indivíduos, portanto, têm um motivo e um incentivo para fazer um contrato de desarmamento: a ampla garantia da segurança dos bens. O outro exemplo de Buchanan é um pouco diferente. Aqui as consequências do pressuposto de que alguns indivíduos têm "mais aptidões" é o fato de o mais forte se apoderar dos bens dos mais fracos e menos aptos (em vez de matá-los). Eles fazem, então, um contrato de desarmamento, mas, nesse caso, Buchanan afirma, "pode ser parecido com o contrato de escravidão". Uma vez que o mais fraco foi conquistado, faz-se um contrato em que ele concorda em produzir para o mais forte, em troca de "algo além da mera subsistência". Ambos os lados ganham com o contrato de escravidão devido à redução do "esforço predatório e de defesa".

Buchanan comenta que seu relato "apresenta uma interpretação um tanto quanto tortuosa da escravidão", mas tem o objetivo de tornar sua análise totalmente genérica. De fato, desconsiderando as referências ao desarmamento, sua discussão está dentro da tradição dos debates clássicos sobre os contratos de escravidão. Sua discussão também demonstra que o pressuposto da igualdade natural é necessário, e não supérfluo, para que os problemas inerentes à teoria do contrato não se tornem tão evidentes. Se alguns indivíduos são tidos como naturalmente mais fortes ou mais aptos que outros, e admitindo-se que esses indivíduos estejam sempre preocupados com seus próprios interesses, o contrato social criará assim indivíduos iguais entre si ou cidadãos, governados por leis imparciais, e será inviável. O pacto original cria uma sociedade de senhores e escravos. O mais forte — de acordo com seus interesses próprios — conquista o mais fraco, desarma-o, apodera-se de seus bens, e então faz um contrato no qual o conquistado concorda, a partir daí, em trabalhar em troca da sua subsistência ou proteção. O mais forte pode apresentar o contrato como sendo vantajoso para ambos: ele não terá mais que trabalhar, e o mais fraco terá suas necessidades básicas asseguradas. Diferentemente, ambos os lados podem ser encarados como carregando um peso; os escravos têm que trabalhar (obedecer), e os senhores são responsáveis pelo bem-estar dos escravos. O contrato de escravidão é igualmente pesado ou vantajoso para os dois.

Generalizar a discussão de Buchanan pode levantar questões embaraçosas sobre os contratos que acontecem em nossa sociedade. Quando o mais forte coage o mais fraco a participar do contrato de escravidão, a objeção mais comum é que esse não é um "contrato" verdadeiro; a coerção invalida o "acordo". Hobbes exemplifica um dos extremos da teoria do contrato ao não estabelecer distinções entre o acordo voluntário e a submissão imposta. A formação da "família" no estado natural ilustra o pressuposto de Hobbes de que, quando os indivíduos fazem contratos uns com os outros, os motivos que os levam a fazê-los não interferem na validade do contrato; o fato de o contrato ter sido feito é suficiente. Hobbes nega que exista alguma diferença entre, digamos, estar sentado em seu escritório,

O CONTRATO SEXUAL | 95

analisando cuidadosamente se se deve entrar em um contrato, e tomar a decisão com a arma de alguém em sua cabeça. Mas não é necessário chegar até a espada do conquistador. Sempre há um "incentivo" nas condições de grande desigualdade social para garantir que o "mais fraco" participe de contratos. Quando a desigualdade social prevalece, surgem questionamentos sobre o que se considera como participação voluntária em um contrato. É por isso que socialistas e feministas têm analisado as condições de participação nos contratos de trabalho e matrimoniais. Atualmente, nos países anglo-americanos, homens e mulheres são cidadãos juridicamente livres e iguais, mas, dentro de condições sociais de desigualdade, não se pode descartar a possibilidade de alguns ou vários contratos criarem relações incomodamente parecidas com as do contrato de escravidão.

O contrato, comentou recentemente um crítico, "é um instrumento para os negociantes, os empresários e os capitalistas, e não para as crianças, os servos, as esposas contratadas e os escravos".[54] Mas não é bem assim: o contrato é encarado como um instrumento perfeitamente adequado para os servos e as esposas — e alguns teóricos do contrato também o encaram como um instrumento para os escravos. Os pressupostos da teoria do contrato parecem, então, excluir a escravidão, pelo menos entre os homens. A discussão central da teoria do contrato é que ele é o meio para assegurar e promover a liberdade individual. A escravidão é a antítese da liberdade, exemplo da total submissão do indivíduo à vontade arbitrária de um senhor. O contrato e a escravidão são, portanto, excludentes entre si. Por que, então, alguns teóricos do contrato, do passado e da atualidade, incluem os contratos de escravidão, ou outros muito parecidos com esses, entre os acordos legítimos?

Há muita fantasia em torno da ideia de um contrato de escravidão, ou do que estou chamando de escravidão civil. A maioria das pessoas não acha que uma pessoa escrava faz um contrato de trabalho com um senhor de espontânea vontade, mas, pelo contrário, considera que acontece com ela o mesmo que aconteceu com os escravos na América do Sul, que foram trazidos à força da África, e depois comprados e vendidos, a despeito de sua vontade, e obrigados a trabalhar sob a ameaça do chicote. Nessa questão, e possivelmente em algumas outras poucas referentes ao contrato, as intuições de Rawlsian são um guia seguro. A escravidão contratual tem apenas um elemento em comum com a escravidão registrada no passado histórico; a escravidão verdadeira é para a vida toda, como o é o contrato de escravidão. Podem-se encontrar vários exemplos de pessoas se entregando à escravidão,[55] mas essa autoescravidão não é igual à participação voluntária no contrato de escravidão civil, que não cria um "escravo", no sentido tradicional do termo. Em vez disso, o contrato de escravidão cria um "escravo" que é exatamente como um operário ou um trabalhador assalariado, a não ser pela duração do contrato. Os contratualistas contemporâneos, seguindo alguns de seus antecessores, incorporam o contrato de escravidão ao contrato de trabalho; o contrato de escravidão civil é simplesmente uma extensão do contrato de trabalho.

Há uma interessante ironia histórica aqui. Na América do Sul, os escravos foram libertados e transformados em trabalhadores assalariados, e agora os contratualistas americanos argumentam que todos os operários deveriam ter a oportunidade de se transformarem em escravos civis. Mas a sociedade escravagista do antigo Sul dos Estados Unidos é diferente das outras sociedades, antigas ou modernas, em que a produção econômica estava baseada na escravidão (os escravos também existiram, obviamente, em muitas sociedades em que a produção econômica dependia de outras formas de trabalho, inclusive na Inglaterra; pretendo dizer algo a respeito da Inglaterra no capítulo 5). Na América do Norte, a sociedade escravagista foi parte de uma ordem social mais ampla que se dizia civil, talvez o exemplo clássico de sociedade civil, uma sociedade baseada no contrato. Seis estados do antigo Sul aprovaram entre 1856 e 1860 a legislação que oferecia aos negros a possibilidade de se tornarem escravos, voluntariamente.[56] Os pais fundadores dos Estados Unidos — notavelmente Thomas Jefferson, que possuiu escravos até o dia de sua morte — promulgaram os conhecidos preceitos dos teóricos do contrato social, especialmente os formulados por Locke; "todos os homens", anunciava Jefferson, "têm o direito de governar a si próprios. Eles recebem esse direito juntamente com sua pessoa pelas mãos da natureza".[57]

Os escravos constituem uma categoria singular de trabalhadores, embora na prática seja difícil distinguir, em muitos casos, as condições sob as quais a escravidão sobrevive em outras formas de trabalho não livre, tais como a servidão, a peonagem, o aprendizado, o trabalho forçado ou de sentenciados. Um escravo é diferente de outros trabalhadores porque é, legalmente, propriedade de um senhor. Um escravo deixa de ser uma pessoa e se torna uma coisa, uma *res*, uma mercadoria que pode ser comprada ou vendida, como qualquer outro bem. O senhor não possui simplesmente o trabalho, os serviços ou a força de trabalho de um escravo, e sim ele próprio. Assim, uma definição sucinta de escravo expõe que "sua pessoa é propriedade de outro homem, sua vontade está sujeita à autoridade do proprietário e seu trabalho ou seus serviços são obtidos por intermédio da coerção".[58] Mas a escravidão envolve mais do que a transformação de seres humanos em propriedades. A pessoa escrava, na notável formulação de Orlando Patterson, é "uma pessoa socialmente morta". A pessoa escrava foi compelida a "uma excomunhão secular", a fim de que "deixasse de pertencer como um direito seu, intrínseco, a alguma ordem social legítima". A pessoa escrava também era "desonrada de todas as formas" porque sua existência social e seu valor eram inteiramente expressos pelo senhor.[59] Talvez seja desnecessário dizer que uma pessoa não se torna um bem desonrado e socialmente morto ao participar de um contrato civil.

Historicamente, a maioria das autoridades concorda que a escravidão não surge em um contrato, mas numa guerra ou numa conquista:

> Arquetipicamente, a escravidão era um substituto da morte na guerra [...]. A escravidão não era um perdão; ela era, propriamente, uma permuta condicional. A execução era suspensa somente quando o escravo concordasse com sua impotência. O senhor era essencialmente um raptor. O que ele tomou ou adquiriu foi a vida do escravo, e as limitações de seu poder de exterminação arbitrária do escravo não eliminaram seus direitos sobre a vida dele.[60]

A escravidão permaneceu relacionada à violência e à conquista. Escravizados morreram e foram emancipados e, para se manter o estoque de escravos, a compra inicial tinha de ser repetida (apesar de na América do Sul a taxa de reprodução dos escravos ser alta e as emancipações, pouco frequentes).[61] Uma estimativa conservadora mostra que pelo menos *15 milhões* de africanos foram levados como escravos para o Novo Mundo.[62] Os senhores de escravos se esmeraram em assegurar que os escravos fossem caracterizados como incapazes, utilizando-se de vários meios, como palavras, roupas, estilos de cabelo, língua e marcas corporais,[63] e do instrumento emblemático do senhor, o chicote. Moses Finley relata uma história (fictícia) de Heródoto sobre a maneira como os citas reconquistaram o controle sobre os escravos revoltosos: "enquanto eles nos virem com armas, eles se julgarão iguais a nós e da mesma linhagem. Mas uma vez que eles nos vejam com chicotes em vez de armas, compreenderão que são nossos escravos".[64] Séculos depois, Nietzsche faz a velhinha dizer a Zaratustra: "você vai-se encontrar com alguma mulher? Não se esqueça do chicote!".[65]

A ideia de que indivíduos ou grupos de seres humanos não podem ser subjugados permanentemente é uma invenção humana. Gerder Lerner considera que a escravidão surgiu porque um outro exemplo de subordinação e "diferença" já se havia desenvolvido. As mulheres já eram subordinadas aos homens de seu grupo social. Os homens devem ter observado que, com facilidade, as mulheres se tornavam marginalizadas socialmente se fossem privadas da proteção do pai, ou se não fossem mais requeridas para o uso sexual, e assim os homens "aprenderam que as diferenças podem ser utilizadas para separar e diferenciar um grupo humano de outro". Eles também desenvolveram os meios para transformar essa separação numa escravidão permanente.[66] Qualquer que seja sua origem, Lerner salienta, há uma característica da escravidão que *é* frequentemente ocultada: os primeiros escravos eram *mulheres*.[67] A questão de por que os homens foram mortos e as mulheres, escravas parece admitir unicamente uma resposta: as escravas podiam ser utilizadas de formas mais variadas que os escravos. As mulheres podem ser usadas sexualmente pelos homens, além de sua utilização como força de trabalho, e, por meio do uso sexual, pode-se reproduzir a mão de obra escrava. Um historiador da escravidão observa que "o livre acesso sexual aos escravos os distingue das outras pessoas, tanto quanto sua classificação jurídica como propriedade".[68] Além disso, uma vez que as mulheres foram capturadas, usadas sexualmente e deram à luz, talvez elas se resignassem à sua condição de cativas, a fim de proteger seus filhos, e assim incentivar outras mulheres, em vez dos homens, a se escravizarem.[69]

De qualquer maneira, o escravo historicamente real, mulher ou homem, parece estar no polo oposto do trabalhador assalariado. O escravo é capturado, transformado em propriedade e forçado a trabalhar. Em troca, recebe a subsistência que possibilita ao senhor de escravos continuar a desfrutar do trabalho dele ou dela. O trabalhador, ao contrário, é juridicamente livre e civilmente igual; ele participa voluntariamente de um contrato de trabalho e em troca recebe um salário. O trabalhador não contrata ele próprio ou mesmo seu trabalho a um senhor. O trabalhador é um "indivíduo" que oferece ao uso capitalista parte da propriedade que ele detém em sua pessoa, ou seja, seus serviços ou, na terminologia socialista, sua capacidade de trabalho. O contrato de trabalho exemplifica a liberdade individual de dispor de sua propriedade como ele, e somente se ele achar conveniente. O contrato é, portanto, essencial para o trabalho *voluntário*.

Mas a doutrina do contrato tem dois lados. Por um, a liberdade e a igualdade natural dos homens podem ser utilizadas para condenar a perpetuação, a violência e a injustiça da escravidão, um argumento utilizado amplamente pelos abolicionistas. Por outro lado, os homens, como "indivíduos", podem contratar seus serviços — a propriedade que eles detêm em sua pessoa. Se um indivíduo detém a propriedade em sua pessoa, então ele, e apenas ele deve decidir como essa propriedade será utilizada. Somente o indivíduo proprietário pode decidir se é ou não vantajoso para si mesmo entrar ou não em um determinado contrato, e se seus interesses serão mais bem atendidos ao contratar seus serviços pela vida toda em troca da proteção (subsistência) que tal contrato proporciona. A pressuposição de que o indivíduo está situado, em relação à propriedade em sua pessoa — suas aptidões e serviços —, da mesma maneira que qualquer proprietário se posiciona em relação à sua propriedade material permite a dissolução da oposição entre liberdade e escravidão. A escravidão civil se transforma em nada mais do que um exemplo de contrato legítimo. A liberdade civil passa a ser exemplificada pela escravidão. A contraposição entre autonomia e sujeição pode ser, então, sustentada somente se a doutrina contratual for modificada ou rejeitada: pode-se limitar a liberdade contratual (uma estratégia que os contratualistas estão contestando na atualidade); ou a concepção de indivíduo como proprietário pode então ser rejeitada em favor de concepções alternativas.

Os defensores do contrato de escravidão, desde os teóricos clássicos do contrato social, passando pelos defensores da escravidão no antigo Sul estadunidense, até os contratualistas contemporâneos, argumentam que as definições convencionais de "escravo" são obsoletas e inadequadas para a sociedade civil. Por exemplo, a definição que citei anteriormente — o escravo é uma propriedade, seu trabalho é forçado e ele está submetido à autoridade do seu senhor — aplica-se e sustenta-se exclusivamente para as primeiras formas de escravidão, e não à forma contratual moderna. Um escravo civil não é nem propriedade nem objeto de coerção, embora esteja submetido à autoridade de seu senhor. Nesse aspecto, ele é como qualquer outro trabalhador. Como já expus, o contrato de trabalho institui o trabalhador como subordinado de seu patrão, o qual tem o direito de orientá-lo em seu trabalho. Um patrão, entretanto, não é exatamente como o senhor de escravos; o direito de um patrão é o direito limitado de um senhor civil moderno, não o direito absoluto do senhor de escravos. Os que se tornam escravos por meio de um contrato podem, portanto, ter seu lugar na sociedade civil como membros de famílias e de locais de trabalho.

Uma famosa defesa da escravidão no Sul dos Estados Unidos, *Cannibals All!* [Todos canibais!], de George Fitzhugh, argumenta que os escravos estavam numa situação melhor que os trabalhadores, mas seu argumento, apesar de original, não é moderno em seu padrão. Fitzhugh relembra sir Robert Filmer, o adversário patriarcalista de Locke.[70]

Fitzhugh argumenta que os homens nascem em sujeição e que a família, a qual inclui os escravos, tendo o senhor no comando, é o modelo da ordem política. Os escritos de Fitzhugh são curiosos por seu ataque ao trabalho assalariado, à liberdade civil, à igualdade e ao consenso (contrato). Eles rotulam Locke de "charlatão presunçoso, que era tão ignorante a respeito da ciência ou da prática do governo quanto qualquer sapateiro ou corredor de cavalos".[71] Fitzhugh aceitava os argumentos dos críticos dos horrores do capitalismo na Inglaterra no século XIX. Os trabalhadores eram meros escravos sem senhores (o subtítulo de seu livro), cuja condição era muito pior que a dos escravos negros, os quais tinham todas as suas necessidades atendidas. O senhor de escravos deveria garantir o atendimento completo das necessidades de seus escravos por toda a vida, diferentemente do capitalista que "vive à custa de sua renda, e não dá nada aos que estão submetidos a ele. Ele vive da mera exploração".[72] Fitzhugh defendia a escravidão contrapondo-a ao capitalismo e apelando para a velha ordem patriarcal pré-capitalista e pré-contratual. Mas havia outros defensores da escravidão, menos famosos, que sustentavam que a escravidão (tal como ela existiu concretamente no antigo Sul estadunidense) era baseada num contrato entre senhor e escravo. A escravidão podia ser, assim, incorporada ao novo mundo civil.

Talvez a mais insólita dentre as defesas da escravidão no antigo Sul seja *American Slavery Distinguished from the Slavery of English Theorists and Justified by the Law of Nature* [A escravidão estadunidense diferenciada da escravidão dos teóricos ingleses e justificada pela lei da natureza], do reverendo Samuel Seabury. De acordo com Seabury, "a escravidão nos Estados Unidos apoia-se num princípio diferente" da escravidão dos tempos antigos.[73] Um senhor de escravos romano, por exemplo, tinha poder absoluto e ilimitado sobre seus escravos, que eram seus prisioneiros e sua propriedade. Nos Estados Unidos, um senhor de escravos exercia um poder limitado e, portanto, não poderia ser encarado com proprietário de seus escravos. Seabury afirma que "não há nenhum sentido *correto*" em se afirmar que o senhor de escravos seja um proprietário; ele "tem um direito *condicional* ao *trabalho* do escravo". O escravo não é coagido nem é uma propriedade. Seabury observa: "a verdade é que, até onde posso ver, a *obrigação de servir por toda a vida*, sob a condição de se ter proteção e sustento, é a essência da escravidão americana".[74] Outro defensor estadunidense da escravidão concordava com Seabury nesse ponto:

> A escravidão é o dever e a obrigação do escravo de trabalhar para o benefício mútuo, tanto do senhor quanto do escravo, sob a garantia da proteção ao escravo, e de uma subsistência adequada, sob qualquer circunstância. A pessoa do escravo não é uma propriedade, independentemente do que as ficções da legislação possam dizer; mas o direito sobre o trabalho dele é uma propriedade, e pode ser cedido como qualquer outra, como os direitos sobre os serviços de um menor ou um aprendiz podem ser cedidos.[75]

O CONTRATO SEXUAL | 103

A propriedade dos serviços pode ser transformada em objeto de contrato. O contrato de escravidão não tem características especiais que o diferenciem de outros contratos livres, e o escravo é um simples trabalhador, entre outros.

O reverendo Seabury cita desde Pufendorf e Grotius, e, com exceção de Hobbes (e também, por motivos muito diferentes, de Rousseau), até os teóricos clássicos do contrato social, todos legitimando a defesa contratual da escravidão. Nessa questão, como em muitas outras, Hobbes revela involuntariamente segredos acerca do contrato. O contrato social de Hobbes dá origem ao Leviatã, cujos poderes absolutos são simbolizados pela espada. Um ponto de partida contratualista leva a um desfecho absolutista. Na ausência de relações naturais e de confiança entre os indivíduos, a única forma de sustentação das associações de longa duração é através da força da espada e da obediência absoluta.[76] Hobbes denomina a conquista de "contrato", e isso o torna inadequado como modelo para os teóricos modernos do contrato. Além disso, sua explicação da escravidão aproxima-se demais das suas origens históricas. Hobbes define um escravo como um indivíduo que é capturado e mantido na prisão ou em correntes, até que seu senhor decida seu destino. Um escravo não deve nenhuma obrigação a seu senhor. Nem é esse cativo de alguma utilidade para seu senhor (a não ser que, alguém pode acrescentar, o escravo seja mulher e a utilização seja sexual, que não será impedida pelas correntes). Para o cativo se tornar útil, ele tem que ser solto das correntes e preso de outra maneira. O conquistador, portanto, tem um incentivo para propor ao cativo um contrato que o liberte da prisão e que salve sua vida — e, de acordo com Hobbes, coloque um fim na sua escravidão. Uma vez que o indivíduo troca sua vida pela promessa de obediência a seu senhor, ele se torna um "servo". Para salvar sua vida, ele enuncia, "ou através de palavras explícitas, ou de outros sinais suficientemente claros da vontade", sua vontade de que o conquistador faça uso de seu corpo "a seu bel prazer", por tanto tempo quanto sua vida estiver a salvo.[77] Hobbes

104 | CAROLE PATEMAN

sustenta que o contrato transforma a escravidão em servidão, mas sua descrição do poder do senhor sobre o servo se parece com a do senhor de escravos: "o senhor do servo é senhor [...] de tudo que ele possui; e pode reclamar o uso disso; ou seja, de seus bens, de seu trabalho, seus servos e seus filhos, de modo tão reiterado quanto achar conveniente".[78]

Grotius mantém a ideia de que o senhor possui o escravo, mas fornece um fundamento mais promissor para a escravidão civil do que Hobbes. Grotius afirma veementemente que "a todo homem é permitido se tornar escravo de outro que o queira, para fins de posse privada".[79] Entretanto, um senhor de escravos não tem o direito absoluto do poder de vida e morte sobre seu escravo. Grotius diferencia dois tipos de escravidão. Na "escravidão completa", o escravo "deve prestar serviços por toda a vida, em troca de alimento e outras necessidades vitais". O segundo tipo é a "escravidão incompleta", que abrange os "empregados assalariados".[80] Grotius também enfatiza as vantagens da escravidão completa; "a obrigação permanente de trabalhar é recompensada pela segurança de sustento permanente, a qual aqueles que trabalham por salário diário geralmente não têm.[81] Apesar de Grotius aprovar a escravidão, Pufendorf propõe a história de um contrato mais útil. Em algumas passagens citadas pelo reverendo Seabury, Pufendorf apresenta uma história hipotética da origem da escravidão, que a torna compatível com uma condição natural em que os homens não têm um senhor comum, e um não está submetido ao outro".[82]

Pufendorf supõe que há duas maneiras através das quais a escravidão é instituída por um acordo. Sua primeira proposta é que o crescimento das famílias levou à descoberta do "quanto é conveniente que os afazeres do lar sejam feitos pelo trabalho de outros", a saber, escravos. Pufendorf aventa a hipótese de que os escravos provavelmente ofereceram seus serviços de livre vontade, "sendo impelidos por desejo próprio ou pelo sentimento de sua própria incapacidade". Os escravos receberam em troca "um suprimento constante de alimento e para outras necessidades".[83] De outro modo, Pufendorf sugere que, uma vez que os homens em sua condição natural voltaram sua atenção para a multiplicação de seus bens, alguns acumularam mais do que outros. Os "perspicazes e mais ricos" convidaram os "mais lerdos e mais pobres" a se empregar. Tanto os ricos quanto os pobres perceberam as vantagens mútuas desse acordo. Os pobres se vincularam permanentemente a famílias ricas e trabalharam conforme as ordens dos ricos e, em troca, os senhores ricos "garantiram-lhes o sustento e a satisfação de todas as suas outras necessidades vitais". Pufendorf conclui que "os primórdios da escravidão resultaram do consentimento voluntário de homens de condição inferior, e de um contrato do tipo 'bens por trabalho': eu sempre o sustentarei, se você sempre trabalhar para mim".[84]

A questão óbvia que deriva das histórias de Pufendorf é o que é um contrato de escravidão. Por que não é um contrato de trabalho? Por que os "mais pobres" se transformam em servos ou em trabalhadores por meio de um contrato? (Talvez uma questão menos óbvia, que pretendo retomar nos próximos capítulos, é por que o contrato de casamento não é um contrato de escravidão; os escravos de Pufendorf são incorporados a famílias, e uma esposa, como um escravo, está sob a jurisdição do chefe da família por toda a vida.) A questão sobre escravos e trabalhadores não é tão fácil de responder como se poderia pensar. Quatro critérios são geralmente utilizados para distinguir um empregado de um escravo. Primeiro, um patrão é um senhor civil e não tem o poder absoluto do senhor de escravos; segundo, um contrato de trabalho é válido por um período curto e determinado, e não pela vida toda (por volta de 1660, na Virgínia, por exemplo, servos contratados foram legalmente diferenciados dos escravos pelo fato de "todos os negros e outros escravos terem de servir *durante vita*");[85] terceiro, um patrão não adquire o direito sobre a pessoa ou o trabalho de um operário, mas o direito sobre seu ofício ou sua capacidade de trabalho; quarto, um empregador não garante a subsistência de seus empregados, mas paga-lhes salário. Esses quatro critérios são menos sólidos do que geralmente se presume.

Pufendorf distingue soberania sobre os homens do direito e propriedade sobre coisas materiais. Um soberano pode dizer que seu súdito é sua propriedade, "ele *é* meu"; mas, Pufendorf argumenta, apesar de ele ter o direito de fazer o que deseja com os bens materiais — os quais não podem ser lesados —, o direito de um senhor sobre objetos humanos é limitado. Ele tem o dever de proteger seus escravos em troca da obediência deles às suas ordens.[86] Segundo Pufendorf, um senhor começa a se parecer mais com um patrão, principalmente quando não há necessidade de os senhores possuírem seus escravos como propriedades. Eles somente precisam contratar o escravo, o que lhes garante o direito de domínio por toda a vida sobre a utilização do seu trabalho.

As discussões de Locke são esclarecedoras no que se refere à linha divisória entre liberdade, trabalho livre e escravidão. Locke, como Hobbes, argumenta que "tão logo o acordo surge, a escravidão desaparece".[87] A relação entre senhor e escravo não pode ser estabelecida através de um contrato. Um escravo, para Locke, é um indivíduo que está sob o domínio absoluto de um senhor; um senhor de escravos tem o poder de vida e morte sobre seu escravo. Locke declara que nenhum indivíduo tem o direito de dispor de sua própria vida (um poder que pertence a Deus); assim, ele não pode submeter-se ao domínio absoluto de outro. Um senhor e um escravo estão em estado de guerra. Dessa forma, em um lar que abrange escravos, a relação entre o senhor e eles difere do domínio civil que aquele exerce sobre sua esposa e seus filhos, o qual é limitado em seu escopo e termina um pouco antes do poder de vida e morte. O senhor e o escravo não estão na sociedade civil, embora o escravo seja incluído na família.

A relação civil, estabelecida por contrato, é a existente entre senhor e servo. O senhor e o servo fazem o contrato "por poder limitado de um lado, e obediência de outro".[88] Um homem livre, diz Locke, transforma-se num servo ao "vender [...], por um certo período, o serviço que se propõe a fazer, em troca do salário que deve receber [...] o senhor [tem] somente um poder temporário sobre ele, e não maior do que está determinado no contrato entre eles".[89] Mas quanto tempo é um "período determinado"? Para Locke, os indivíduos detêm as propriedades em sua pessoa, inclusive sobre sua capacidade de trabalho. Somente o dono da propriedade pode decidir qual é a melhor maneira de usá-la; então, segundo Locke, não há motivos para um servo não considerar que um contrato por toda a vida com o mesmo senhor irá proporcionar-lhe o máximo de proteção. Se ele participa de tal contrato, qual é, então, o seu *status*? De acordo com Locke, ele não pode ser um escravo se a relação for estabelecida por meio de um contrato. Mas um escravo (civil) contrata a propriedade em sua capacidade de trabalho pela vida toda, e assim ele é algo mais que um servo. O limite da duração do contrato parece ser a única coisa que distingue um escravo de um servo ou de um trabalhador assalariado.

Os contratualistas contemporâneos argumentam que qualquer linha divisória desse tipo deve ser eliminada. Em *Anarquia, Estado e utopia*, um livro bastante elogiado por filósofos políticos, Robert Nozick questiona se "um sistema livre possibilitaria ao indivíduo vender-se como escravo", e ele responde: "acredito que sim".[90] Mais veementemente, Philmore, por exemplo, argumenta em favor de uma "forma *civilizada* de escravidão contratual".[91] Ele cita Locke, o que pode parecer surpreendente, dada a visão tradicional deste como um inequívoco campeão da liberdade. Locke não possuía escravos, mas tinha ações da Royal Africa Company, a qual detinha o monopólio do tráfico de escravos. Além disso, ele também promoveu o tráfico da companhia com a Virgínia no final da última década do século XVII, a partir de seu posto na Comissão de Tráfico. De acordo com Philmore, um contrato de escravidão não passa de um contrato de trabalho; "a escravidão contratual [é] [...] a extensão individual do contrato patrão-empregado". Philmore não tem dúvidas sobre o papel fundamental do contrato de trabalho para o argumento contratualista. Ele afirma que "qualquer crítica profunda e decisiva da escravidão voluntária [...] seria aplicada ao contrato de trabalho [...]. Tal crítica seria então um *reductio ad absurdum*."[92] A diferença entre o contrato de trabalho tradicional e o contrato de escravidão é simplesmente a duração do contrato. A escravidão civilizada é um contrato para a vida toda. Isso, para Philmore, seria o "garanteísmo" (extraindo o termo de outro defensor da escravidão no Sul dos Estados Unidos do século XIX). O senhor troca "uma garantia de alimentação, vestuário e abrigo (ou o equivalente em dinheiro) por toda a vida, pelo direito sobre o trabalho [do escravo] por toda a vida".[93]

O argumento de Philmore em favor da escravidão contratual ou civilizada depende de três pressupostos não declarados. Primeiro, o argumento depende da possibilidade de se distinguir entre o trabalho ou a força de trabalho de uma pessoa e o trabalho de um escravo. A diferença entre o "garanteísmo" e a escravidão (histórica) depende da nova concepção de indivíduo como um ser livre e igual aos outros, que possui uma propriedade em sua pessoa. Essa propriedade pode ser contratada sem nenhum dano, prejuízo ou diminuição do próprio indivíduo que detém a posse. O fato de um indivíduo poder contratar a propriedade em sua capacidade de trabalho, em vez de seu trabalho ou pessoa, é geralmente usado para diferenciar o trabalho livre assalariado da escravidão forçada. Para um contratualista é essa característica que demonstra que a escravidão (civilizada) não passa de um contrato de trabalho assalariado ampliado, de um exemplo, e não da negação da liberdade individual! Segundo, o argumento contratualista parece escapar da grande contradição e do paradoxo da escravidão, ou seja, que o senhor deve, ao mesmo tempo, afirmar e negar a humanidade do escravo. Finley observa que a contradição não preocupava os senhores de escravos no mundo antigo; somente nos tempos modernos ela se torna um problema.[94] Uma explicação para o desconforto dos senhores de escravos estadunidenses é que, historicamente, apenas eles possuíam escravos dentro de uma ordem social centrada numa doutrina (supostamente) universal da liberdade e igualdade individuais. Ao argumentar que a escravidão estava baseada num contrato e que o escravo não era um bem — somente seus préstimos o eram —, os defensores da escravidão do século XIX e os partidários contemporâneos do contrato de escravidão parecem ter superado a contradição. O escravo civil também é um "indivíduo" que por contrato voluntário cedeu a sua força de trabalho por toda a vida para um senhor, e este tem que respeitar os mesmos direitos no caso de seu escravo, como no de qualquer outro empregado que, juridicamente, é um cidadão livre e igual. Entretanto, a aparente dissolução do paradoxo da escravidão depende do argumento de que os serviços, as aptidões e a capacidade de trabalho possam ser dissociados da pessoa. O argumento não se sustenta; a ideia de capacidade de trabalho ou serviços (conforme analisarei minuciosamente no capítulo 5) é mais uma ficção política.

Terceiro, o argumento de Philmore também se apoia no pressuposto de que, em troca da obediência, o escravo civil recebe não só subsistência ou proteção, mas "uma renda equivalente em dinheiro", ou seja, um salário. Um aspecto característico do trabalhador livre é que ele não recebe proteção; ele não é pago em espécie ou por meio da troca, mas recebe salários. No caso do escravo civil, os salários estão garantidos pela vida toda através do contrato de trabalho, o que levanta o problema do *status* que se atribui ao salário nos argumentos favoráveis à escravidão contratual. Na Grã-Bretanha do século XVIII, o problema do significado do salário foi levado em consideração pelos opositores da escravidão. Eles argumentavam que a linha divisória entre um escravo e um trabalhador livre constituía-se pela existência de um indicador de que uma troca verdadeira havia sido feita entre o trabalhador e o patrão; o indicador era o pagamento de um salário em troca da prestação de serviços do trabalhador. O contexto em que esse problema aparece mostra claramente o quanto é ambígua a distinção entre proteção e salário. O assunto em questão dizia respeito à situação dos mineiros e salineiros na Escócia, que estavam presos por toda a vida a seu trabalho (e que podiam ser vendidos aos donos de minas e salinas, juntamente com o restante de seus meios de produção; alguns usavam coleiras contendo o nome de seus donos). Esse tipo de servidão foi abolido em 1775 (como consequência do *Knight v. Wedderburn*), mas eminentes opositores da escravidão haviam argumentado que os mineiros eram diferentes dos escravos porque recebiam salários (relativamente altos). A servidão deles por toda a vida era atribuída à necessidade comercial e às condições peculiares das indústrias. David Brion Davis comenta que "para aqueles contrários à escravidão [...] não era a subordinação do escravo ou a falta de mobilidade que contrariava a natureza. Era, em vez disso, a inexistência de uma moeda de troca que tornasse o trabalhador responsável, ao menos teoricamente, por seu próprio destino".[95]

O contratualismo contemporâneo apoia-se no argumento de que o "indivíduo" é o senhor soberano de seu próprio destino; somente ele tem o direito de dispor da propriedade em sua pessoa. Ao ajustar sua propriedade num contrato de trabalho, o indivíduo se torna um trabalhador e recebe um salário. Mas esse salário, especialmente se garantido por toda a vida, seria uma moeda de liberdade ou subordinação, um indicador do trabalho livre ou da escravidão assalariada? Invoca-se um tipo peculiar de liberdade quando ela pode ser exemplificada na sujeição por toda a vida. A facilidade com que os contratualistas transformam a escravidão em trabalho assalariado também levanta problemas a respeito das relações e das semelhanças entre a escravidão, a escravidão civil e os outros contratos envolvendo a propriedade na pessoa. O problema da relação entre contratos de vários tipos é com frequência atenuado, mas tem recebido mais atenção no debate recente em torno do paternalismo. Philmore, por exemplo, declara que é uma "contradição essencial" da sociedade liberal moderna a proibição de contratos de escravidão pelo Estado.[96] Tem sido difícil para os filósofos encontrar um motivo verdadeiramente convincente para os contratos de escravidão não serem mantidos pela legislação, ou para que, expondo de outra forma, os contratos de escravidão não fiquem sob a proteção do contrato original.

O contratualismo é antipaternalista, mas a solução do problema dos contratos de escravidão é mais difícil para os defensores menos radicais do contrato. A maioria dos participantes do debate em torno do paternalismo não tem dúvidas a respeito dos contratos nos quais se troca proteção por obediência; então eles têm dificuldade em dar uma explicação razoável para o descarte da implementação de um contrato que garanta a forma definitiva de proteção pelo Estado. Descartar o contrato civil de escravidão torna-se ainda mais difícil se, como aconteceu no caso do contrato de casamento, ele puder ser rompido antes de completar sua duração vitalícia. Para muitos filósofos, o caráter indissolúvel do contrato de escravidão consiste na principal dificuldade: "o problema dos contratos de escravidão voluntária é a ausência de condições que permitam a alguém garantir que não existe uma ratificação permanente [do contrato pelo escravo]".[97] Em recente estudo sobre o debate contemporâneo sobre o paternalismo, chega-se à conclusão de que o único motivo para se proibirem os contratos de escravidão indissolúveis é a mudança de opinião por parte dos indivíduos. Além disso, argumenta-se que nas sociedades ocidentais contemporâneas o único motivo pelo qual os contratos de escravidão dissolúveis não podem ser permitidos é o fato de essas sociedades não se interessarem por tais contratos, ao passo que têm interesse em implementar contratos dissolúveis de casamento e de trabalho. Tal argumento deixa em aberto a possibilidade de, em certas circunstâncias, os contratos de escravidão passarem a ser do interesse da sociedade. O argumento propriamente apresentado é que, em situações de grande escassez, os contratos de escravidão dissolúveis podem servir ao interesse social na medida em que eles reduzem os gastos com assistência social e permitem o avanço até uma condição de escassez moderada, em vez de extrema.[98]

A mais famosa manifestação no caso contra a aplicação estatal dos contratos de escravidão foi feita por John Stuart Mill em seu conhecido ensaio *Sobre a liberdade*, no qual ele insiste que liberdade e escravidão são incompatíveis. Ele afirmava que um contrato de escravidão é "irrito e nulo". Um indivíduo pode optar voluntaria-mente por participar desse contrato se achar que será vantajoso para si mesmo, mas, ao fazer isso,

> [...] ele abdica de sua liberdade e sacrifica qualquer uso futuro dela nesse único ato. Ele invalida, então, em seu próprio caso o verda-deiro significado de ser livre, que é o de permitir dispor de si mes-mo [...]. O princípio da liberdade não pode exigir que ele seja livre para não ser livre. Não é liberdade permitir que se possa alienar a liberdade individual.

Mill acrescenta que "esses motivos, cuja força é tão clara neste caso específico, são de aplicação mais ampla evidentemente".[99] Mill foi bastante original ao aplicar essas razões ao contrato de casamento, à sujeição das mulheres e também à questão do direito patriarcal. Ele também era solidário com as discussões dos socialistas coopera-tivistas e estava disposto a questionar a aplicação do contrato, mas não incluiu essas duas aplicações mais amplas em sua crítica.

O argumento de Mill contra a escravidão foi prenunciado um século antes por um dos teóricos clássicos do contrato. Rousseau também rejeitava os contratos de escravidão e qualquer tipo de relação que resultasse da venda de um homem a outro, por neces-sidades econômicas, mas apoiava sinceramente o contrato sexual. Entre os teóricos clássicos, ele é uma exceção ao consenso de que a escravidão — ou algo separado por uma linha permeável — pode ser legitimamente instituída através de um contrato. Ele afirma que "as palavras 'escravidão' e 'direito' são contraditórias — elas se neutra-lizam".[100] Não pode existir algo como um contrato entre um senhor e um escravo que seja para o benefício de ambos, ou que envolva reciprocidade. Rousseau comenta que um homem que se entrega à escravidão o faz visando ao seu sustento, mas definitivamente ele não encara a garantia de subsistência do escravo como algo dado em troca de seu trabalho. Ao contrário, a subsistência é necessária para que qualquer serviço seja prestado. O senhor possui o escravo e tudo o que é dele; portanto, diz Rousseau: "que direitos meu escravo tem contra mim, se tudo que ele tem me pertence? Seu direito é o *meu* direito, e seria um contrassenso afirmar que eu tenha um direito *contra* mim mesmo".[101] Assim, qualquer discurso sobre contratos de escravidão, troca mútua e deveres é ilógico, um absurdo, uma tolice e completamente sem sentido. Rousseau acha que qualquer pessoa que participe de um contrato para ser escrava de outra não está em seu juízo perfeito. Ela teria perdido sua capacidade de avaliar sua condição de ser livre e as suas consequentes implicações. Acreditar que a liberdade e a igualdade naturais estariam manifestadas nos contratos de escravidão significa que nenhum dos indivíduos envolvidos compreendeu a relação que estabeleceram entre si, já que ambos renunciaram à condição necessária para sua interação mútua.

Rousseau argumentava que a história contada por outros teóricos do contrato dizia respeito a um contrato fraudulento, que simplesmente endossava o poder de coerção dos ricos sobre os pobres. Entretanto, ele não ampliou a crítica ao que seus predecessores falaram sobre suas discussões a respeito das mulheres e do contrato de casamento. O contrato de casamento era colocado fora do alcance da analogia com o ilegítimo e absurdo contrato de escravidão. Suas hipotéticas histórias do estado natural e também sobre o contrato social são muito diferentes das histórias de outros teóricos clássicos e, portanto, ajudam a encobrir o fato de ele (como todos os outros) endossar entusiasticamente o contrato sexual. Em outros aspectos, a rejeição do contrato de escravidão por Rousseau significa que sua interpretação de "contrato" tem pouco em comum com a teoria que inclui a escravidão, embora como uma extensão do contrato de trabalho. Sua teoria impede a redução do contrato entre os homens à submissão imposta, e, para ele, nem todos os contratos são legítimos e nenhum indivíduo livre pode fazer um contrato que denegue sua própria liberdade.

Todos os outros teóricos do contrato, em maior ou menor grau, encaram o indivíduo, acima de tudo, como um proprietário. Isso é verdadeiro até em Kant, que afirma que "um contrato, por meio do qual uma parte renuncia à sua liberdade *total* em proveito de outrem, deixando, desse modo, de ser uma pessoa e, consequentemente, não tendo nem mesmo o dever de honrar esse contrato, é contraditório em si mesmo e é, portanto, irrito e nulo".[102] Com exceção de Rousseau, os teóricos clássicos do contrato encaram a liberdade do indivíduo como centrada num ato, o ato do contrato. O indivíduo toma posse de si mesmo, e sua liberdade é, então, exercida pela sua capacidade de dispor de si mesmo como achar conveniente. A liberdade natural e igualitária é transformada na dominação e na subordinação civis, abrangendo a escravidão, que é tomada como exemplo da liberdade, porque se origina num contrato voluntário. Em Rousseau, ao contrário, no protocolo do contrato, o indivíduo não é um proprietário, mas um homem cuja individualidade depende da manutenção de relações livres com outros homens. Se o indivíduo separar suas aptidões (trabalho ou força de trabalho) de si próprio, alienando-as através de um contrato, ele efetua uma mudança qualitativa de sua relação com os outros; a liberdade é transformada em dominação e sujeição. A escravidão é, assim, o paradigma do que a liberdade não é, em vez de exemplificar o que ela é. Conclui-se, portanto, que para Rousseau qualquer relação que se assemelhe à escravidão é ilegítima, e nenhum contrato que crie uma relação de subordinação é válido — exceto o contrato sexual.

NOTAS

1. J. Rawls, *A Theory of Justice* [Uma teoria da justiça], Cambridge, Massachusetts, Harvard University Press, 1971, p. 141.
2. I. Kant, *Political Writings* [Escritos políticos] (org. H. Reiss), Cambridge, Cambridge University Press, 1970, p. 79.
3. J. Rawls, "Justice as Fairness: Political, not Metaphysical" [Justiça como equidade: política, não metafísica], *Philosophy and Public Affairs*, vol. 14, nº 3, 1985, pp. 225, 238.

4. *Idem, A Theory of Justice*, pp. 137-38.

5. *Idem*, "Justice as Fairness, pp. 241, 236.

6. M. Sandel, *Liberalism and the Limits of Justice* [Liberalismo e os limites da justiça], Cambridge, Cambridge University Press, 1982, p. 131.

7. J. Rawls, *A Theory of Justice*, p. 139.

8. *Ibidem*, p. 128.

9. T. Hobbes, *Leviathan*, in *The English Works of Thomas Hobbes of Malmesbury* (daqui por diante *EW*), Alemanha, Scientia Verlag Aalen, 1966, vol. HI, cap. XX, p. 186. [Ed. bras.: *Leviatã, ou matéria, forma e poder de uma república eclesiástica e civil* (Richard Tuck org.), São Paulo, Martins Fontes, 2019.)

10. T. Hobbes, *Philosophical Rudiments Concerning Government and Society* (a versão em inglês do *De Cive*), *EW*, vol. II, cap. IX, p. 116. [Ed. bras.: *Do cidadão*, São Paulo, Martins Fontes, 2002.]

11. *Ibidem*, p. 116.

12. *Idem, Leviathan*, cap. XX, p. 188.

13. *Ibidem*, p. 187.

14. R. W. K. Hinton, "Husbands, Fathers and Conquerors" [Maridos, pais e conquistadores], *Political Studies*, vol. XVI, n° 1, 1968, pp. 57, 62.

15. T. Hobbes, *Leviathan*, cap. XVII, p. 154.

16. *Idem, De Corpore Politico, or The Elements of Law* [O corpo político ou Os elementos da lei], *EW*, vol. IV, cap. IV, pp. 158-9.

17. *Idem, Philosophical Rudiments* [Rudimentos filosóficos], cap. IX, p. 122.

18. *Idem, Leviathan*, cap. XV, p. 133.

19. *Ibidem*, cap. XX, p. 191.

20. *Idem, Philosophical Rudiments*, cap. IX, p. 121.

21. *Idem, De Corpore Politico*, cap. IV, p. 158.

22. *Idem, Leviathan*, cap. XX, p. 189.

23. *Idem, De Corpore Politico*, cap. III, pp. 149-50.

24. T. Brennan e C. Pateman, "'Mere Auxiliaries to the Commonwealth': Women and the Origins of Liberalism" ["Meros auxiliares da Comunidade das Nações": Mulheres e as origens do liberalismo], *Political Studies*, vol. XXVII, n° 2, 1979, pp. 189-90. Fui incitada a retomar essa questão ao ler J. Zvesper, "Hobbes Individualistic Analysis of the Family" [Individualista análise da família de Hobbes], *Politics, UK*,

vol. 5, n° 2, 1985, pp. 28-33; Zvester, contudo, entende a "família" de Hobbes, no estado natural, como uma "família" da sociedade civil, apesar da ausência de "regras matrimoniais".

25. T. Hobbes, *Leviathan*, cap. XV, p. 187.

26. *Idem, Philosophical Rudiments*, cap. IX, p. 118.

27. *Idem, De Corpore Politico*, cap. IV, pp. 157-8.

28. *Idem, Philosophical Rudiments*, cap. IX, p. 121.

29. S. Pufendorf, *On the Law of Nature and Nations* [Sobre a lei da natureza e nações] (trad. C. H. e Wi A. Oldfather), Oxford, Clarendon Press, 1934, livro VI, cap. I, § 9, p. 853.

30. *Ibidem*, p. 854.

31. *Ibidem*, § 10, p. 855.

32. *Ibidem*, § 9, p. 853.

33. *Ibidem*, § 11, p. 860.

34. *Ibidem*, pp. 859-60.

35. *Ibidem*, § 12, p. 861.

36. Hinton, "Husbands, Fathers and Conquerors", p. 66; e M. A. Buder, "Early Liberal Roots of Feminism: John Locke and the Attack on Patriarchy" [As primeiras raízes liberais do feminismo: John Locke e o ataque ao patriarcado], *American Political Science Review*, vol. 72, n° 1, 1978, pp. 135-50.

37. J. Locke, *Two Treatises of Government* (org. P. Laslett), Cambridge, Cambridge University Press, 1967, livro II, § 183, livro II, § 81-2, 2ª ed.

38. *Ibidem*, livro I, § 47.

39. *Ibidem*, livro II, § 82.

40. *Ibidem*, livro I, § 48.

41. *Ibidem*, § 4.

42. *Ibidem*, livro I, § 48.

43. J.-J. Rousseau, *Emile or on Education* (trad. A. Bloom), Nova York, Basic Books, 1979, pp. 370, 404. [Ed. bras.: *Emílio ou Da educação*, São Paulo, Martins Fontes, 2017.] Em *The Problem of Political Obligation* [O problema da obrigação política], argumentei que a versão do pacto primitivo de Rousseau indicava que ele não foi um "contrato". Rousseau é, entretanto, o principal teórico do contrato sexual primitivo, o qual certamente é um contrato. Assim, sem insinuar

que mudei de ideia sobre minhas interpretações anteriores — o que não é o caso —, vou me referir aqui a Rousseau como um "teórico clássico do contrato".

44. J. Locke, *Two Treatises*, livro II, § 27. [Ed. bras.: *Dois tratados sobre o governo*, São Paulo, Martins Fontes, 1998.)

45. G. W. F. Hegel, *Philosophy of Right* (trad. T. M. Knox), Oxford, Clarendon Press, 1952, § 71. [Ed. bras.: *Princípios da filosofia do direito*, São Paulo, Martins Fontes, 1997.]

46. I. Kant, *The Philosophy of Law* [A filosofia da lei] (trad. W. Hastie), Edimburgo, T. and T. Clark, 1887, primeira parte, segunda seção, § 19, pp. 102-3.

47. T. Hobbes, *Leviathan*, cap. XIV, p. 123.

48. R. H. Coase, "The Nature of the Firm" [A natureza da firma], *Economica*, vol. IV, nº 16, 1937, pp. 387, 391. Num mundo de empresas multinacionais, falar de um contrato com um empresário somente atinge uma pequena parte da organização econômica da produção capitalista. Contudo, a teoria do contrato lida, acima de tudo, com ficções políticas. Não posso discutir as multinacionais dentro deste livro: apenas confrontarei o ideal contratualista da "existência de infinitos contratos" com o fato de o lucro da Esso, em 1982, ter sido de US$ 97,172 bilhões (poucos países têm um PNB desse tamanho); números retirados de M. Kidron e R. Segal, *The New State of the World Atlas* [O novo estado do atlas mundial], Nova York, Simon e Schuster, 1984, seção 30.

49. C. Lévi-Strauss, *The Elementay Structures of Kinship*, ed. rev., Boston, Beacon Press, 1969, p. 483. [Ed. bras.: *Estruturas elementares do parentesco*, Petrópolis, Vozes, 1982.]

50. *Ibidem*, p. 61.

51. J. M. Buchanan, *The Limits of Liberty: Between Anarchy and Leviathan* [Os limites da liberdade: entre anarquismo e Leviatã], Chicago, University of Chicago Press, 1975, p. 54.

52. *Ibidem*, p. 59.

53. A seção de onde as outras citações são tiradas estão nas páginas 59-60.

54. A. Baier, "Trust and Antitrust" [Truste e antitruste], *Ethics*, 96, 1986, p. 247.

55. Ver O. Patterson, *Slavery and Social Death: A Comparative Study* [Escravidão e morte social: um estudo comparativo], Cambridge, Massachusetts, Harvard University Press, 1982, pp. 130-1.

56. S. Engerman, "Some Considerations Relating to Property Rights in Man" [Algumas considerações relacionadas aos direitos de propriedade no homem], *The Journal of Economic History*, vol. XXXIII, n° 1, 1973, p. 44, nota 2.

57. T. Jefferson, *Democracy* [Democracia] (org. S. K. Padover), Nova York, Greenwood Press, 1969, p. 24.

58. D. B. Davis, *The Problem of Slavery in Western Culture* [O problema da escravidão na cultura ocidental], Ítaca, Cornell University Press, 1966, p. 31.

59. O. Patterson, *Slavery and Social Death*, pp. 4, 10.

60. *Ibidem*, p. 5.

61. *Ibidem*, p. 3.

62. D. B. Davis, *The Problem of Slavery*, p. 9.

63. A lista foi retirada de Patterson, *Slavery and Social Death*, p. 8.

64. M. I. Finley, *Ancient Slavery and Modern Ideology* [Escravidão antiga e ideologia moderna], Londres, Chatto and Windus, 1980, p. 118.

65. F. Nietzsche, "Thus Spoke Zarathustra", *in* W. Kaufman (org.), *The Portable Nietzsche*, Londres, Chatto and Windus, 1971, p. 179. [Ed. bras.: *Assim falou Zaratustra*, São Paulo, Companhia das Letras, 2011.]

66. G. Lerner, *The Creation of Patriarchy* [A criação do patriarcado], Nova York, Oxford University Press, 1986, p. 70.

67. *Ibidem*, cap. 4.

68. Citado em *ibidem*, p. 87.

69. Ver *ibidem*, p. 78.

70. A utilização que Fitzhugh faz de Filmer é discutida em C. Vann Woodward, "George Fitzhugh: *Sui Generis*', a introdução de G. Fitzhugh, *Cannibals All!: Or Slaves without Masters* [Todos canibais! Ou escravos sem senhores], Cambridge, Harvard University Press, 1960, pp. 34-8.

71. Citado em Vann Woodward, "George Fitzhugh", p. 34.

72. G. Fitzhugh, *Cannibals All!*, p. 29.

73. S. Seabury, *American Slavery Distinguished from the Slavery of English Theorists and Justified by the Law of Nature* [Escravidão estadunidense

distinta da escravidão dos teóricos ingleses e justificada pela lei da natureza], Nova York, Mason Bros., 1861,p. 201.

74. *Ibidem*, pp. 201-2.

75. Citado em D. B. Davis, *The Problem of Slavery in the Age of Revolution, 1770-1823* [O problema da escravidão na era da revolução, 1770-1823], Ítaca e Londres, Cornell University Press, 1975, pp. 486-7, nota 30.

76. Apresentei o problema em detalhes para essa leitura de Hobbes em *The Problem of Political Obligation* [O problema da obrigação política], 27ª ed., Cambridge, Polity Press; Berkeley, University of California Press, 1985, cap. 3.

77. T. Hobbes, *Leviathan*, parte II, cap. XX, p. 189.

78. *Ibidem*, p. 190.

79. H. Grotius, *The Law of War and Peace* [A lei da guerra e da paz] (trad. E W. Kelsey), Nova York, Bobbs-Merrill, 1925, livro I, cap. II § VII, p. 103.

80. *Ibidem*, livro II, cap. V, § XXVII, p. 255; § XXX, p. 258.

81. *Ibidem*, livro II, cap. V, § XXVII, p. 255.

82. S. Pufendorf, *On the Duty of Man and Citizen According to the Natural Law* [Sobre o dever do homem e do cidadão de acordo com a lei natural] (trad. F. G. Moore), Nova York, Oxford University Press, 1972, vol. II, p. 90.

83. *Ibidem*, p. 101.

84. S. Pufendorf, *On Law of Nature*, livro VI, cap. 3, p. 936.

85. Citado em Patterson, *Slavery and Social Death*, p. 9.

86. S. Pufendorf, *On the Law of Nature*, livro VI, cap. 3, p. 939. Pufendorf também observa que o senhor tem um direito mais amplo de uso sexual sobre as escravas; "o corpo de uma escrava pertence ao senhor dela"; *On the Law of Nature*, livro VI, cap. 3, p. 942.

87. J. Locke, *Two Treatises*, II, § 172.

88. *Ibidem*, § 24.

89. *Ibidem*, § 85.

90. R. Nozick, *Anarchy, State and Utopia*, Nova York, Basic Books, 1974, p. 331. [Ed. bras.: *Anarquia, Estado e utopia*, WMF Martins Fontes, 2011.]

91. J. Philmore, "The Libertarian Case for Slavery" [O caso libertário da escravidão], *The Philosophical Forum*, nº XIV, 1982, p. 48 (grifo meu).

92. *Ibidem*, p. 55.

93. *Ibidem*, p. 49.

94. M. I. Finley, *Ancient Slavery and Modem Ideology*, pp. 99-100.

95. D. B. Davis, *The Problem of Slavery in the Age of Revolution*, p. 492 (recorri às pp. 488-93).

96. J. Philmore, "Libertarian Case for Slavery", p. 55.

97. J. Kleinig, "John Stuart Mill and Voluntary Slavery Contracts" [John Stuart Mill e o contrário de escravidão voluntária], *Politics*, vol. 18, nº 2, 1983, p. 82.

98. C. Callahan, "Enforcing Slave Contracts: A Liberal View" [Execução de contratos de escravos: uma visão liberal], *The Philosophical Forum*, vol. XVI, nº 3, 1985, pp. 223-36. R. M. Hare ("What is Wrong with Slavery" [O que há de errado com a escravidão], *Philosophy and Public Affairs*, vol. 8, nº 2, (1979), pp. 103-21) apresenta um exemplo utilitarista contrário à escravidão. Ele argumenta que a escravidão tem consequências tais como a infelicidade humana, o que a torna um mal, e que essas consequências sempre acontecem porque a propriedade humana (diferentemente dos outros tipos) pode ser submetida ao terror. Mas a escravidão não precisa necessariamente impor a infelicidade, de modo que o argumento não demonstra que a escravidão seja um mal num sentido diferente das outras relações de dominação e sujeição.

99. J. S. Mill, *On Liberty*, Nova York, J. W. Lovell Co., s.d., pp. 171-2. [Ed. bras.: *Sobre a liberdade*, São Paulo, Hedra, 2010.]

100. J.-J. Rousseau, *The Social Contract* (trad. M. Cranston), Harmondsworth, Penguin Books, 1968, livro I, cap. 4, p. 58. [Ed. bras.: *Do contrato social*, São Paulo, Companhia das Letras, 2011.]

101. *Ibidem*, p. 55.

102. I. Kant, *Philosophy of Law*, 1ª parte, 3ª seção, § 30, p. 119.

4

A GÊNESE, OS PAIS E A LIBERDADE POLÍTICA DOS FILHOS

Para contar a história do contrato sexual muitas coisas têm que ser resgatadas. É preciso que se dê o devido reconhecimento aos impressionantes poderes do pai na obra de sir Robert Filmer; assim como à análise de Freud sobre as origens do poder político, relacionadas à cena primária, juntamente com as mais famosas histórias do contrato social. Antes de me debruçar sobre essas tarefas, o termo "fraternidade", que geralmente está ausente nas discussões sobre o contrato social e a sociedade civil, tem que ser restituído a seu lugar legítimo. Quase sempre se volta a atenção para a liberdade e a igualdade, mas os valores revolucionários são a liberdade, a igualdade e a *fraternidade*. A revolução em que o lema *"liberté, égalité, fraternité"* [liberdade, igualdade, fraternidade] foi proclamado começou em 1789, mas a aliança entre os três elementos foi forjada muito antes. O patriarcado moderno é fraterno na forma, e o contrato original é um pacto fraternal.

A maioria das análises sobre os teóricos clássicos refere-se genericamente a "indivíduos" fazendo o contrato original, tendo como pressuposto implícito a ideia de que "indivíduo" é uma categoria universal que (em princípio) abrange a todos. Em *Patriarchalism in Political Thought* [Patriarcalismo no pensamento político], Schochet considera que no século XVII dava-se por certo que os pais fizeram o contrato social em nome da família. Quando comecei a pensar sobre esse problema, supus, erroneamente, que o contrato original era patriarcal, porque era feito pelos pais. Essa questão apresenta-se deslocada; o contrato é necessário porque os pais foram privados de seu poder político. Os participantes do contrato original têm que ser capazes de criar e exercer o direito político, o que eles não podem mais fazer como pais. O amigo de Locke, James Tyrrell, observou, a respeito do contrato original, que as mulheres são "orientadas pelo marido, e [são] geralmente inaptas para os assuntos civis".[1] Mas os machos participantes não fazem parte do contrato como maridos. Ao contrário, os homens que derrotam o pai reivindicando sua liberdade natural e, vitoriosos, fazem o contrato original, estão agindo como irmãos, isto é, como parentes fraternos ou filhos de um pai e, ao pactuarem em conjunto, estabelecem-se como uma fraternidade civil. Fraternidade, já foi dito, é uma palavra poderosa em todos os tempos e empregada por todos os protagonistas sociais.[2] Por um artifício mágico muito interessante, "fraternidade", um termo relacionado com o parentesco, passou a ser tomado somente como uma metáfora dos vínculos universais da humanidade, da comunidade, da solidariedade ou do companheirismo, enquanto outro termo, "patriarcado", continuou a se referir ao regime dos pais, que terminou há muito tempo. A ordem civil moderna pode, então, ser apresentada como universal ("fraternal"), e não patriarcal. Quase ninguém — exceto as feministas — está disposto a admitir que fraternidade significa o que diz: a irmandade de *homens*.

Argumentou-se que existe uma "contradição interna" na trilogia liberdade, igualdade, fraternidade, já que "sem um pai não podem existir filhos ou irmãos".[3] A sociedade civil patriarcal pode ser órfã de pai, mas isso não torna fraternidade um termo inadequado. Notavelmente, pouca atenção tem sido dispensada à fraternidade em comparação com a liberdade e a igualdade, mas as discussões recentes sobre a fraternidade têm prestado implicitamente um tributo ao fato de a sociedade moderna não ser estruturada pelo parentesco. A fraternidade é encarada como uma união livre, e seus partidários insistem que "fraternidade" implica a existência de vínculos comunitários que são civis ou públicos, não limitados a pessoas determináveis, e que são livremente escolhidas.[4] Essa interpretação de fraternidade tornou-se tão amplamente aceita, que mesmo as feministas, apesar de terem avaliado há muito tempo que a comunidade ou a solidariedade socialista comumente significou que as mulheres são meras auxiliares de seus companheiros, também se expressaram através da linguagem da fraternidade. Simone de Beauvoir inicia o último capítulo de *O segundo sexo* com a afirmação: "Não, a mulher não é nosso irmão", e as palavras finais do livro são: "É preciso [...] que pelas e através de suas diferenças naturais homens e mulheres afirmem inequivocamente sua irmandade".[5] Ainda uma vez, quando os liberais, a partir do século XIX, tentaram corrigir o caráter abstrato da concepção clássica (liberal) de indivíduo dos teóricos do contrato, desenvolvendo uma visão mais propriamente social e comunitária, eles voltaram-se para a ideia de fraternidade. Gerald Gaus afirma em seu recente estudo que, aos olhos dos liberais modernos, fraternidade é "o mais forte dos vínculos comunitários", e que o ideal da fraternidade fornece a "concepção preeminente de vínculos comunitários na teoria liberal moderna". Dewey, por exemplo, escreve sobre um "público fraternalmente associado", e Rawls encara seu princípio de diferença como "um significado natural de fraternidade".[6]

Muitas reivindicações pela fraternidade são feitas; "fraternidade com liberdade é o maior sonho da humanidade".[7] Fraternidade é "um conceito que foi o *cri de coeur* da modernidade e, mais recentemente, deixou-se apropriar pelos acadêmicos radicais dos Estados Unidos".[8] As bases comunitárias da fraternidade são encaradas tanto como totalmente gerais e difusas quanto como mais localizadas e específicas. No século XIX, James Fitzjames Stephen argumentou que fraternidade era "a doutrina de uma religião", a religião da humanidade, e que fraternidade era "o mero sentimento de viva e indefinida compaixão pela humanidade".[9] Mais recentemente, a fraternidade foi caracterizada como, "na verdade, um certo tipo de cooperação social [...] uma relação entre um grupo de iguais para o máximo de ajuda e assistência mútua".[10] Ou, como Bernard Crick observou, dirigindo-se aos seus companheiros socialistas, fraternidade "combina com simplicidade, ausência de ostentação, amizade, colaboração, generosidade, sinceridade, ausência de restrições entre indivíduos na vida cotidiana, e uma disposição de trabalhar juntos em tarefas comuns".[11]

De um modo mais geral, John Dunn declarou que a democracia é "simplesmente a forma política da fraternidade".[12] Mas tais afirmações não explicam por que a fraternidade, como parentesco, não é considerada na maioria das discussões. Nem se dá alguma indicação do porquê da utilização do termo "fraternidade", em vez de qualquer outro, como sinônimo de comunidade, ou por que ele combina com liberdade e igualdade, no famoso lema revolucionário.

A importância da fraternidade como vínculo masculino é ilustrada (apesar de não admitida) por Wilson Carey McWilliams. Este considera que, para se compreender a fraternidade, é preciso investigar as sociedades nas quais o parentesco tenha sido a relação mais importante. Tradicionalmente, ele argumenta, a autoridade materna e a paterna eram diferenciadas: a mãe "aparece universalmente associada com calor, afeição e prazer sensorial [...] com o nascimento e a criação [...] [e] mistérios"; a autoridade paterna representa o "abstrato em contraposição ao imediato", e deriva "do que está fora ou transcende" a comunidade.[13] A associação infantil da autoridade com um determinado pai tem que ser rompida para que a geração de homens seguinte assuma o controle social. McWilliams observa que 'a autoridade do princípio macho' deve ser colocada tanto acima do pai quanto do filho. Nesse sentido, eles deixam de ser pai e filho e se tornam [...] submetidos à mesma autoridade superior, e por conseguinte irmãos".[14] A fraternidade e a política estão intimamente relacionadas. A vida política, exemplificada na pólis antiga, pressupõe "uma concepção de justiça", ou uma lei comum a todos, que transcende os laços sanguíneos e aplica-se do mesmo modo a todos os homens de diferentes grupos de parentesco. McWilliams mostra, ainda, que a "distinção do 'princípio masculino' da descendência sanguínea é elevada a um *status* explícito na construção do Estado".[15] Em suma, a política moderna, inclusive a da sociedade civil, é o "princípio macho". Entretanto, uma relação fraternal profunda não é mais possível. O iluminismo e os teóricos do contrato social solaparam a fraternidade de tal modo que no Estado moderno ela se encontra quase completamente esquecida. A fraternidade contribuiu para sua própria ruína; "os valores com os quais está comprometida tendem, em última análise, a sugerir a ideia de uma fraternidade universal",[16] mas a irmandade universal é uma abstração vazia que deixa os homens perdidos, destituídos de identidade e proteção. Contudo, McWilliams espera que a fraternidade possa ser restabelecida no seu antigo sentido; ela é "um dos poucos ideais morais comuns a vários movimentos radicais de nossos dias".[17]

A descrição de McWilliams do mundo pré-moderno agrupa duas formas diferentes de vida social e, assim, oculta alguns traços que o diferenciam historicamente da fraternidade moderna. A sociedade tradicional é, fundamentalmente, o parentesco. A pólis, entretanto, distingue-se porque o "princípio masculino", ou a ordem política, foi diferenciada da "descendência sanguínea". Consequentemente, todos os homens, quando encarados como igualmente submetidos à lei que os governa, poderiam ser irmãos. A fraternidade civil ou pública sempre foi diferenciada do parentesco. A fraternidade civil refere-se não a uma relação sanguínea, aos filhos de um pai, mas a homens unidos pelo reconhecimento de um vínculo comum, tal como aquele estabelecido entre os cidadãos da *polis*. Mesmo assim, a fraternidade civil não foi sempre universal; esse é um aspecto caracteristicamente moderno. Diferentemente da sociedade civil, a cidadania na pólis era definida por imputação e era específica a uma cidade-Estado; por exemplo, somente homens atenienses podiam ser cidadãos de Atenas. No mundo moderno, a cidadania, pela primeira vez, é (aparentemente) universal, e, portanto, a fraternidade civil abrange todos os homens *como homens*, não como habitantes de determinadas cidades. É por isso que Fitzjames Stephen pode falar da fraternidade como a religião da humanidade e Freud pode contar uma história do desenvolvimento da ordem social quando a solidariedade dos homens abrangeu "igualmente a todos os homens".[18]

Na pólis a cidadania era sustentada pelas fratrias, as irmandades, que eram essenciais para o sentido de identidade comunitária pela qual McWilliams anseia.[19] A antiga relação entre as fratrias e a fraternidade civil da cidadania que as transcendia aponta para uma importante confusão na maioria das discussões sobre fraternidade. O termo "fraternidade" é utilizado para se referir tanto à *fraternidade*, ou o vínculo comunitário universal, como às *fraternidades*, ou as pequenas associações (comunidades), nas quais o companheirismo é sólido e um irmão pode reconhecer e ajudar o seu irmão, quase como se fossem membros de uma família. O primeiro uso aponta para o fato de que na sociedade civil moderna a fraternidade ultrapassa os vínculos locais, abrangendo todos os homens. Mas, conforme argumentação de alguns conservadores, socialistas e outros comunitaristas, reiterada por McWilliams, o surgimento da fraternidade é parte do mesmo processo que provocou o declínio da comunidade como fraternidades. Quando se lamenta a perda da fraternidade e se fazem propostas para revivê-la, a maioria dos autores tem em mente as fraternidades, e não a fraternidade. Os vínculos universais do contrato e da cidadania estão solidamente estabelecidos, e o que está em questão não é tanto a fraternidade civil (embora vários autores desejem que ela se torne mais coletiva e participativa) quanto os vínculos das fraternidades que dão significado e valor à condição civil formalmente igualitária.

Talvez a utilização corrente do termo "fraternidade" para se referir aos vínculos coletivos não seja surpreendente, já que a sua forma plural não tem conotações universais. O termo "fraternidades" tende a invocar imediatamente imagens de associações expressamente masculinas e frequentemente secretas. As ordens fraternas normalmente têm requintados rituais para iniciar seus membros nos segredos da fraternidade e numa estrutura rígida e hierárquica.[20] As fraternidades abrangem organizações muito diferentes das comunidades imaginadas pelos defensores socialistas da fraternidade, tais como Bernard Crick, que se refere à "perversão fascista da fraternidade, o grupo do irmão violento". Crick também fala da "imagem original do grupo do irmão se organizando em grupos de trabalhadores ou em milícias na vizinhança", a qual é uma imagem compartilhada pela esquerda e pela direita.[21] Como outras fraternidades, essa imagem incorpora os sonhos masculinos de associações nas quais não há lugar para as mulheres, exceto — às vezes — marginalmente, como auxiliares. Em *Três guinéus*, Virginia Woolf retrata um quadro do mundo público como um mosaico de clubes masculinos, cada qual com seus próprios trajes e cerimoniais. Os exemplos de "comunidade" nas discussões sobre fraternidade são, frequentemente, exemplos de participação masculina em locais de trabalho e sindicatos, em partidos políticos e seitas, em atividades de lazer, organizados, em sua maioria, por homens e para homens. Recentemente Crick tentou resgatar a fraternidade socialista dos homens; ele propôs que "irmandade" seria "em alguns sentidos uma imagem menos ambígua para o que estou tentando chamar de 'fraternidade'". Argumenta também que é melhor "tentar castrar, ou até efeminar, a velha 'fraternidade', do que parar para reescrever a maioria das línguas".[22] É necessário muito mais do que uma pausa para lidar com a linguagem. A língua expressa e faz parte da estrutura patriarcal da nossa sociedade, e a história da criação do patriarcado fraternal moderno é contada nas narrativas dos teóricos do contrato social.

Não há dúvida de que os teóricos clássicos do contrato venceram completamente sir Robert Filmer e os outros patriarcalistas no que se refere ao direito político e à liberdade natural dos filhos. O conflito centrava-se no problema de considerar se o poder político e a sujeição eram naturais ou consensuais, ou seja, criados pelos próprios indivíduos. Os teóricos do contrato consideravam que os indivíduos, isto é, os homens, nascem livres e iguais e que, portanto, nenhuma relação de subordinação e superioridade pode existir entre eles. Para serem legítimas, essas relações teriam que ser criadas por meio de um acordo mútuo ou contrato; "já que nenhum homem tem alguma autoridade natural sobre seus companheiros, e já que a força em si não outorga nenhum direito, todas as autoridades legítimas têm que ser baseadas em um pacto entre os homens".[23] Mas, até que sir Robert Filmer formulasse sua doutrina patriarcal clássica, o problema da natureza, do pacto e do direito político não foi manifestado claramente. Argumentos patriarcais tradicionais utilizavam a família como metáfora da ordem política e entendiam todas as relações de superioridade e subordinação como semelhantes à relação pai e filho. Schochet observa que a argumentação tradicional não deu conta de explicar por que os pais de família (e não seus subordinados) eram membros de sociedades políticas, assim permanecendo a questão de entender por que os pais (governantes) constituíam-se em sujeitos políticos.[24] Uma resposta para o problema foi dada por Dudley Digges em 1643. No que Schochet chama de "união curiosa do consenso com o patriarcalismo", Digges argumentou que o "rei detém os poderes paternos a partir do consentimento do povo", e que "foi o nosso próprio ato que reuniu todos os poderes caracteristicamente paternos nele" (*i.e.*, o rei).[25]

A solução de Digges deixava a desejar para todas as partes. Filmer excluiu todas as possibilidades de montar os dois cavalos ao mesmo tempo através da união do direito divino dos reis com o patriarcalismo. Ele extraía o direito político da dádiva paterna e monárquica a Adão. Para Filmer, a doutrina do contrato era subversiva para todas as ordens sociais e políticas, e o "principal fundamento das rebeliões populares".[26] Se o consenso era necessário para o governo, ninguém deveria ser excluído, mas como se poderia afirmar que todos haviam concordado? "É necessário perguntar a cada criança assim que ela nasce se ela concorda com o governo, para que se possa ter o consentimento de todo o povo."[27] Para Filmer, o *reductio ad absurdum* da argumentação contratualista era corolário das "mulheres, especialmente as virgens, [terem] por nascimento tanta liberdade natural quanto qualquer outro, e consequentemente não permitirem a perda de sua liberdade sem o seu consentimento".[28] Segundo Filmer, se a doutrina do contrato estivesse correta, seria impossível "introduzir algum dia legalmente qualquer tipo de governo".[29] Mas, felizmente, não haveria problemas acerca dos contratos, porque os indivíduos não nasciam livres e iguais, desconhecendo naturalmente qualquer governo. Os filhos nasciam (naturalmente) submetidos a seus pais; bebês não eram capazes de concordar com a autoridade de seus pais e não poderiam participar, com autonomia, de pactos sociais. Um filho estava submetido ao poder político paterno no nascimento e, por intermédio de seu pai, também estava submetido ao poder do monarca. Falar de contratos sociais era absurdo, e politicamente um absurdo perigoso.

Os teóricos do contrato responderam com dois contra-argumentos, ambos negando que o direito ao poder político derivasse do fato natural da procriação. Hobbes e Pufendorf levaram o contrato às suas últimas consequências, e insistiram que um filho fez, ou se poderia dizer que ele fez, um contrato de submissão à autoridade paterna. O fato de o filho se "submeter" ao poder materno em vez de rejeitá-lo era, para Hobbes sinal de anuência, e Pufendorf observa que a dominação dos pais apoia-se na "suposta anuência dos próprios filhos e, portanto, num acordo tácito". Se um filho fosse capaz de analisar e avaliar quão bem seus pais cuidaram dele, não há dúvida de que teria concordado de boa vontade com o domínio deles.[30] Hobbes e Pufendorf concordam quanto ao pressuposto patriarcalista de que o poder paterno é um poder político, mas eles argumentam que o poder é baseado no acordo. Entretanto, o argumento patriarcalista apoiava-se em bases antropológicas convincentes. Hobbes e Pufendorf podem ter mantido a coerência lógica de suas teorias nesse ponto, mas era pouco plausível caracterizar a relação entre o pai e o seu filho pequenino como consensual ou contratual. Nem era plausível a associação dos direitos políticos e paternos. No mundo moderno, os pais não são os governantes políticos, e a família e a sociedade política (civil) são encaradas como duas formas diferentes de associação.

O contra-argumento que comprovou a derrocada do patriarcalismo clássico envolveu respostas que eram o oposto das de Hobbes e Pufendorf. Primeiro, todo o discurso sobre contratos feitos por bebês foi rejeitado. Em vez de negar que os filhos estavam naturalmente submetidos a seus pais, Locke e Rousseau, por exemplo, concordaram que o dever natural dos pais de cuidar de seus filhos lhes garantia a autoridade legítima, mas, argumentando contra Filmer, consideraram que o poder dos pais era temporário. Uma vez saídos da minoridade, na idade madura os filhos tornavam-se tão livres quanto seus pais e, como eles, teriam que concordar em serem governados. Locke nota que:

> Nós nascemos livres, já que nascemos racionais [...]. A era que traz a liberdade traz também a racionalidade. E assim nós percebemos como a *liberdade natural e a submissão aos pais* podem estar em harmonia, e ambas são fundadas no mesmo princípio. Um filho é libertado pela autorização do pai, pelo discernimento do pai, que deve governá-lo, até que tenha o seu próprio discernimento. *A liberdade de um homem que atinge a maioridade* e a *submissão* de um *filho* a *seus pais*, enquanto ainda não atinge essa idade, são tão consistentes e tão claras que contendores mais cegos em favor da monarquia *por direito de paternidade* não deixam de perceber essa *diferença*, os mais obstinados não podem deixar de perceber a consistência delas.[31]

Demonstrar a consistência da liberdade natural e da sujeição temporária aos pais não foi, contudo, suficiente para responder aos patriarcalistas clássicos. O passo teórico crucial para a constituição do patriarcalismo moderno não estava relacionado com a origem e a duração da submissão do filho, mas com o caráter do poder dos pais.

A associação dos direitos político e paterno feita por Filmer deu origem a um problema insolúvel. O "dilema inerente" ao patriarcalismo clássico era que "se os reis são pais, os pais não podem ser patriarcas.

Se os pais são patriarcas em casa, os reis não podem ser patriarcas em seu trono. Os reis patriarcais e os pais patriarcais são contraditórios entre si".[32] Filmer não podia seguir o exemplo de Digges e argumentar que o monarca conquistava seu poder paterno (político) através do consenso e do acordo. Desse modo, Filmer não propunha nenhuma saída para o dilema de que se os pais fossem como os reis, dotados do mesmo poder absoluto, então não poderia existir um "rei" mas uma profusão de "pais-reis". Hobbes evitou um problema parecido ao argumentar que a espada do Leviatã suplantava o direito de um chefe de família; poderia existir somente um soberano político, e seu direito não poderia ser limitado. Entretanto, Leviatã, o absoluto, totalmente consensual, falso irmão gêmeo do pai natural de Filmer, era historicamente inadequado para a sociedade civil moderna e para o princípio da liberdade contratual. A saída teórica era a transformação do patriarcado, não a sua negação.

A segunda resposta — historicamente decisiva —- ao patriarcalismo clássico foi a separação de poder paterno e poder político feita por Locke. O direito natural de um pai sobre seus filhos não era político; o poder político é convencional, criado através de um contrato. Locke afirma que "esses dois *poderes, político e paterno, são completamente diferentes* e distintos, são instituídos sobre bases diferentes, e atribuídos para fins diferentes; todo sujeito que é pai tem tanto *poder paterno* sobre seus filhos quanto um príncipe tem sobre os dele". Um pai, assim, não tem "nenhuma fração ou grau do tipo de autoridade que um príncipe ou magistrado tem sobre seus súditos".[33] Do mesmo modo, para Rousseau, os caminhos de um pai e um soberano político "são tão diferentes, seus deveres e direitos, tão distintos, que não se pode confundi-los sem formar uma falsa ideia das leis fundamentais da sociedade e sem cair em erros que são fatais para a raça humana". Rousseau acrescenta que ele esperava que suas "poucas linhas" seriam suficientes para "derrubar o odioso sistema que sir Robert Filmer tentou estabelecer em uma obra intitulada *Patriarcha* [Patriarca]."[34]

Os teóricos clássicos do contrato também discordaram de Filmer em outra questão. No capítulo anterior, comentei que Hobbes argumentou que as mães, e não os pais, tinham autoridade sobre os filhos no estado de natureza, e que Locke passou um bom tempo discutindo o quarto mandamento, para justificar sua posição de que a autoridade sobre os filhos é de pai e mãe, e não apenas a paterna. Discussões feministas recentes sobre esses teóricos chamaram a atenção para a defesa da autoridade familiar das mães feita por eles, mas esse aspecto do conflito entre os patriarcalistas e os teóricos do contrato pode ser completamente enganoso no que se refere ao patriarcalismo moderno. Na prática, as reivindicações das mães, e seus direitos no tocante a seus filhos, têm sido e, conforme a chamada mãe de aluguel mostrou há bem pouco tempo, continuam sendo uma questão muito importante. Teoricamente, entretanto, o enfoque nos pais e nos filhos sugere que o patriarcado é familiar e que o problema está no direito paterno. Além disso, nos debates acerca do significado de "patriarcado" e da interpretação dos textos clássicos, as discussões feministas não têm considerado o significado social da paternidade e da autoridade paterna nos patriarcados clássico e moderno. O pai, na obra de Filmer, aparece no sentido do senso comum — como um dos dois pais — e a verdadeira amplitude e importância de seus poderes permanecem, portanto, obscuras. Na falta de uma apreciação das impressionantes aptidões do pai patriarcal em Filmer, a intepretação tradicional da vitória dos teóricos do contrato social sobre os patriarcalistas, e dos filhos sobre o pai, permanece incontestada. Sem um olhar mais cuidadoso sobre o pai, o fato de os filhos assumirem parte da herança do pai passa despercebido. Rousseau exagera ao dizer que ele quer derrubar o odioso sistema de Filmer. Como os outros teóricos do contrato, ele está ansioso para derrubar a associação do direito paterno com o político feita por Filmer, mas ele está mais do que disposto a aceitar o legado paterno do direito sexual, transformá-lo e torná-lo seu.

Filmer argumentou que toda lei era necessariamente resultado da vontade de um homem. Todos os direitos de governo derivam da concessão divina original do direito régio a Adão, o primeiro pai. Já que se reconheceu que *o domínio natural e privado de Adão [é] a fonte de todo governo e de toda a propriedade*,[35] Filmer achava que estavam destruídas as chances de sucesso dos partidários da doutrina da liberdade humana natural. Ele diz que "o direito advém da paternidade";[36] os filhos de Adão, e a partir daí todas as gerações seguintes de filhos, nasceram politicamente submetidos em virtude do "direito de paternidade" de Adão, seu "poder paterno", ou "poder da paternidade".[37] No nascimento de seu primeiro filho, Adão se tornou o primeiro monarca, e seu direito político foi transmitido a todos os pais e reis subsequentes. Para Filmer, os pais e os reis eram um só; o poder paterno era o poder monárquico, todos os reis governavam por causa de sua paternidade e todos os pais eram reis em sua família: "o pai de uma família governa somente pela lei da sua própria vontade".[38] Filmer argumentava que nenhum governo poderia ser uma tirania porque a vontade do rei era a lei. Do mesmo modo, a vontade do pai era a vontade absoluta e arbitrária do *patria potestas*. Locke afirma que o pai em Filmer "detém um poder absoluto, arbitrário, ilimitado e ilimitável sobre a vida, a liberdade e os bens de seus filhos — a fim de que ele possa tomar ou alienar seus bens, vendê-los, expurgá-los, ou usar a pessoa deles como quiser";[39] e Laslett comenta que Filmer "não aprovava a pena capital dos filhos por seus pais, mas citava exemplos dela em Bodin, apoiando-os".[40] Filmer alega, entretanto, que "onde há somente pais e filhos, nenhum filho pode questionar o pai pela morte de seu irmão".[41]

A visão de Filmer sobre a origem do direito político parece, portanto, simples. O direito político deriva da paternidade. Mas o patriarcado é mais complexo do que as observações de Filmer, ou do que sugere seu sentido literal. Até na clássica formulação de Filmer, o patriarcado envolve muito mais do que o direito político dos pais sobre os filhos. O poder paterno é apenas uma dimensão do patriarcado, conforme o próprio Filmer revela. As afirmações aparentemente simples de Filmer ocultam o fundamento do direito paterno. Os filhos não aparecem como cogumelos, como Filmer apressou-se em lembrar a Hobbes. Para que Adão fosse pai, Eva teve que se tornar mãe. Em outras palavras, *o direito sexual ou conjugal precede necessariamente o direito de paternidade*. A gênese do poder político reside no direito sexual ou conjugal de Adão, e não em sua paternidade. A autoridade política de Adão está assegurada *antes* de ele se tornar pai.

Filmer deixa claro que o direito político de Adão está originalmente estabelecido no seu direito de marido sobre Eva: "Deus deu a Adão [...] a autoridade sobre a mulher" e, citando o Gênesis 3:16, "Deus estabeleceu que Adão dominará sua mulher, e os desejos dela estarão submetidos aos dele".[42] (O Gênesis afirma que "os desejos" de Eva "serão os de seu marido, e ele os governará".) O desejo de Adão é tornar-se pai, mas não no sentido comum. Ele deseja adquirir os notáveis poderes do pai patriarcal. Filmer menciona rapidamente alguns pontos da concessão divina, originária do direito político de Adão sobre Eva, mas tal concessão é uma sombra constante em seus escritos. Nos comentários (patriarcais) sobre esse texto, o direito sexual desapareceu completamente. O direito conjugal não é facilmente perceptível sob o manto da paternidade de Adão, a menos que nos certifiquemos de ler Filmer não apenas da perspectiva da metade da história do contrato.

A imagem patriarcal bíblica — nos termos de Locke — é a de "pais zelosos, carinhosos e cuidadosos em relação aos bens públicos".[43] A história patriarcal fala sobre o poder de procriação do pai que é perfeito em si próprio, que corporifica o poder criador tanto da mulher quanto do homem. Seu poder de procriação concede e anima a vida biológica, bem como cria e mantém o direito político. Filmer é capaz de falar sobre o poder de Adão sobre Eva tão superficialmente porque o patriarcalismo clássico afirma que as mulheres são irrelevantes procriativa e politicamente. O motivo pelo qual Adão domina "a mulher" é, de acordo com Filmer (seguindo a noção patriarcal de paternidade, que é muito antiga), o fato de "o homem [...] ser o agente de procriação mais nobre e mais importante".[44]

As mulheres são meros recipientes vazios para o exercício do poder sexual e reprodutor do homem. O direito político originário que Deus concede a Adão é o direito, por assim dizer, de preencher o recipiente vazio. Adão e todos os homens têm que o fazer para se tornarem pais, ou seja, para exercerem o poder de reprodução ou de procriação *masculino*. O poder de procriação tem uma aparência dupla. A gênese de uma nova vida biológica está nas mãos dele, e não no recipiente vazio. A capacidade reprodutora dos homens cria uma vida nova; os homens são os "principais agentes da procriação". O argumento patriarcal refuta, assim, qualquer reconhecimento da aptidão e da capacidade criadora exclusiva das mulheres. Os homens se apropriam da capacidade criadora natural das mulheres, de sua aptidão física de dar à luz — mas eles também fazem mais do que isso. O poder de procriação do homem se estende a outro domínio; eles transformam aquilo de que se apropriaram em outra forma de procriação, a capacidade de criar uma nova vida política, ou de dar à luz o direito político.

Em vista do caráter dos poderes extraordinários que o patriarcalismo clássico delega aos homens, é pertinente que os poderes estejam contidos na denominação "pai" e encerrados no mandato da paternidade. A presença do direito conjugal é muito pequena nos escritos de Filmer porque — embora em um nível ele tenha que o reconhecer — o direito político originário de Adão está subsumido nos poderes da paternidade. Por exemplo, depois de dizer que Eva e as vontades dela estão submetidas a Adão, continua na frase seguinte, "aqui nós temos a concessão originária do governo e a fonte de todo poder atribuído ao pai de toda a humanidade". Adão também é o pai de Eva. Na história do livro do Gênesis, Eva é criada somente depois que Adão e os outros animais foram postos na Terra. Deus cria e dá nome a todos os animais e a Adão mas, conforme Gênesis 2:20, "não se encontrou um auxiliar adequado para ele". Eva é criada, mas ela não é criada *ab initio*, e sim *a partir* de Adão, que é, num certo sentido, seu pai; Adão, e não Deus, atribui a Eva seu nome. Filmer pode, portanto, tratar todo direito político como direito de um pai, pois Eva não está apenas sob a autoridade de Adão, mas Adão é — com a ajuda de Deus o "principal agente" de sua procriação. Na teoria patriarcal clássica, o pai não é simplesmente um dos dois pais — ele é *o* pai, isto é, o ser capaz de gerar o direito político.

O patriarcalismo clássico do século XVII foi o último momento em que a capacidade criadora política dos homens apareceu como uma capacidade paterna, ou que o direito político foi encarado como direito paterno. A teoria clássica do contrato é uma outra história sobre a gênese da vida política, mas ela é uma narrativa caracteristicamente moderna, que fala sobre o corpo político morto do pai. Na sociedade civil os dois aspectos do direito político não são mais ligados pela figura do pai, e o direito sexual é diferenciado do direito político. O pai, em Filmer, corporificando tanto as aptidões femininas quanto as masculinas, está no final de uma longa história da argumentação patriarcal tradicionalista, na qual a criação da sociedade política é encarada como uma ação masculina de nascimento, e as mulheres e suas aptidões são encaradas, na melhor das hipóteses, como irrelevantes e, na pior, como perigosas para a ordem política. Especialistas feministas começaram, recentemente, a trazer essa tradição à luz, recorrendo especialmente a exemplificações da Grécia Antiga. Há pouco tempo, Nancy Hartsock retratou a pólis como uma comunidade constituída por um eros masculino,[45] e várias escritoras, inclusive Mary O'Brien, têm chamado a atenção para a antiga compreensão da política como um domínio originado de um ato de reprodução masculino que transcende e se contrapõe à reprodução física, *i.e.*, feminina.

As observações de Jean Elshtain sobre Platão mostram que seu "ideal, talvez, fosse um tipo de partenogênese pela qual os homens de elite dessem à luz eles próprios tanto metafórica quanto concretamente",[46] e várias estudiosas feministas chamaram a atenção para o fato de Platão (de Diotimia) ter afirmado que alguns homens, diferentemente daqueles que recorrem às mulheres, "concebem na alma [...] a mais bela das concepções [...] que se refere à organização das cidades e dos lares e à qual chamamos de temperança e justiça".[47] No cristianismo, Mary Daly sustenta, a força criadora da antiga deusa foi superada e substituída pelo "andrógino e doce Jesus". E Jesus, aquele "filho bastardo e transexualmente partenogenético que incorpora tanto o papel masculino quanto o feminino, sendo senhor, salvador e vítima do sacrifício, foi o substituto lógico para o princípio feminino".[48] Mais próximo dos tempos modernos, a imagem de Maquiavel sobre o fundador político é paterna, mas uma paternidade de um tipo peculiar. Hanna Pitkin observa que nos relatos de Maquiavel sobre a fundação de Roma, "apesar do imaginário do nascimento em meio ao sangue [...] não aparece nenhuma mãe; o resultado parece ser uma reprodução puramente masculina, uma paternidade especial".[49] De um modo mais geral, Pitkin argumenta que, para Maquiavel, o indivíduo livre "deveria nascer do pai e criar-se a si mesmo. As cidades e outras instituições humanas têm uma origem puramente masculina". A fundação de uma cidade "deveria ser o oposto de um evento 'natural': um artifício masculino, fundado *contra* o curso natural de desenvolvimento e decadência".[50] Embora o argumento de que os homens têm a aptidão de dar origem à política atravesse os séculos, o argumento não permanece imutável até o presente, conforme algumas discussões feministas sugerem —, nem desaparece no século XVIII após a derrota do patriarcalismo clássico pelos teóricos do contrato social. As histórias de um contrato original e o pressuposto revolucionário da liberdade individual natural e da igualdade marcam uma mudança fundamental na longa tradição da argumentação patriarcal.

Quando o pai deixa de encarnar o direito político, o patriarcado torna-se fraternal, o direito sexual não pode mais ser subsumido no poder da paternidade à maneira de Filmer, e o direito dos homens sobre as mulheres é declarado apolítico. Entretanto, uma contradição logo se tornou visível nos retratos do estado de natureza, nos quais se negam às mulheres as mesmas aptidões naturais que os homens e nos quais elas são excluídas da condição de "indivíduo". Em pouquíssimo tempo, por exemplo, Mary Astell estava perguntando: "Se todos os homens nascem livres, como é que todas as mulheres nascem escravas?"[51] Muitos outros, também, apoiaram-se no potencial aparentemente emancipatório da doutrina do contrato, embora as primeiras críticas feministas nunca sejam mencionadas nas discussões sobre a teoria do contrato nos livros atuais. A reação sobressaltada de sir Robert Filmer à teoria do contrato tinha algum fundamento. Durante a agitação política do século XVII, a maior parte das formas de sujeição foi analisada e atacada, e os primeiros passos para muitas mudanças revolucionárias estavam claramente visíveis. As relações conjugais e o contrato de casamento eram tão importantes para o debate político quanto a relação entre o rei e seus súditos e o contrato social. Os termos dos dois contratos ou o que era tomado como os termos eram utilizados para a discussão acerca da forma adequada de casamento e de governo político. Os monarquistas encaravam o direito dos maridos como ilimitado e estabelecido pela vida toda, exatamente como o direito do monarca. Seus opositores republicanos argumentavam que o governo era limitado, assim como os poderes atribuídos aos maridos pelo contrato de casamento, e que, em casos extremos, o vínculo matrimonial ou político poderia ser quebrado.[52]

Vários acontecimentos colaboraram para ocultar o fato de a batalha entre o patriarcalismo clássico e a doutrina do contrato envolver somente um aspecto do poder político do pai. As mulheres foram privadas de uma base econômica para a independência, à medida que ocorreu a separação do espaço doméstico e a consolidação da estrutura patriarcal do capitalismo. A condição legal e civil das mulheres casadas atingiu o seu pior ponto em meados do século XIX. No século anterior, sir William Blackstone havia exposto sucintamente as consequências — segundo a doutrina legal comum do casamento — às quais uma mulher estava sujeita ao participar do contrato de casamento:

> Através do casamento, o marido e a esposa são uma única pessoa na legislação, ou seja, o próprio ser, ou a existência legal da mulher é suspensa durante o casamento, ou pelo menos é incorporada e fundida à do marido; sob cujos cuidados, proteção e abrigo, ela faz tudo; e é portanto chamada de [...] uma *femme-couvert* [...] seu marido, [de] *baron*, ou senhor.[53]

Os desenvolvimentos econômicos e legais foram acompanhados pela brilhante manobra teórica de Locke em utilizar a linguagem do direito paterno, o que foi essencial para a triunfante carreira da asserção patriarcal, segundo a qual a sujeição das mulheres ao homem era natural e, portanto, exterior e irrelevante para as prolongadas controvérsias e lutas em torno do poder político no Estado e na economia.

Raramente se avalia toda a importância teórica e prática decorrente da separação entre o que Locke chama de poder paterno e poder político. A leitura tradicional — patriarcal — da história do contrato enfoca a instituição e a separação da sociedade civil e política — o novo mundo público constituído pelos laços universais do contrato entre indivíduos formalmente livres e iguais — do mundo privado da família, constituído por laços naturais e por uma ordem natural de sujeição. A sujeição natural não cabe na sociedade civil do pacto, e assim, a esfera paterna desaparece da cena teórica e política; não se presta atenção ao uso que Locke faz do termo "paterno" nesse contexto. Já falei sobre o uso corrente de "paternalismo" nas discussões acerca das proibições que o Estado pode impor às atividades consensuais dos cidadãos. A linguagem paternalista é um bom exemplo da força duradoura da associação entre sujeição e poder paterno feita por Locke. Não quero discutir a posição de Locke sobre o poder político não ser paterno, mas disso não se deduz que o poder paterno seja o paradigma da sujeição natural, ou que todas as formas de sujeição natural sejam apolíticas. A esfera "paterna", criada em simultaneidade com a sociedade civil, contém um outro exemplo de sujeição natural: o pai também é um marido e, de acordo com Locke, sua esposa é sua subordinada natural.

Há bons motivos para se confinar o termo "política" às relações entre adultos. É natural da existência humana o fato de os filhos chegarem ao mundo indefesos, completamente dependentes de sua mãe, ou, atualmente, quando existem vários substitutos para o seio dela, dependentes de seus pais ou de outros adultos. O patriarcalismo clássico tomou esse dado da dependência infantil (subordinação) ao pai como um fato político fundamental a respeito do mundo, a partir do qual tudo deriva. Entretanto, no mundo civil, a dependência dos filhos não tem nenhuma consequência política, a não ser por mostrar o quanto o poder paterno difere do político. O dever de proteção que o pai tem de proporcionar ao filho, para que ele se desenvolva e cresça termina naturalmente. O filho se desenvolve e, uma vez que deixa a minoridade, é independente. A antiga criança está então numa posição de igualdade em relação a seus pais e interage na sociedade civil ao lado deles, como um cidadão.

As relações políticas entre os adultos seguem um caminho diferente das relações entre pais e filhos. Não existe um padrão natural de desenvolvimento e término, e não existe nenhuma necessidade de as relações políticas tomarem a forma de submissão e dominação ("proteção"), mas essa forma é tão predominante que é difícil imaginar associações políticas livres. As relações políticas podem terminar, mas, em geral, elas são continuamente renovadas (no mundo contemporâneo, o voto é encarado como a maneira legítima por meio da qual supostamente os indivíduos concordam, e renovam seu consentimento, em serem governados). Além disso, a relação pai--filho sempre é aceita (embora, é claro, possa haver desentendimentos grandes e desagradáveis quando a minoridade termina), mas é muito mais difícil aceitar as relações políticas, apesar do fato — ou talvez por causa dele — de elas serem feitas por acordo. Liberais e socialistas têm discutido durante pelo menos um século e meio se as relações que constituem a economia capitalista são políticas. Nesse caso, o problema foi ao menos incluído na agenda teórica e prática. Outro conjunto de relações e a esfera que constituem são, mesmo agora, raramente admitidos como políticos. O direito patriarcal ainda é amplamente entendido como sendo fundado na natureza. Quando o poder paterno é encarado como o paradigma da sujeição natural, os questionamentos sobre a designação das relações conjugais e sexuais como naturais é facilmente desconsiderado.

A história conjetural de Locke sobre o estado de natureza permite compreender os mecanismos que estão em funcionamento na construção teórica do patriarcado moderno. À primeira vista, as histórias de Locke parecem ser uma variação das tradicionais histórias patriarcais sobre as origens familiais da sociedade, a não ser pelo fato de Locke, *contra* os patriarcalistas clássicos, negar que o papel do pai na família derive de seu poder reprodutor e que esse papel seja político. O direito paterno não é o direito político; somente a sociedade civil é uma sociedade propriamente política. "Nos primeiros tempos do mundo", a história conjetural de Locke conta, "os pais de família se tornaram monarcas". Uma "mudança imperceptível" aconteceu quando os primeiros filhos atingiram a maturidade. A família precisava ser governada para que seus membros vivessem juntos em harmonia, e os filhos concordaram que ninguém era mais adequado para garantir "sua paz, liberdade e riquezas" que o pai, que havia cuidado tão carinhosamente deles durante os primeiros anos. Locke enfatiza que o pai se tornou um monarca pelo consentimento de seus filhos, e não em virtude de sua paternidade; "foi fácil, quase natural para os filhos, através de um acordo tácito e quase inevitável, abrir caminho para a autoridade do pai e do governo".[54] Talvez pareça que a história de Locke oferece uma curiosa união do consenso e do patriarcalismo, conforme observa Dudley Digges, mas é ainda mais curiosa. Locke nada diz sobre o lugar da mãe na metamorfose do pai em monarca, embora ela tenha que ser um membro da família senão os filhos não existiriam. De fato, Locke nos conta que a sociedade primitiva não era composta por pais e filhos, e sim por um marido e uma esposa: *"a primeira sociedade* foi entre um homem e uma esposa". E tinha também uma origem consensual num "acordo voluntário entre um homem e uma mulher".[55]

Mas qual foi o conteúdo desse pacto? Nesse ponto Locke e Filmer concordam que existe uma base natural para a sujeição da mulher. Portanto, em Locke o primeiro marido, como Adão, tem que ter exercido o direito conjugal sobre sua mulher, antes de se tornar um pai. O direito político ou governo originário não era, assim, paterno, mas conjugal. Locke não tinha necessidade de mencionar a esposa, quando o marido se tornou o monarca da família. A sua sujeição à autoridade dele *já* estava garantida por um acordo prévio. (Novamente, permanece a questão de por que um contrato é necessário quando a sujeição da mulher, diversamente da dos filhos adultos, é natural.) Posteriormente, Locke argumenta que as condições se tomaram tais que o domínio dos pais-monarcas se tornou inadequado.[56] Os filhos, num parricídio simbólico ou real, retiram sua aprovação ao poder do pai e exigem sua liberdade natural. Eles celebram, então, o contrato original e fundam a sociedade civil, ou sociedade política, a esfera da definição da sujeição natural como esfera apolítica. *O status* apolítico da vida privada e familial é confirmado pela classificação lockiana do "poder paterno", a partir das relações que o integram. O direito sexual, ou conjugal, o direito político original permanecem, então, totalmente ocultos. O ocultamento foi tão bem realizado que os teóricos e ativistas políticos contemporâneos conseguem "se esquecer" de que a esfera privada também contém uma relação contratual entre dois adultos — e origina-se nela. Eles não se surpreendem com o fato de as mulheres, no patriarcado moderno, diferentemente dos filhos, nunca deixarem sua "minoridade" e "proteção" dos homens; nós nunca interagimos na sociedade civil nas mesmas bases que os homens.

As mulheres não podem ser incorporadas à sociedade civil tal como os homens porque elas estão naturalmente privadas das aptidões necessárias para se tornarem indivíduos civis. Mas do que exatamente as mulheres estão privadas? Os teóricos clássicos do contrato — sobre os quais discuti no capítulo anterior — são extremamente vagos nesse ponto essencial. O significado da referência de Pufendorf à "superioridade" do sexo masculino, ou a declaração de Locke segundo a qual a sujeição da mulher tem "uma base natural", está longe de ser manifesto. A explicação que eles fornecem limita-se à referência à maior força física e mental ou à capacidade superior do homem. A contradição entre os pressupostos da teoria do contrato e as invocações à força natural era imediatamente clara. As reivindicações pelo domínio não podiam mais se apoiar em tais atributos naturais para que a doutrina da liberdade e da igualdade naturais fosse aceita. Mary Astell foi perspicaz ao comentar sarcasticamente que, se a força mental e corporal estavam relacionadas, então "é somente por causa de alguns acidentes estranhos que os filósofos ainda não julgaram digno de ser pesquisado o fato de o mais forte carregador não ser o homem mais sábio!"[57] Por volta de 1825, quando já se ouviam, há mais de quatro décadas, reivindicações pela ampliação dos direitos políticos das mulheres, o socialista utilitarista William Thompson notou, também de modo sarcástico:

> Se a força for o maior qualificativo para a felicidade, que o conhecimento e a habilidade do homem sejam utilizados para contribuir no aumento das sensações de prazer de cavalos, elefantes e todos os animais fortes. Se a força for o qualificativo para a felicidade, que todas as qualificações dos votantes, tais como a capacidade de ler e escrever, ou qualquer meio indireto para se assegurar a aptidão intelectual, sejam abolidos; e que o simples teste para o exercício dos direitos políticos, tanto para os homens quanto para as mulheres, seja a capacidade de carregar um peso de 600 quilos.[58]

A melhora da condição social das mulheres, com a consequente melhora das condições físicas e de saúde, juntamente com as transformações tecnológicas, tornaram o argumento da força, apesar de ainda ser ouvido hoje em dia, menos e menos plausível. Entretanto, não se deve esquecer que, na prática, os homens continuam a sustentar seu direito patriarcal sobre as mulheres por meio da "força", ou seja, por meio da força e da violência.

O argumento de que a submissão das mulheres seria justificada pela maior capacidade natural dos homens também foi imediatamente criticado pelas feministas. Em 1696, por exemplo, Elizabeth Johnson declarou, no prefácio a um livro de Elizabeth Rowe, que quando os homens, tendo a força e a tradição do lado deles, ainda

> [...] monopolizam o juízo, também, e quando nem isso, nem o aprendizado, nem nada além do charme nos é permitido, mas somos todas dominadas pela tirania do sexo mais nobre [...] nós devemos, então, pedir-lhes perdão para que não continuemos totalmente passivas a ponto de suportar tudo sem ao menos um murmúrio [...]. Nós rogamos a todo o mundo, se essas não são violações notórias das liberdades das inglesas nascidas livres.[59]

Desde o século XVII, as feministas têm argumentado que é a falta de escolaridade que faz com que as mulheres pareçam menos capazes. A habilidade aparentemente maior dos homens é resultado da educação deficiente das mulheres e da artimanha social (dos homens), não da natureza. Se ambos os sexos recebessem a mesma educação e tivessem as mesmas oportunidades para exercerem seus talentos, não existiriam diferenças políticas significativas nas habilidades das mulheres e dos homens. O problema desse argumento é que faz supor que o que está em questão é se as mulheres têm as mesmas habilidades que os homens e, assim, podem fazer qualquer coisa que eles façam. Historicamente, houve necessidade de se lutar para resolver o problema, e a batalha ainda não terminou, mas lutar nesse terreno pressupõe que o fato de as mulheres terem uma habilidade da qual os homens são destituídos não tem nenhuma importância política.

A guerra teórica entre os patriarcalistas clássicos e os teóricos clássicos do contrato revela a importância política da capacidade de as mulheres darem à luz, ou mais precisamente, no caso da história do contrato social, a importância política que essa capacidade simboliza ou representa. As discussões de Filmer e Locke demonstram que o direito político originário é o direito de um homem ter acesso sexual ao corpo de uma mulher, a fim de se tornar pai. O pai, em Filmer, recusa qualquer capacidade de reprodução às mulheres, apropria-se dela e a transforma numa habilidade masculina de dar origem à política. Os indivíduos masculinos, na história do contrato primitivo, não têm nenhuma vontade de se tornar pais no sentido patriarcal clássico. O pai, no sentido de *patria potestas*, jaz derrotado no passado. O objetivo político dos filhos é herdar a capacidade paterna de criar o direito político. No patriarcado moderno, a capacidade de que os "indivíduos" estão destituídos é politicamente significativa, porque ela representa tudo o que a ordem civil não é, tudo o que está contido nas mulheres e no corpo delas. O corpo de um "homem" é muito diferente do das mulheres. O corpo dele está rigidamente encerrado dentro dos limites, mas o das mulheres é permeável, seus contornos mudam de forma, estando sujeitos a processos cíclicos. Todas essas diferenças estão sintetizadas no fenômeno corporal natural do nascimento. O nascimento biológico simboliza tudo que torna a mulher incapaz de entrar no contrato original e de se transformar em indivíduo civil, capaz de legitimar os termos dele. As mulheres estão privadas tanto de força quanto de capacidade num sentido geral, mas, de acordo com os teóricos do contrato, elas são por natureza deficientes quanto à capacidade especificamente *política*, de criar e manter o direito político.

As mulheres têm que ser submetidas aos homens porque elas são naturalmente subversivas à ordem política masculina. Uma discussão razoavelmente complexa sobre o porquê disso é fornecida pela história do contrato e pela história conjetural do estado natural em Rousseau, assim como pela contribuição de Freud à ideologia de gênero. O argumento de Rousseau, assim como o de Locke, apoia-se no pressuposto de que a vida social é natural para os humanos; "a mais antiga das sociedades, a única natural, é a família".[60] Um verdadeiro estado natural seria um estado antissocial habitado por vários tipos de animais destituídos de linguagem, dentre os quais uma espécie teria o potencial para evoluir até se tornar humana? Os machos e as fêmeas da espécie humana se encontrariam ao acaso e se envolveriam sexualmente segundo as injunções de seus desejos; não se formariam uniões duradouras. Se uma criança fosse capaz de procurar alimentos por si própria e deixasse sua mãe, provavelmente os dois não se reconheceriam novamente. No verdadeiro estado natural, destituído de linguagem ou de relações prolongadas, as diferenças de atributos naturais não levariam à dominação de alguns por outros, ou à sujeição das fêmeas. Seres naturais independentes achariam impossível "compreender o que são a sujeição e a dominação". Se um toma o que o outro colheu, "como ele seria bem-sucedido em se fazer obedecer [...] quais seriam as correntes da dependência entre homens que não possuem nada?". Nem poderiam os machos humanos dominar as fêmeas; os sexos não teriam concepções sociais e morais e desejos que tornassem a dominação sexual possível. A satisfação do desejo carnal (e Rousseau argumenta que o desejo seria menos premente que no estado social) seria suficiente; machos e fêmeas tomariam seus caminhos distintos e pacíficos até que sentissem o desejo sexual novamente.[61]

Rousseau observa que é muito difícil dar uma explicação convincente sobre a transformação da vida animal natural em vida social humana. Mas, para ele, a vida social começa com a família patriarcal. O desenvolvimento inter-relacionado da razão, da língua e das relações sociais é simultâneo ao desenvolvimento da diferença sexual, uma diferença que necessariamente implica a dependência e a submissão das mulheres aos homens. Numa "primeira revolução", famílias ou pequenas sociedades são formadas e, então, "a primeira diferença foi estabelecida quanto aos modos de vida dos dois sexos, que até então tinham sido um único. As mulheres se tornaram mais sedentárias e se acostumaram a cuidar da cabana e dos filhos, enquanto o homem foi em busca de subsistência de todos".[62]

"O físico", argumenta Rousseau em *Emílio*, "inesperadamente nos leva à moral".[63] Nós aprendemos, a partir da reflexão sobre a diferença física entre os sexos, que a moral deles também é muito distinta. As mulheres, diferentemente dos homens, são incapazes de controlar seus "desejos insaciáveis" egocêntricos, então elas são incapazes de desenvolver a moralidade necessária na sociedade civil. Os homens têm paixões, também, mas eles são capazes de utilizar a razão para dominar a sua sexualidade e, assim, se encarregarem da criação e da manutenção da sociedade política. As mulheres somente têm o pudor, e se elas não tivessem esse freio, "o resultado seria, em pouco tempo, a ruína de ambos [os sexos], e a humanidade pereceria através dos meios estabelecidos para a sua preservação [...]. Os homens seriam, finalmente, vítimas [das mulheres] e se veriam arrastados à morte sem ao menos ser capazes de se defender".[64] Mas o pudor é um controle precário do desejo sexual. A história de Júlia, em *A nova Heloísa*, mostra justamente quão frágil é esse controle quando, apesar dos esforços de Júlia para viver como esposa e mãe exemplares, ela foi incapaz de superar sua paixão ilícita e acabou por tomar o único rumo que conseguiu para preservar a paz da vida familiar em Clarens: morrer "acidentalmente".

As mulheres são incapazes de sublimar a paixão e são uma fonte de perpétua desordem, então elas têm que "ser submetidas ou a um homem, ou a decisões masculinas, e elas nunca podem se colocar acima dessas decisões".[65] O tutor de Emílio o educa para torná-lo senhor de si mesmo, e assim ser capaz de tomar o seu lugar como participante do contrato social rousseauniano. Ele pode colaborar para a criação da ordem civil participativa na qual os cidadãos masculinos são limitados somente por leis elaboradas por eles próprios. Mas a educação de Emílio é completada e ele se torna propriamente senhor de si mesmo quando, atendendo a uma ordem de seu tutor, dada uma única vez, ele decide colocar o dever acima do desejo e abandonar Sofia, sua noiva, viajando para o exterior. Um homem deve se preparar para o casamento, como um soldado é preparado para a batalha. O tutor — Rousseau — diz a Emílio, que quer se casar logo, que "um homem não se prepara para a batalha diante do inimigo, mas se prepara para ela antes da guerra. Ele já se apresenta para a batalha totalmente preparado".[66] Emílio obedece a seu tutor e passa quase dois anos viajando e instruindo-se sobre política, inclusive sobre *O contrato social*, antes de se casar. O corpo das mulheres é tão resistente e subversivo à vida política que Rousseau faz Emílio instruir-se sobre a cidadania antes de ser autorizado a conhecer os prazeres de ser um marido. Emílio está então pronto para o casamento, ele é um soldado capaz de vencer a batalha dos sexos e se tornar "o senhor" de Sofia "por toda a vida".[67] Sofia deve submeter--se à "primazia que a natureza atribui ao marido"; "pela natureza das coisas, na família é o pai que deve comandar".[68] A educação de Sofia, tão completa mas tão diferente da de Emile, visa a fomentar o pudor, a limpeza e a torná-la cordial com os homens, mas tal educação nunca será suficiente para superar a propensão feminina para a desordem. Como marido e chefe da família, Emílio pode assumir seu lugar de cidadão, mas Sofia, e todas as outras mulheres, têm que ser rigorosamente excluídas da vida política para que a ordem prevaleça.

Rousseau argumenta que tem que existir "uma base natural sobre a qual os vínculos comuns se formam" — a base natural do casamento e da família. Para ele, é "através de uma pequena pátria, que é a família, que o coração se apega à grande; [...] o bom filho, o bom marido, e o bom pai [...] fazem o bom cidadão!".[69] Para ser um bom marido e um bom cidadão, o homem tem que ter uma boa esposa, ou seja, obediente, que mantém a ordem na esfera doméstica, que é o fundamento natural da vida política. A família é o "império" da mulher, e ela "reina" ao "se deixar comandar no que ela quer fazer". Entretanto, se ela não quer fazer o que é necessário para manter a autoridade conjugal de seu marido, então a sociedade civil está em perigo. O "reinado" dela consiste em sua capacidade de "reconhecer a voz do chefe da casa"; se ela falha, a desordem que resulta leva "ao infortúnio, ao escândalo e à desonra".[70] Todas as pessoas, Rousseau proclama, "perecem por causa da desordem das mulheres".[71] Em uma carta, comentando as reações ao seu *Escritos sobre a política e as artes*, Rousseau diz: "Não concordo com sua opinião quando você diz que se nós somos corrompidos não é culpa das mulheres, e sim de nós mesmos; meu livro inteiro é dedicado a mostrar que é culpa delas".[72] Para prevenir a desordem, os sexos têm que ser segregados em todos os aspectos da vida, até na vida doméstica, como em Clarens em *A nova Heloísa*. Os homens têm que ter seus próprios clubes políticos e sociais a fim de que possam se instruir politicamente e reforçar a sua cidadania, fora do alcance das mulheres e de sua influência enfraquecedora e subversiva.

Muito mais próxima dos nossos dias, a história conjetural de Freud sobre a origem da vida social apresenta um relato surpreendentemente parecido das diferentes moralidades políticas dos sexos. Ele demarca a passagem da natureza animal para a sociedade humana ao observar que "a necessidade genital deixou de aparecer como uma visita que chega de repente", Na falta de um ciclo de atividade sexual, "o macho obteve um motivo para manter a fêmea [...] perto dele; enquanto a fêmea, que não queria se separar de seus recém-nascidos indefesos, era forçada, em nome do interesse deles, a permanecer com o macho, mais forte".[73] Assim, as famílias foram fundadas e a "civilização" começou. As aptidões femininas continuam particularizadas; as mulheres, afirma Freud, "representam os interesses da família e da vida sexual". Os homens, por outro lado, são capazes de desenvolverem um sentido de fraternidade ou comunidade; eles conseguem universalizar seus sentimentos para além do restrito mundo familiar. Os homens desenvolvem instintos "com um *objetivo reprimido*" e assim retiram sua atenção exclusivamente dos seres amados, "em prol de todos os homens igualmente", e para "um amor humano universal". A diferença sexual é de importância capital para a ordem política. Freud argumenta que "o trabalho da civilização se tornou cada vez mais de responsabilidade dos homens, confrontando-os com tarefas ainda mais difíceis e obrigando-os a fazer sublimações instintivas, das quais as mulheres são pouco capazes". As mulheres, assim, descobrem que são "compelidas a ficar em segundo plano por causa das demandas da civilização" e adotam uma "atitude hostil contra ela".[74] Além disso, a contraposição dos sexos, que faz parte da origem e do desenvolvimento da "civilização", é recapitulada conforme as crianças se transformam em "meninos" e "meninas" e são classificadas como seres "masculinos" e "femininos". As mulheres são incapazes de superar sua hostilidade em relação à participação dos homens na vida civil, ou de se juntar a eles nos deveres civis. As mulheres continuam a ser uma ameaça permanente à ordem social e política, porque seu superego é mais fraco, ou até inexistente, o qual é "o representante interno" em cada indivíduo da moral e das normas políticas, e inicia "todos os processos que visam a fazer os indivíduos encontrarem um lugar na comunidade cultural".[75] As diferentes experiências que os meninos e as meninas têm por causa do complexo de Édipo indicam, argumenta Freud, que o superego das mulheres não é tão "independente de suas origens emocionais" quanto o dos homens, então as mulheres "manifestam menos senso de justiça que os homens".[76]

As discussões tradicionais sobre a história do contrato original não levam nada disso em consideração. Não se dá nenhum sinal de que a história é sobre a feminilidade e a masculinidade e sobre a importância política da diferença biológica (natural) sexual — ou de que a estrutura da sociedade civil reflete a divisão entre os sexos. Rousseau e Freud revelam o que está na natureza das mulheres, o que, nos termos do patriarcado moderno, significa ser mulher, com as consequências inevitáveis do exercício legal da supremacia do sexo masculino. As mulheres são criaturas com desejos insaciáveis, incapazes de sublimar suas paixões como os homens, os quais se estabelecem como indivíduos civis. Os teóricos clássicos do contrato (em parte com exceção de Hobbes, cujo contratualismo é coerente o suficiente para eliminar a importância política da diferença sexual na condição natural) sugerem que por natureza os homens, e não as mulheres, devem tomar a iniciativa e controlar a vida sexual. Rousseau deixa bem claro no capítulo 5 de *Emílio* que as mulheres adequadas para ser esposas devem demonstrar seus desejos da maneira mais indireta possível. Elas devem dizer "não" quando querem dizer "sim", uma prática social que torna a diferenciação entre as relações sexuais impostas e consensuais quase imperceptíveis. Se os homens são os chefes das famílias, eles têm que ter o acesso sexual ao corpo das mulheres, mas esse acesso não pode ser fruto de um acordo mútuo, porque o corpo das mulheres e dos homens não têm o mesmo significado político.

As mulheres, seu corpo e suas paixões carnais, representam a "natureza" que tem que ser controlada e superada para que a ordem social seja criada e mantida. No estado de natureza, a ordem social na família é mantida somente se o marido for o senhor. O desejo feminino insaciável tem que ser controlado pelo direito patriarcal. As relações das mulheres com o mundo social têm que ser sempre mediadas pela razão do homem; o corpo das mulheres tem que ser sempre submetido à razão e às decisões do homem para que a ordem não seja ameaçada. (*A flauta mágica* de Mozart fornece uma apresentação brilhante e dramática dessa argumentação.) O significado do estado natural e da sociedade civil pode ser compreendido somente na conjunção de um com o outro. A "base natural" do direito masculino é a impossibilidade de as mulheres desenvolverem a moralidade política necessária aos participantes da sociedade civil. A "feminilidade" e a "masculinidade" no estado natural são construídas teoricamente para refletirem a deficiência das mulheres, de modo que a "solução desejada" por Rawls possa ser obtida na sociedade civil. As mulheres estão excluídas da condição de indivíduos livres e iguais porque estão privadas das habilidades para serem submetidas à transformação extraordinária que, segundo Rousseau, aconteceu com os homens quando a sociedade civil e "a justiça como norma de conduta" foram criadas.[77] Apenas os homens são capazes de desenvolver o senso de justiça necessário para manter a ordem civil e sustentar as leis universais e civis, como cidadãos. Como Juliet Mitchell glosa Freud nessa questão, uma mulher não pode receber o "toque" da lei; sua submissão a ela deve estar na identificação dela própria como o oposto da instituição legal.[78]

A decisão de mudar do estado natural para a sociedade civil está baseada numa avaliação pensada e racional das vantagens dessa mudança para todos os homens. Cada "indivíduo" é capaz de perceber que ele, juntamente com todos os outros indivíduos, serão favorecidos se as inseguranças endêmicas de uma condição na qual cada homem, como chefe de família, avalia as coisas por si próprio de acordo com seus interesses e desejos, forem substituídas por uma sociedade na qual todos os indivíduos estejam igualmente limitados por leis universais. A formação do contrato original, assim, pressupõe que a paixão e a parcialidade podem ser controladas pela razão. Rousseau enfatiza que as mulheres são incapazes de pensar de maneira adequada (e, de qualquer modo, deve-se impedir que elas o façam). Princípios abstratos e verdades especulativas estão reservadas aos homens. As mulheres devem estudar as mentes dos homens aos quais estão submetidas, para que saibam como se comunicar com seus senhores. Rousseau desprezava as mulheres cultas; "uma esposa brilhante é uma praga para seu marido, seus filhos, amigos, criados, todo mundo. [...] fora de sua casa ela sempre é ridicularizada [...] essas mulheres muito talentosas somente impressionam os tolos".[79] Kant era ainda mais mordaz. Ele menosprezava a mulher erudita ao dizer que "ela utiliza seus *livros* da mesma maneira que utiliza, por exemplo, seu *relógio*, o qual é usado para que as pessoas vejam que ela tem um, apesar de ele geralmente funcionar com a luz do sol".[80]

De acordo com Rousseau e Freud, as mulheres são incapazes de superar suas paixões sexuais, os seus vínculos particulares e de voltar sua razão para as exigências da ordem universal e do bem público. As mulheres, portanto, não podem tomar parte no contrato original. Elas estão privadas daquilo que é necessário para criar e depois manter a proteção (conforme Hobbes aponta) garantida pelo Estado e pela legislação aos indivíduos civis. Somente os "indivíduos" podem fazer contratos e manter os termos do contrato original. As mulheres são "o contrário" da legislação civil; elas representam tudo o que os homens têm que dominar para que possam dar origem à sociedade civil.

A história do contrato original conta uma história moderna da origem da política masculina. A história é um exemplo da apropriação pelos homens da impressionante dádiva que a natureza lhes negou e de sua transmutação na capacidade criadora política masculina. Os homens dão à luz um "corpo artificial e coletivo", ou o "único corpo" do "corpo político" de Locke. Entretanto, a criação do corpo político civil é um ato da razão em vez de ser análoga ao ato físico da procriação. O contrato, como ensinam a todos nós, não é um fato concreto, mas uma ficção política; nossa sociedade deve ser entendida *como se* tivesse se originado em um contrato. O corpo paterno do patriarca filmeriano é metaforicamente assassinado pelos teóricos do contrato, mas o corpo artificial que o substitui é uma construção do pensamento, e não a criação de uma comunidade política feita por pessoas reais. O nascimento de um filho humano pode produzir um novo macho ou uma nova fêmea, ao passo que a criação da sociedade civil produz um corpo social moldado segundo a imagem de apenas um dos dois corpos da humanidade, ou, mais precisamente, segundo a imagem do indivíduo social constituído através do contrato original.

Argumentei que o contrato original é um pacto fraternal; como Pitkin observa, "o que supostamente se segue ao domínio patriarcal [...] é o vínculo fraterno de cidadãos no *vivere civile* [...] através da união de sua masculinidade capaz de sustentar conjuntamente a civilização".[81] Os indivíduos que participam do contrato são irmãos (filhos de um pai) que se transformam numa fraternidade civil ao pactuarem juntos. Eles são unidos (assim nos conta a história social conhecida) pelo interesse comum em manter as leis civis que asseguram a sua liberdade. *Como homens*, eles também têm um interesse comum em manter os termos do contrato sexual, em garantir que a lei do direito sexual masculino permaneça operante. As versões freudianas da história do contrato ressaltam, mais claramente do que as histórias dos autores clássicos, dois aspectos com os quais o direito político do pai está relacionado: seu direito paterno e seu direito conjugal. Mesmo assim, é fácil ser enganado pelo relato de Freud já que o contrato sexual é apresentado como uma história das origens do parentesco, do mesmo modo que ele apresenta o contrato social como a história das origens da civilização. Contudo, diferentemente dos autores clássicos, Freud diz explicitamente que a autoridade do pai sobre as mulheres, e não apenas a autoridade dele sobre seus filhos, é a causa da revolta dos filhos e de seu assassinato. Na história de Freud, o parricídio é real, e não metafórico, e os filhos cometem o impressionante ato para obterem a liberdade política que também possibilitará o acesso sexual às mulheres.

Os escritos de Freud geralmente não são considerados nas discussões sobre a teoria do contrato social, mas Philip Rieff, por exemplo, interpreta a história do parricídio contada por Freud como uma versão da teoria do contrato que deve ser examinada juntamente com as explicações clássicas.[82] Do mesmo modo, Norman O. Brown relaciona Freud e os teóricos clássicos, e observa sobre as histórias conhecidas que "a batalha dos livros reencena o crime freudiano originário".[83] Além disso, o próprio Freud fundamenta essa interpretação; na versão da história de *Moisés e o monoteísmo* ele nomeia o pacto feito pelos irmãos após o assassinato do pai, como "um tipo de contrato social".[84] O equivalente freudiano ao estado de natureza é a horda primitiva — uma noção derivada de Darwin — dominada pelo pai primitivo que detém os poderes de um *patria potestas* e mantém todas as mulheres da horda para seu próprio uso sexual. Um dia, os filhos se rebelam e matam o pai (e, de acordo com Freud, comem-no, mas prefiro deixar esse complicador de lado na presente discussão).

Na teoria de Freud, o parricídio não é seguido imediatamente pelo contrato primitivo ou pela instituição da "civilização". Freud localiza a era do direito materno de Bachofen entre o assassinato e o contrato original. Entretanto, o direito materno, é simplesmente um interlúdio na "história primitiva" antes do "grande progresso" que se verifica com a restituição do patriarcado à nova forma fraternal do clã dos irmãos.[85] A derrubada do direito materno (e Freud menciona somente seu desaparecimento sem contar nenhuma história sobre ele) acontece porque o ódio dos filhos pelo pai coexistia com a admiração pelo poder dele; "eles odiavam o pai por ele ser um obstáculo tão poderoso às suas necessidades sexuais e aos seus desejos de poder, mas também o amavam e admiravam".[86] Posteriormente, a culpa decorrente de seu ato terrível os leva a tomar providências a fim de garantir que rebelião semelhante jamais aconteça novamente. Eles se dão conta de que nenhum deles poderia jamais ser um pai primitivo, um *patria potestas* ou um pai-monarca com poder absoluto. Nenhum deles é suficientemente forte para dominar os outros e, assim, eles percebem que "as lutas (entre eles mesmos) eram tão perigosas quanto inúteis".[87] Chegava-se ao ponto em que o contrato original seria feito.

Em *Psicanálise e feminismo*, Juliet Mitchell argumenta que "a lei do pai" é instituída após o parricídio e que essa lei estrutura o patriarcado moderno. Ao contrário, a lei do pai, e o desejo ilimitado de um homem, predominam antes do assassinato do pai. "É evidente", diz Locke, "que a monarquia absoluta [...] é realmente *incompatível com a sociedade civil*, e então não pode ser de modo algum uma forma de governo civil".[88] A lei civil dos irmãos tem um fundamento completamente diferente do domínio do pai primitivo. Eles instituem seu próprio domínio, o qual está baseado na força de seus vínculos como fraternidade. Segundo Freud, "juntos eles ousaram e conseguiram o que seria impossível para cada um isoladamente".[89] Ao matarem o pai, "os filhos descobriram que uma associação pode ser mais forte do que um indivíduo isolado".[90] Para que a irmandade seja mantida, as relações fraternais têm que ser regulamentadas. A fim de manter vivo esse novo estado das coisas, os irmãos necessitam de leis que os unam igualmente e, controversamente, garanta "direitos iguais a todos os membros da horda dos irmãos".[91] O contrato social *substitui* a lei do pai pelas leis públicas e imparciais, nas quais todos são indivíduos livres e iguais entre si. O domínio paterno dá lugar à sociedade civil. E o que conta parte da narrativa de Freud.

Nos relatos sobre o contrato *social*, Freud segue os padrões conhecidos, mas ele não deixa dúvidas de que o contrato feito pelos irmãos é muito mais do que a reivindicação da liberdade e do direito de governar. Eles odeiam o pai porque "ele foi um obstáculo às suas necessidades sexuais". Embora as narrativas clássicas não sejam claras a respeito de tudo o que está em questão, todas as histórias de contratos originais têm uma característica específica em comum. As histórias de Freud, como as de sir Robert Filmer e as dos teóricos do contrato, começam com um pai que já é, então, um pai. As discussões sobre o direito político "originário" começam depois da gênese biológica, depois do nascimento do filho que transforma um homem (um marido) em pai. Mas um pai não pode se tornar pai a não ser que uma mulher se torne mãe, e ela não pode se tornar mãe sem um ato sexual. Onde está a história da verdadeira origem do direito político? Nas narrações sobre origens políticas, o direito sexual é incorporado ao direito paterno, e este oculta habilmente o fato de estar faltando o início indispensável. Todos os relatos carecem de livro do gênesis político. As histórias carecem do que, apropriando-me de uma outra parte da obra de Freud, chamarei de história da *cena primária*.

A maneira como as narrativas são contadas mantém a origem do direito político na obscuridade. Isso não acontece em nome da decência, visto que o parricídio, seja ele hipotético ou real, dificilmente seria uma história decente. Em parte, a obscuridade advém da transmutação do nascimento biológico na origem política dos homens. Mais do que isso, uma parte da história das origens políticas tem que ser *suprimida* para que se possa argumentar que a sociedade moderna foi construída sobre a derrota do patriarcado, ou para que a lei do direito sexual masculino seja ignorada e argumente-se que as relações sexuais são consensuais e apolíticas. Freud não aceita a ideia de que o parricídio não tenha sido um fato histórico, mas simplesmente um forte impulso, nunca concretizado, que levou os filhos a imaginarem a morte de seu pai. Ele insiste que não podemos escapar "da necessidade de remeter a origem de nosso patrimônio cultural, do qual temos razão de sermos tão orgulhosos, a um crime horrível que fere todos os nossos sentimentos".[92] Ele termina *Totem e tabu* com as palavras: "no começo foi o ato". Mas qual ato? Antes de um pai ser assassinado por seus filhos uma mulher deve ter se tornado mãe: esse ato estava relacionado com um "crime horroroso"? Na teoria política moderna, não há relatos da cena primária, nos quais eu possa me apoiar como fiz em relação ao contrato original. No capítulo 3, entretanto, a fim de explicar como poderia acontecer no estado de natureza hobbesiano que um indivíduo feminino, igual em força e inteligência ao indivíduo masculino, fosse submetido à força, tive que desenvolver uma versão da história da cena primária.

O direito sexual necessariamente precede o direito paterno; mas a origem do direito político reside num estupro, outro "crime horrível"? O crime do parricídio é ao menos seguido de uma importante revolução. Os irmãos submetem o poder político extorquido do pai a uma utilização excelente; eles fazem um contrato original tão bem quanto cometem um crime. E o outro ato fundador e suas consequências? Freud nega que a cena primária envolva um estupro, um crime. Sugestivamente, a cena primária não é discutida nas narrativas hipotéticas sobre as origens da civilização, mas é introduzida em um de seus casos terapêuticos, o caso do Homem dos Lobos. O termo "cena primária" é utilizado na análise das lembranças da observação e da interpretação da relação sexual dos pais pelo Homem dos Lobos, quando criança. Para a criança, parecia que seu pai estava atacando sua mãe. Freud observa que, para uma criança, "o coito na posição tradicional [...] provoca a impressão de ser um ato sádico".[93] E que a errônea interpretação infantil leva a criança a encarar como uma agressão do pai o ato sexual normal e consensual. É importante observar que um verdadeiro exemplo de relação conjugal não está necessariamente em questão aqui. Freud mostra também que aquilo que o Homem dos Lobos viu não era uma relação sexual entre seus pais, mas um fato que fazia parte de uma fantasia infantil provocada pela herança filogenética dos humanos; a cena primitiva originária estava presente na criança.[94]

Há dois bons motivos para ler o incidente nesse caso histórico de uma maneira diferente da do próprio Freud. Suponha-se, por exemplo, que o homem tenha observado seus pais; a interpretação de Freud depende do pressuposto de que "o consenso" tem um significado verdadeiro nas relações sexuais, assim a relação consensual pode ser claramente diferenciada da submissão imposta. Entretanto, na maioria das jurisdições legais, o contrato de casamento ainda dá ao marido o direito de acesso sexual ao corpo da mulher tenha ela, em alguma instância das relações conjugais, consentido ou não. O Homem dos Lobos pode ter interpretado corretamente o que viu; nunca se sabe. Além disso, nas relações sexuais, de um modo geral, ainda é comum a crença de que as mulheres dizem "não" quando querem dizer "sim", e a evidência empírica dos estupros, e o modo como os casos de estupro são tratados nas cortes demonstram, infelizmente, que há uma grande falta de capacidade para se compreender o que significa uma relação sexual consensual; muito frequentemente, a submissão imposta ou indesejada é tratada como consentimento.[95] Como um exemplo dramático desse aspecto, considere-se o caso de estupro e assassinato em um campus universitário nos Estados Unidos, em 1986. O crime, de acordo com a imprensa, "foi testemunhado por dois seguranças da universidade que evidentemente não entenderam o que estavam vendo. Os guardas disseram que

160 | CAROLE PATEMAN

não fizeram nada porque acharam que o casal estava tendo relações sexuais de comum acordo".[96]

Segundo, se o Homem dos Lobos estava relatando uma fantasia infantil, a própria explicação de Freud sobre as origens políticas torna sua interpretação da cena primária menos plausível. A vontade do pai primitivo, *o patria potestas*, é absoluta e ilimitada; no começo a ação é dele. Sua vontade é lei, e nenhuma vontade conta a não ser a dele; portanto, é totalmente contraditório sugerir que a vontade da mulher é relevante na cena primária. No entanto, a vontade dela tem que ser considerada para que as relações sexuais sejam consensuais. Isso torna absurda a ideia de um pai primitivo todo-poderoso, sugerindo que, antes de ele se tornar pai, sua vontade é limitada de alguma forma pela vontade de outro ser ou do desejo de uma mulher por sexo. Mesmo que a história da cena primária seja escrita para incorporar uma mulher de apetite sexual insaciável, descontrolado, de modo que ela "tente" o homem, o ato não poderia acontecer segundo o seu mandado se o homem (o pai) é quem detém a autoridade. A vontade dele tem que prevalecer. O ato primitivo é o ato, e a mulher apaixonada tem que ser submetida à vontade dele para que seu poder prevaleça.

Há tantas, ou poucas razões para se classificar o estupro primitivo como crime, quanto para se classificar o parricídio como crime. De acordo com Freud, nenhum dos dois atos, quando cometido, foi propriamente um "crime", porque o contrato original institui a moralidade e, consequentemente, o crime. Outro teórico psicanalista estava bastante certo do *status* do ato na cena primária. Gregory Zilboorg, numa discussão sobre o que ele chama de "ato primevo", afirma que há muito ele sentiu que as palavras de Freud "eram mais adequadamente aplicadas ao ato do estupro primevo do que ao assassinato do pai".[97] Zilboorg escreveu, durante a Segunda Guerra Mundial, sob o estímulo da "escravidão sexual" das mulheres pelos nazistas e da crise do pensamento psicanalítico. A crise surgiu a partir do pressuposto de Freud de "a superioridade fundamental do homem" ser essencial para a explicação da construção da masculinidade e da feminilidade.[98] Na melhor tradição das histórias das origens, Zilboorg apresenta sua argumentação como uma história da humanidade. Ele argumenta, contra Freud, que um dos primeiros estágios da vida humana teria sido um "período ginecocrático", ou um matriarcado; o direito materno predominava na horda primitiva.[99] O direito materno foi derrubado quando, "um dia, [um homem] tornou-se suficientemente consciente e confiante em sua força para dominar a mulher, para estuprá-la". Discordando de todas as histórias nas quais a descoberta da paternidade pelos homens é força motriz que institui a família patriarcal e a civilização, Zilboorg diz que o ato originário não teve nenhuma relação com a paternidade; "não foi um ato de amor, ou de paternidade premeditada, nem de preocupação afetuosa [...]. Foi uma agressão [...]. Foi um ato fálico, sádico".[100]

Segundo o argumento de Zilboorg, o ato originário foi instigado puramente pela "necessidade de possuir e dominar". A submissão das mulheres fornece o exemplo necessário para possibilitar que os homens ampliem suas posses e seu domínio além das necessidades imediatas. A dominação econômica sucedeu rapidamente a dominação sexual. Zilboorg mostra que "A ideia de família não surgiu originalmente do amor, mas da propensão à exploração econômica". Uma vez que as mulheres haviam sido escravas e as famílias formadas, os homens tinham o conceito de escravidão e os meios para ampliar a sua dominação: "ele se encontrava livre para confinar e conquistar outros seres humanos; e ele estava totalmente seguro de que sua 'esposa', ou seja, sua escrava — assaria a carne e atenderia a todas as suas necessidades".[101]

A origem do direito político tem que ser suprimida ou reinterpretada para que a criação da sociedade civil seja representada como uma vitória sobre o patriarcado, e o contrato sexual permaneça escondido. Nas histórias de Freud, o fato de o contrato sexual modelar parte do pacto fundador é muito mais claro do que nas narrativas clássicas. No entanto, a leitura patriarcal está tão estabelecida que somente metade da história de Freud é geralmente conhecida. Consensualmente, não se considera a existência de outro fator que impeça o reconhecimento do contrato sexual. Na discussão de Freud, o contrato sexual aparece à guisa da história conjetural sobre as origens do parentesco. Freud conta a história da origem de *ambas* as esferas da sociedade civil moderna. A "civilização", isto é, o mundo público ou a sociedade civil, e o "parentesco", isto é, o mundo privado ou familiar, surgem do mesmo contrato fraternal.

Em *Moisés e o monoteísmo*, Freud afirma que os irmãos instituem três leis depois do parricídio. Uma que proíbe o parricídio (ou o assassinato do totem, do pai substituto), e que dispensa maiores comentários; o terrível ato não se deveria repetir. A segunda lei dá direitos iguais aos irmãos. Já me referi várias vezes ao lugar crucial dessa lei no contrato social, mas os direitos equitativos também são importantes no contrato sexual. O contrato sexual é caracterizado pela terceira lei, a qual proíbe o incesto ou, afirmativamente, institui a exogamia ou um sistema ordenado de casamento. Freud utiliza o termo "incesto" nesse contexto para se referir às relações sexuais dentro de um grupo social específico; isto é, a horda primitiva original ou a família patriarcal. A proibição do incesto significa que os homens têm que procurar mulheres fora do grupo ao qual pertencem em virtude da descendência sanguínea. O uso que Freud faz do "incesto" é, portanto, diferente do uso estreito (eufemístico), comum hoje em dia, para se referir a relações carnais (estupro) entre pai e filha, ou entre irmãos, na mesma família (na Grã-Bretanha, por exemplo, as *Prohibited Degrees of Marriage* [Categorias proibidas de casamento], que causaram tanta polêmica acerca das irmãs de esposas mortas, no século XIX e no início do século XX, que se apoiavam num sentido muito mais amplo de "incesto", deixaram de ter um significado social há muito tempo).

Freud faz alguns comentários bastante críticos sobre as leis estabelecidas pelo pacto original. Sobre a garantia de direitos iguais aos irmãos, ele diz, ela "ignora as vontades do pai. Seu sentido reside na necessidade de preservação permanente da nova ordem estabelecida após a morte do pai". Essa lei marca a derrocada do direito absoluto do pai. Ele gostaria que essa forma de dominação permanecesse, porém seus desejos foram ignorados. No que diz respeito às leis contra o incesto e o parricídio Freud afirma: "essas duas proibições funcionam no sentido que o pai assassinado gostaria; elas, por assim dizer, perpetuam a vontade dele".[102] O pai aprovaria, é claro, uma lei proibindo o parricídio — mas ele não se oporia à exogamia porque ela consolida o direito sexual, ao mesmo tempo em que o coloca em outros termos. O pai primitivo não queria que nenhum de seus filhos tomasse seu lugar e tivesse acesso irrestrito a todas as mulheres. Quando a horda primitiva dá lugar ao parentesco e ao casamento, o legado do direito sexual deixado pelo pai é dividido igualmente entre todos os irmãos.

Freud fala sobre a renúncia dos irmãos "às mães e irmãs da horda, ardentemente amadas" por eles, e argumenta que "todos renunciaram às mulheres que desejavam". Esse é um modo bastante enganador de colocar a questão. Os irmãos não renunciam às mulheres, ou, na melhor das hipóteses, a renúncia é temporária, durante o período do matriarcado que se segue ao parricídio; os irmãos são nessa época homossexuais. O movimento histórico para a "civilização" (sociedade civil) acontece com a instituição de relações heterossexuais ordenadas e universais. Cada um dos irmãos percebeu a inutilidade de desejar todas as mulheres para si mesmo. Freud observa que as disputas entre os irmãos por causa das mulheres que eles haviam tomado do pai ameaçavam destruir a nova organização fraterna criada por eles. Então, ele diz, "não havia outra alternativa para os irmãos, se eles quisessem viver juntos, a não ser instituir a proibição do incesto [...]. Assim eles salvaram a organização que os havia fortalecido".[103] Nenhum dos irmãos poderia ser um pai primitivo, mas isso não implica a renúncia do direito sexual patriarcal. Ao contrário, o direito é ampliado a todos os irmãos pela lei da exogamia (parentesco). Ou seja, todos os irmãos *fazem um contrato sexual*. Eles instituem uma lei que ratifica o direito sexual dos homens e garante a existência de um acesso sistemático de cada homem a uma mulher. O direito sexual patriarcal deixa de ser o direito de um único homem, o pai, e se torna um direito "universal". A lei do direito do sexo masculino se generaliza para todos os homens, para todos os membros da fraternidade.

Nas análises dos teóricos clássicos é difícil reconhecer o contrato, porque ele é *deslocado para o contrato de casamento*. A maioria dos teóricos clássicos argumenta que a vida conjugal e familiar são parte da condição natural. Os homens desfrutam da "superioridade" natural "de seu sexo" e, quando as mulheres se tornam esposas, supõe-se que elas sempre concordaram em participar do contrato de casamento que as submete ao marido. "No começo", no estado natural, o "primeiro" marido exerceu o direito conjugal sobre sua esposa, e todos os maridos desfrutam desse direito político originário em virtude de sua natureza masculina. Existe no estado de natureza um sistema ordenado de casamento — ou a regra de exogamia; todo homem tem acesso a uma mulher. A antinomia estado de natureza/sociedade civil, nos textos clássicos *pressupõe* o contrato sexual. Quando se faz a crítica passagem da condição natural para a sociedade civil, o casamento e a família patriarcal são transportados para a nova ordem. Não há necessidade de os teóricos clássicos incluírem uma explicação do contrato sexual. O contrato fundador que cria a sociedade civil (a qual abarca tanto a esfera pública quanto a privada) incorpora implicitamente o contrato sexual. Nessas histórias, o casamento e a família patriarcal aparecem como naturais, necessários para a fundação da vida civil. A base natural já existe (o contrato sexual é seu pressuposto) de modo que não há necessidade de se contar uma história das origens da vida em sociedade. Entretanto, como Freud, Hobbes argumenta que a lei do casamento é criada pelo pacto original. O estado de natureza hobbesiano não contém "regras matrimoniais". As leituras tradicionais não veem nenhuma importância política na gênese da regra do casamento ou na da exogamia. De uma perspectiva patriarcalista, o direito político ou é o direito paterno, ou o direito civil (público). As relações conjugais são apresentadas como naturais e privadas, e assim a lei do direito masculino e do contrato sexual desaparecem completamente.

Minha interpretação das poucas observações feitas por Freud é apoiada na extremamente longa história conjetural das origens da cultura, feita por Lévi-Strauss. O passo crucial da natureza para a cultura, ele sustenta, resulta da instituição da proibição do incesto, ou da regra de exogamia. Essa regra tem um *status* único: é uma norma social que, como as normas da natureza, é universal. A proibição do incesto marca a grande linha divisória entre a natureza e a cultura ou a civilização. A regra é o meio pelo qual a natureza é superada. Uma vez que a exogamia é a regra, os homens têm que encontrar mulheres fora de seu próprio grupo social (família). Sobre a regra de exogamia, Lévi-Strauss observa, "nas únicas bases possíveis ela institui a liberdade de acesso de todos os indivíduos às mulheres do grupo [...] todos os homens competem nas mesmas condições por todas as mulheres".[104] Nenhum homem pode reivindicar sua mãe ou sua irmã, mas pode reivindicar a irmã de um outro homem, e esse é o caso para todos os homens. Cada homem pode ter acesso sexual a uma mulher, e assim evitar o celibato, uma das duas grandes "calamidades sociais" (a outra é ser órfão; Lévi-Strauss não menciona o destino das solteironas); todos os homens podem conseguir uma mulher (esposa), um dos "objetos de valor *par excellence* [...] sem o qual a vida é impossível, ou na melhor das hipóteses, é reduzida às piores formas de degradação".[105] Ressaltei nos capítulos anteriores que Lévi-Strauss encara o casamento como o arquétipo da troca, e agora está claro por quê. O casamento, ou a troca ordenada de mulheres, que dá acesso sexual igual a todos os homens, é a troca originária que constitui a cultura ou a civilização. Se a cultura é criada, as mulheres deixam de ser meros "estimulantes naturais" e se tornam signos de importância social.[106] Lévi-Strauss também salienta que (como a linguagem) a regra da exogamia une os homens; quando os homens se tornam cunhados, os laços comunitários (fraternais) são constituídos e reforçados.

Lévi-Strauss escreve sobre o casamento que "a mulher aparece somente como um dos objetos da troca, não como um dos parceiros entre os quais a troca acontece".[107] As feministas que utilizaram a ideia de Lévi-Strauss sobre "troca de mulheres", para contar a história das origens do patriarcado, desconsideram uma característica muito estranha dessa troca. Sem dúvida, na história da origem da proibição do incesto (o pacto original) as mulheres são o objeto do contrato, o objeto de troca, tais como as palavras ou outros indicadores de acordo entre os homens. As mulheres não podem ser participantes ativas; a natureza delas exclui essa possibilidade. Entretanto, se um sistema ordenado de casamento é estabelecido, as mulheres não podem ser meros objetos que são trocados; elas não são meramente signos de valor ou um bem que é trocado como qualquer outro bem material. Elas também são partes do contrato de casamento. Na cerimônia tradicional de casamento, um homem (o pai) "entrega" uma mulher (filha) a outro homem, mas essa "troca" não é o casamento, e sim uma preliminar ao casamento. O casamento é constituído por um contrato *entre* um homem e uma mulher.

Além disso, a "troca" corporificada no casamento não é de forma alguma como a troca de bens materiais; o casamento é uma relação social de longa duração entre os sexos, na qual, em troca da proteção do marido, uma mulher lhe presta obediência. As histórias clássicas do contrato original levantam o problema de como as mulheres, naturalmente destituídas das capacidades de "indivíduos", que fazem contratos, sempre participam do contrato de casamento, e de por que se sustenta que as mulheres têm que participar desse contrato. A questão é mais premente na história conjetural de Lévi-Strauss, na qual as mulheres são reduzidas à condição de propriedade e, como escravas, são simplesmente trocadas entre seus senhores; como pode um ser dotado de tal *status* participar de um contrato? Se as mulheres são puramente objetos de troca de signos, elas não podem tomar parte de um contrato — mas a incapacidade de elas participarem cria um grande problema para a doutrina do contrato. O motivo pelo qual as mulheres participam do contrato de casamento nas histórias clássicas, e devem fazê-lo (um motivo que pretendo analisar com detalhes no capítulo 6), é que, para que a liberdade universal seja apresentada como o princípio da sociedade civil, todos os indivíduos, inclusive as mulheres, têm que participar de contratos; ninguém pode ser deixado de fora. Na sociedade civil, a liberdade individual é apresentada através do contrato.

Freud e Lévi-Strauss escrevem nos moldes da grande tradição de investigação teórica sobre as origens da sociedade humana, da civilização e da cultura. Mas, como argumentei no capítulo 2, não há um bom motivo para entender suas histórias sob essa luz. Ao contrário, elas deveriam ser lidas como histórias da origem da sociedade civil, um tipo histórico e culturalmente específico de ordem social. O casamento exogâmico pode ou não ser uma característica universal da vida social humana, mas o seu significado social não permanece imutável através da história ou das culturas. Particularmente, as alianças de casamento e de parentesco estabelecidas pela "troca de mulheres" ocupam um lugar muito diferente nas sociedades tradicionais — a partir das quais Lévi-Strauss retira seus abundantes registros etnográficos — em relação à sociedade moderna. As sociedades tradicionais são estruturadas pelo parentesco, mas a passagem do estado natural — da horda primitiva ou natural de Lévi-Strauss — para a sociedade *civil* é uma passagem para uma ordem social na qual se abandona o "parentesco" como uma esfera privada distinta, reconstituindo-o como a família moderna. A história do contrato primitivo fala sobre a gênese de uma sociedade estruturada em duas esferas — embora geralmente nos seja contada apenas parte da história e ouçamos falar somente sobre a origem da esfera pública "universal".

É preciso contar a outra parte da história, revelar o contrato sexual e as origens da esfera privada, para a compreensão do patriarcado moderno. Todavia, é muito difícil reconstruir a história do contrato sexual sem perder de vista o fato de que as duas esferas da sociedade civil são, simultaneamente, distintas e entrelaçadas de uma maneira bastante complexa. Afirmar que o contrato social e o contrato sexual — o contrato original — criam duas esferas pode ser extremamente enganador na medida em que tal formulação sugere que o direito patriarcal governa apenas o casamento ou a vida privada. Nas narrativas clássicas, o contrato sexual é deslocado para o contrato de casamento, mas isso não significa que a lei do direito sexual masculino esteja restrita às relações conjugais. O casamento é extremamente importante, particularmente porque a esfera privada é constituída pelo casamento, mas o poder natural dos homens como "indivíduos" abarca todos os aspectos da vida civil. A sociedade civil (como um todo) é patriarcal. As mulheres estão submetidas aos homens tanto na esfera privada quanto na pública; de fato, o direito patriarcal dos homens é o principal suporte estrutural unindo as duas esferas em um todo social. O direito masculino de acesso ao corpo das mulheres é exercido tanto no mercado público quanto no casamento privado, e o direito patriarcal é exercido sobre as mulheres e seu corpo de outras formas além do acesso sexual direto, conforme demonstrarei ao analisar a relação entre o contrato de casamento e o contrato (público) de trabalho.

Uma vez que o pai está politicamente morto e o poder patriarcal foi universalizado, ou seja, distribuído para todos os homens, o direito político não está mais centrado num par de mãos e nem mesmo pode ser reconhecido pelo que é. Quando os irmãos fazem o contrato original, eles separam as duas dimensões do direito político, que estavam unidas na figura do pai patriarcal. Eles criam uma nova forma de direito civil para substituir o direito paterno e transformam o seu legado do direito sexual no patriarcado moderno, o qual abrange o contrato de casamento. O direito patriarcal é ampliado de modo ordenado à fraternidade (todos os homens) e atribui-se a ele uma expressão social legítima. Os indivíduos civis formam uma fraternidade porque eles estão unidos por um vínculo *como homens*.

Eles compartilham o interesse comum de manter o contrato original, o qual legitima o direito masculino e permite a eles obterem benefícios materiais e psicológicos a partir da sujeição das mulheres.

A esfera civil ganha seu significado universal em contraposição à esfera privada da sujeição natural e das aptidões femininas. O "indivíduo civil" é constituído dentro da divisão sexual da vida social criada pelo contrato original. O indivíduo civil e o domínio político aparecem como universais somente em relação e em contraposição à esfera privada, o fundamento natural da vida civil. Do mesmo modo, o significado da liberdade e da igualdade civil, garantida e distribuída imparcialmente a todos os "indivíduos" pela legislação civil, pode ser compreendida somente em contraposição à sujeição natural (das mulheres) na esfera privada. A liberdade e a igualdade aparecem como ideais universais, em vez de atributos naturais dos homens (os irmãos) que criam a ordem social dentro da qual os ideais ganham expressão social, apenas porque a esfera civil é tradicionalmente considerada em si mesma. Liberdade, igualdade e fraternidade compõem a trilogia revolucionária porque a liberdade e a igualdade são atributos da fraternidade que exerce a lei do direito sexual masculino. Qual noção melhor para invocar que "fraternidade", e qual o melhor truque de mágica do que insistir que a "fraternidade" é universal e que ela não passa de uma metáfora para a comunidade?

A ideia de um patriarcado fraternal poderia parecer abalada porque, pode-se objetar, que os irmãos não compartilham um vínculo comum, eles estão frequentemente em rivalidade antagonizando-se, e até cometendo o fratricídio. Na história bíblica, atribui-se a Adão autoridade sobre Eva, e Caim mata Abel; McWilliams ressalta que a unidade fraterna é sempre temporária, "a hostilidade entre irmãos [...] é a regra lógica".[108] Isso pode ser "lógico" quando em uma família os irmãos estão querendo a aprovação do pai e esperando herdar o poder dele, mas na sociedade civil o "princípio masculino" opera em uma nova condição. Os irmãos que participam do contrato original se transformam em indivíduos civis, cujas relações fraternais estabelecem-se entre iguais. Tanto na esfera pública quanto na esfera privada, a competição não é mais uma disputa pessoal entre parentes (irmãos), capaz de provocar a morte, mas é estabelecida socialmente como uma busca impessoal de interesses na competição pelo mercado e pelas mulheres no casamento. A competição pública (de mercado) é regulada por leis estatais, e a competição pelas mulheres é regulada pela legislação matrimonial e pelas regras sociais. Além disso, na competição sexual masculina, diferentemente da competição pelo mercado, *todos os membros da fraternidade podem ganhar um prêmio*. A maioria dos homens se torna marido, mas essa não é de forma alguma a única maneira pela qual os membros da fraternidade podem exercer seu direito masculino.

O contrato de casamento é ainda o melhor ponto de partida para ilustrar como o direito político patriarcal é continuamente renovado e reafirmado pelos contratos concretos na vida cotidiana. O casamento é uma relação sobre a qual todos sabem alguma coisa e a maioria de nós sabe muito, embora o que as mulheres sabem e também o que os homens sabem seja, frequentemente, por bons motivos, muito diferente. O contrato sexual é feito somente uma vez, mas é reproduzido todos os dias quando o homem faz o seu próprio contrato de casamento "original". Individualmente, todo homem recebe uma parte importante de sua herança patriarcal por intermédio do contrato de casamento. Há ecos da história da cena primária e do contrato de escravidão rodeando o contrato de casamento. Quando uma mulher se torna uma "esposa", seu marido ganha o direito de acesso sexual a seu corpo (já chamado de "direitos conjugais" na linguagem legal) e a seu trabalho como dona de casa. No próximo capítulo pretendo analisar a construção mutuamente interdependente da esposa como "dona de casa" e do marido como "trabalhador", e a relação entre o contrato de casamento e o de trabalho. As relações conjugais fazem parte de uma divisão sexual do trabalho e de uma estrutura de subordinação que se estende do lar privado à arena pública do mercado capitalista.

Notas

1. Citado em G. J. Schochet, *Patriarchalism in Political Thought* [Patriarcalismo no pensamento político], Oxford, Basil Blackwell, 1975, p. 202.

2. W. C. McWilliams, *Idea of Fraternity in America* [Ideia de fraternidade nos Estados Unidos], Berkeley, University of California Press, 1973, p. 2.

3. N. O. Brown, *Love's Body* [Corpo do amor], Nova York, Vintage Books, 1966, p. 5.

4. A. Esheté, "Fraternity" [Fraternidade], *Review of Metaphysics*, n° 35, 1981, p. 27, pp. 32-3.

5. S. de Beauvoir, *The Second Sex* (trad. H. M. Parshley), Nova York, Knopf, 1953, pp. 716, 732. [Ed. bras.: *O segundo sexo*, 2 v., Rio de Janeiro, Nova Fronteira, 2016.]

6. G. E Gaus, *The Liberal Theory of Man* [A teoria liberal do homem], Londres, Croom Helm, 1983, pp. 90-4.

7. B Crick, *In Defense of Politics* [Em defesa da política], Harmondsworth, Penguin Books, 1982, p. 228, 2.ª ed..

8. P. Abbott, *Furious Fancies: American Political Thought in the Post-Liberal Era* [Fantasias furiosas: pensamento político americano na era pós-liberal], Westport, Greenwood Press, 1980, p. 185.

9. J. F. Stephen, *Liberty, Equality, Fraternity* [Liberdade, igualdade, fraternidade], Cambridge, Cambridge University Press, 1967, pp. 52, 241.

10. E. Hobsbawm, "The Idea of Fraternity" [A ideia de fraternidade], citado em M. Taylor, *Community, Anarchy and Liberty* [Comunismo, anarquia e liberdade], Cambridge, Cambridge University Press, 1982, p. 31.

11. B. Crick, *In Defense of Politics*, p. 233.

12. J. Dunn, *Rethinking Modern Political Theory. Essays 1979-83* [Repensando a teoria política moderna. Ensaios 1979-83], Cambridge, Cambridge University Press, 1985, p. 137.

13. McWilliams, *Idea of Fraternity*, pp. 12-3.

14. *Ibidem*, p. 14.

15. *Ibidem*, p. 25.

16. *Ibidem*, p. 29.

17. *Ibidem*, p. 64.
18. S. Freud, *Civilization and Its Discontents* (trad. J. Strachey), Nova York, W. W. Norton and Co., 1961, p. 54. [Ed. bras.: *O mal-estar na civilização*, trad. Paulo César de Souza, São Paulo, Companhia das Letras, 2011.]
19. Minha colega Patricia Springborg está fazendo uma pesquisa detalhada sobre a importância das *fratrias* para a *polis*. Ela também me declarou que o termo para membros de uma irmandade, *fateres*, era diferente do termo para irmão (parente, *adelphoi*).
20. Uma excelente discussão feminista sobre as ordens fraternas no início da modernidade e do século XIX pode ser encontrada em M. A. Clawson, "Early Modern Fraternalism and the Patriarchal Family" [O fraternalismo moderno e a família patriarcal], *Feminist Studies*, vol. 6, n° 2, 1980, pp. 368-91; e em M. A. Clawson, "Nineteenth-Century Womens Auxiliaries and Fraternal Orders" [Auxiliares femininos do século XIX e ordens fraternas], *Signs*, vol. 12, n° 1, 1986, pp. 40-61. Sobre a fraternidade socialista contemporânea, ver A. Phillips, "Fraternity" [Fraternidade], *in* B. Pimlott (org.), *Fabian Essays in Socialist Thought* [Ensaios Fabian no Pensamento Socialista], Londres, Heinemann, 1984.
21. B. Crick, *Socialist Values and Time* [Valores socialistas e tempo], Fabian Tract 495, Londres, The Fabian Society, 1984, pp. 24-5.
22. B. Crick, *In Defense of Politics*, p. 230. Um pequeno exemplo da magnitude dessa tarefa é fornecido por uma análise da discussão de Crick sobre a fraternidade, que ignora o seu reconhecimento do caráter masculino *da* "fraternidade"; ver Ellison, "Equality, Fraternity — And Bernard Crick" [Igualdade, fraternidade — e Bernard Crick], *Politics*, (UK), vol. 5, n° 2, 1985, pp. 45-9.
23. J.-J. Rousseau, *The Social Contract*, Harmondsworth, Penguin Books, 1968, livro 1, cap. 4, p. 53. [Ed. bras.: *Do contrato social*, trad. Eduardo Brandão, São Paulo, Companhia das Letras, 2011.]
24. Schochet, *Patriarchalism in Political Thought*, p. 35.
25. *Ibidem*, p. 104.
26. R. Filmer, *Patriarcha or, the Natural Powers of the Kings of England Asserted and Other Political Works* [Patriarca ou os poderes naturais dos reis da Inglaterra declarados e outras obras políticas] (org. P. Laslett), Oxford, Basil Blackwell, 1949, p. 54.

27. *Ibidem*, p. 211.

28. *Ibidem*, p. 287.

29. *Ibidem*.

30. S. Pufendorf, *Of the Law of Nature and Nations* [Da lei da natureza e das nações] (trad. C. H. e W. A. Oldfather), Oxford, Clarendon Press, 1934, livro VI, cap. 2, § IV, pp. 914-15.

31. J. Locke, *Two Treatises of Government* [Segundo tratado sobre o governo] (org. P. Laslett), Cambridge, Cambridge University Press, 1967, II, § 61, 2ª ed. Compare com Rousseau, *The Social Contract*, livro I, cap. 2, p. 50.

32. R. W. K. Hinton, "Husbands, Fathers and Conquerors" [Maridos, pais e conquistadores], *Political Studies*, vol. XV, nº 3, 1967, p. 294.

33. J. Locke, *Two Treatises*, II, § 7.

34. J.-J. Rousseau, "Discourse on Political Economy" [Discurso sobre economia política], *in On the Social Contract and Discourses*, Indianapolis, Hackett Publishing Co., 1983, p. 165 (este texto tem "Sir [Richard] Filmer").

35. R. Filmer, *Patriarcha*, p. 71.

36. *Ibidem*, p. 188.

37. *Ibidem*, pp. 57, 71, 194.

38. *Ibidem*, p. 96.

39. J. Locke, *Two Treatises*, I, § 9.

40. F. Laslett, "Introduction", *in* Filmer, *Patriarcha*, p. 28.

41. R. Filmer, *Patriarcha*, p. 256.

42. *Ibidem*, pp. 241, 283. O Gênesis também pode ser interpretado de mais de uma forma, e a igualdade dos homens e das mulheres sob os olhos de Deus não é incompatível com a supremacia masculina nas questões humanas; por exemplo, Calvino argumentava que tanto da perspectiva do *cognitio dei* (o eterno, a perspectiva divina, na qual todas as coisas são iguais) quanto da perspectiva do *cognitio homens* (a perspectiva mundana na qual os homens são ordenados hierarquicamente). Ver M. Potter, "Gender Equality and Gender Hierarchy in Calvins Theology" [Igualdade de gênero e hierarquia de gênero na teologia de Calvino], *Signs*, vol. 11, nº 4, 1986, pp. 725-39.

43. J. Locke, *Two Treatises*, II, § 110.

44. R. Filmer, *Patriarch*, p. 245.

45. N. C. M. Hartsock, *Money, Sex and Power: Toward a Feminist Historical Materialism* [Dinheiro, sexo e poder: em direção a um materialismo histórico feminista], Nova York, Longman, 1983, cap. 8.

46. J. B. Elshtain, *Public Man, Private Woman: Women in Social and Political Thought* [Homem público, mulher privada: mulheres em pensamento social e político], Princeton, Princeton University Press, 1981, p. 39.

47. Citado em O'Brien, *Politics of Reproduction*, pp. 130-1.

48. M. Daly, *Pure Lust: Elemental Feminist Philosophy* [Luxúria pura: Filosofia Feminista Elementar], Boston, Beacon Press, 1984, p. 93.

49. H. F. Pitkin, *Fortune Is a Woman: Gender and Politics in the thought of Niccolo Machiavell* [A Fortuna é uma mulher: gênero e política no pensamento de Nicolau Maquiavel], Berkeley, University of California Press, 1984, p. 54.

50. *Ibidem*, pp. 237, 241. De acordo com Pitkin, "o fundador é uma fantasia do impotente" (p. 104). Ao contrário, o fundador, como o pai em Filmer, é tudo menos impotente; ele é, em vez disso, estéril. As figuras do fundador e do pai em Filmer são fantasias, não do impotente, mas daqueles que são naturalmente incapazes de dar à luz fisicamente e que, então, inventam teorias sobre origens políticas puramente masculinas. Eles têm, contudo, que ser potentes para se tornarem "pais".

51. M. Astell, *Some Reflections Upon Marriage* [Algumas reflexões sobre o casamento], Nova York, Source Book Press, 1970; a partir da segunda edição de 1730, p. 107.

52. Ver M. L. Shanley, "Marriage Contract and Social Contract in Seventeenth-Century English Political Thought" [Contrato de casamento e contrato social no pensamento político inglês do século XVII], *Western Political Quarterly*, vol. XXXII, n° 1, 1979, pp. 79-91.

53. Sir W. Blackstone, *Commentaries on the Laws of England* [Comentários sobre as leis da Inglaterra], 4ª ed. (org. J. DeWitt Andrews), Chicago, Callaghan e Co., 1899, livro I, cap. 15, § 111, p. 442.

54. J. Locke, *Two Treatises*, II, § 74-6.

55. *Ibidem*, II, § 77-8.

56. Para este aspecto da história conjetural de Locke, ver o meu *The Problem of Political Obligation* [O problema da obrigação política], cap. 4.

57. M. Astell, *Reflections Upon Marriage*, p. 86.

58. W. Thompson, *Appeal of One Half of the Human Race, Women, Against the Pretensions of the Other Half, Men, to Retain them in Political, and Thence in Civil and Domestic, Slavery* [Apelação de metade da raça humana, mulheres, contra as pretensões da outra metade, homens, para retê-las na política e, daí, na escravidão civil e doméstica], Nova York, Source Book Press, 1970; originalmente publicado em 1825, p. 120.

59. Reimpresso em A. Goreau, *The Whole Duty of a Woman; Female Writers in Seventeenth Century England* [Todo o dever de uma mulher; Escritores do sexo feminino na Inglaterra do século XVII], Nova York, The Dial Press, 1985, p. 290.

60. J.-J. Rousseau, *Social Contract*, livro I, cap. 2, p. 50.

61. J.-J. Rousseau, "Discourse on the Origin and Foundations of Inequality among Men", *in The First and Second Discourses* [Primeiro e segundo discursos], V. Gourevitch (trad. e org.), Nova York, Harper e Row, 1986, pp. 153, 162, 164. [Ed. bras.: *A origem da desigualdade dos homens*, São Paulo Companhia das Letras, 2017.]

62. J.-J. Rousseau, *First and Second Discourses*, pp. 173-4.

63. J.-J. Rousseau, *Emile or on Education* (trad. A. Bloom), Nova York, Basil Books, 1979, p. 360. [Ed. bras.: *Emílio ou Da educação*, São Paulo, Edipro, 2017.]

64. *Ibidem*, pp. 358-9.

65. *Ibidem*, p. 370; também pp. 364, 396.

66. *Ibidem*, p. 445.

67. *Ibidem*, p. 404.

68. *Ibidem*, p. 382; e *Discourse on Political Economy*, p. 164. [Ed. bras.: *Discurso sobre a economia política*, Petrópolis, Vozes, 2017.]

69. *Ibidem*, p. 363; ver também p. 448.

70. *Ibidem*, p. 408.

71. J.-J. Rousseau, *Politics and the Arts: A Letter to M. d'Alembert on the Theatre* (trad. A. Bloom), Ítaca, Cornell University Press, 1968, p. 109.

72. Citado em Schwartz, *The Sexual Politics of Jean-Jacques Rousseau* [A política sexual de Jean-Jacques Rousseau], Chicago, University of Chicago Press, 1984, p. 125.

73. S. Freud, *Civilization and Its Discontents*, p. 51.

74. *Ibidem*, pp. 54-6.
75. S. Freud, "Female Sexuality" [Sexualidade da mulher], *in* A. Richards (org.), *On Sexuality* [Sobre sexualidade], Harmondsworth, Penguin Books, 1977, Pelican Freud Library, vol. 7, p. 377.
76. S. Freud, "Some Psychological Consequences of the Anatomical Distinction between the Sexes" [Algumas consequências psicológicas da distinção anatômica entre os sexos], *in* J. Strachey (org.), *Collected Papers* [Artigos reunidos], Londres, Hogarth Press, 1953, vol. 5, pp. 196-7.
77. J.-J. Rousseau, *Social Contract*, livro I, cap. 8, p. 64.
78. J. Mitchell, *Psychoanalisys and Feminism* [Psicanálise e feminismo], Harmondsworth, Penguin Books, 1975, p. 405.
79. J.-J. Rousseau, *Emile*, p. 409.
80. I. Kant, *Anthropology from a Pragmatic Point of View* [Antropologia do ponto de vista pragmático] (trad. M. J. Gregor), Haia, Martin Nijhoff, 1974, p. 171.
81. H. F. Pitkin, *Fortune is a Woman*, p. 236.
82. P. Reiff, *Freud: The Mind of the Moralist* [Freud: a mente do moralista], Londres, Methuen, 1965, cap. VII.
83. N. O. Brown, *Love's Body*, p. 4. Agradeço a Peter Breiner por ter chamado minha atenção para a interpretação de Brown em *Love's Body*. Uma observação parecida é feita — embora suas consequências para o patriarcado não sejam analisadas — por M. Hulliung, "Patriarchalism and its Early Enemies" [Patriarcado e seus inimigos iniciais], *Political Theory*, n° 2, 1974, pp. 410-9. Hulliung observa (p. 416) que não há motivos para que o parricídio "não seja simplesmente transformado numa representação da moralidade em nome dos [...] ideais democráticos", e que "os assassinos são "irmãos", e irmãos são iguais entre si".
84. S. Freud, *Moses and Monotheism* (trad. K. Jones), Nova York, Vintage Books, s. d., p. 104. [Ed. bras.: *Moisés e o monoteísmo, Compêndio de psicanálise e outros textos (1937-1939)*, trad. Paulo César de Souza, São Paulo, Companhia das Letras, 2018.]
85. *Ibidem*, p. 107-9.
86. S. Freud, *Totem and Taboo* (trad. A. A. Brill), Nova York, Vintage Books, s. d., p. 184. [Ed. bras.: *Totem e tabu, contribuição à história do*

movimento psicanalítico e outros textos (1912-1914), trad. Paulo César de Souza, São Paulo, Companhia das Letras, 2012.]

87. S. Freud, *Moses and Monotheism*, p. 103.

88. J. Locke, *Two Treatises*, II, § 90.

89. S. Freud, *Totem and Taboo*, p. 183.

90. S. Freud, *Civilization audits Discontents*, p. 53.

91. S. Freud, *Moses and Monotheism*, p. 153.

92. S. Freud, *Totem and Taboo*, p. 206.

93. S. Freud, "From the History of an Infantile Neurosis", *in* Case *Histories II*, Harmondsworth, Penguin Books, Pelican Freud Library, vol. 9, p. 277, nota 2. Fui alertada para a importância da cena primária por M. Ramas, "Freud's Dora, Dora's Hysteria; the Negation of a Woman's Rebellion" [A Dora de Freud, a histeria de Dora; a negação da rebelião de uma mulher] *Feminist Studies*, vol. 6, n° 3, 1980, particularmente pp. 482-5. [Ed. bras.: *História de uma neurose infantil (o "Homem dos Lobos"), Além do princípio do prazer, entre outros textos (1917-1920)*, trad. Paulo César de Souza, São Paulo, Companhia das Letras, 2010.]

94. A análise feita por Freud do caso do Homem dos Lobos oferece três opções: a criança realmente viu a relação sexual dos pais; ela projetou suas observações da cópula de animais para seus pais; a visão é uma herança filogenética. A utilização do argumento filogenético feita por Freud é discutida por R. Coward, *in Patriarchal Precedents* [Precedentes patriarcais], Londres, Routledge and Kegan Paul, 1983, cap. 7.

95. Ver o meu "Women and Consent", *Political Theory*, vol. 8, n° 2, 1980, pp. 149-68; ver também, por exemplo, S. Estrich, *Real Rape* [Estrupro real], Cambridge, Harvard University Press, 1987.

96. Relatado em *New York Times*, 5 set. 1986.

97. G. Zilboorg, "Masculine and Feminine: Some Biological and Cultural Aspects" [Masculino e feminino: alguns aspectos biológicos e culturais], *Psychiatry*, n° 7, 1944, p. 282.

98. *Ibidem*, pp. 266, 268.

99. Zilboorg retira o termo "período ginecocrático" e as bases para a sua história hipotética, do sociólogo Lester Ward.

100. Zilboorg, "Masculine and Feminine", pp. 282-3. Zilboorg (pp. 288-90) argumenta que "o macho primitivo" era hostil às crianças; "o homem

não quer que a mulher se torne mãe, mas uma serva ou um instrumento sexual acessível". Embora o homem também tivesse inveja da capacidade feminina de dar à luz crianças que, então, amavam-na "sem limites", e que nunca o amariam, Zilboorg explica o *couvade* como uma consequência dessa associação masculina hostil com a mulher e com a origem da paternidade — mas essa história também poderia ser utilizada para explicar por que os homens se apropriaram da capacidade exclusiva das mulheres e a transformaram na habilidade de dar origem à política.

101. *Ibidem*, pp. 285-7.

102. S. Freud, *Moses and Monotheism*, p. 153.

103. S. Freud, *Totem and Taboo*, p. 186.

104. C. Lévi-Strauss, *The Elementary Structures of Kinship*, ed. rev. (org. IL Needham), Boston, Beacon Press, 1969, p. 42. [Ed. bras.: *As estruturas elementares do parentesco*, Petrópolis, Vozes, 2012.]

105. *Ibidem*, pp. 29, 481.

106. *Ibidem*, p. 62.

107. *Ibidem*, p. 115.

108. Mc Williams, *Idea of Fraternity in America*, p. 16.

5
As mulheres, os escravos e os escravos assalariados

A história do contrato sexual é fundamental para a compreensão do patriarcado moderno, mas o mundo sobre o qual os teóricos clássicos do contrato contaram suas histórias diferia em muitos aspectos do mundo social em que vivemos atualmente. Quando Rousseau morreu, em 1778, a produção econômica ainda não era totalmente dissociada da família. O mercado capitalista estava sendo formado como esfera independente de atividades, e as famílias abrangiam servos, aprendizes e escravos, bem como o senhor, sua mulher e seus filhos. À primeira vista, a família patriarcal moderna dos teóricos clássicos do contrato pode parecer indiferenciável da forma pré-moderna, ou da família como aparece no patriarcalismo de Filmer, já que os homens são os mesmos. A mudança crucial prende-se à observação de que a família moderna se origina no contrato, e não na capacidade de reprodução do pai. O senhor civil de uma família obtém o direito sobre sua mulher por intermédio de um contrato; o direito sobre seu servo era contratual e, segundo alguns teóricos clássicos do contrato e defensores da escravidão estadunidense, assim também o era o direito sobre seu escravo. A "família", no sentido em que o termo é utilizado atualmente, formou-se após um longo processo de desenvolvimento histórico. As muitas figuras que povoavam a família nos séculos XVII e XVIII gradualmente desapareceram até que o casal composto por marido e esposa passasse a ocupar o centro do palco, e o contrato de casamento passasse a ser constitutivo das relações domésticas.

Os contratos domésticos antigos entre um senhor e seu escravo (civil) e entre um senhor e seu servo eram contratos de trabalho. O contrato de casamento é, também, um tipo de contrato de trabalho. Tornar-se esposa implica tornar-se dona de casa; ou seja, a esposa é alguém que trabalha para seu marido no lar conjugal. Mas que tipo de trabalhador é uma dona de casa? Em que o contrato de trabalho conjugal se parece ou difere de outros contratos domésticos de trabalho, ou do contrato de trabalho dos dias atuais? Que tipo de subordinação está envolvida na condição da dona de casa? Qual a importância do fato de as mulheres se tornarem donas de casa? Nos últimos três séculos, as feministas têm comparado as esposas aos escravos, servos e, segundo a tendência predominante atualmente, aos trabalhadores. Mas nenhuma dessas comparações, tomada individualmente, serve para apreender-se totalmente a submissão patriarcal.

As discussões feministas geralmente não consideram as semelhanças e as diferenças entre escravos, servos e trabalhadores, e sequer se a sujeição das mulheres pode esclarecer outras formas de subordinação. Tampouco dão a devida importância ao fato de os escravos civis, servos, trabalhadores e donas de casa serem todos constituídos por meio de um contrato. Na ausência de conhecimento sobre a história do contrato sexual, a classificação dos contratos como matrimoniais, por exemplo, ou entre um senhor e servo, pode parecer realmente arbitrária. Considere-se a seguinte definição retirada de *A Treatise on the Law if the Domestic Relations* [Tratado da legislação das relações domésticas], publicado nos Estados Unidos em 1874: "Um senhor é alguém que tem autoridade legal sobre outra pessoa; e a pessoa sobre quem tal autoridade pode ser propriamente exercida é o servo." Um escravo civil, uma esposa ou um trabalhador são todos "servos" de acordo com essa definição. O livro contém uma discussão minuciosa sobre as "incapacidades" das mulheres casadas, não deixando dúvidas de que a esposa era a "serva" de seu marido. Apesar disso, ela não é classificada como tal. Os maridos e as esposas são discutidos separadamente dos senhores e dos servos. O autor observa inocentemente que "a relação de um senhor e um servo pressupõe duas partes em condições de desigualdade em suas negociações mútuas; embora não naturalmente como em outras relações domésticas [...]. Essa relação é, teoricamente, antagônica ao caráter das instituições livres".[1]

As "instituições livres" pressupõem que as partes estejam em condição de igualdade. As relações domésticas entre senhor e escravo, e senhor e servo, relações entre desiguais, deram lugar à relação entre o capitalista ou patrão e o empregado assalariado ou trabalhador. A produção foi transferida da família para as empresas capitalistas, e os empregados domésticos de sexo masculino se tornaram trabalhadores. O empregado assalariado encontra-se na mesma condição civil de seu patrão no domínio público do mercado capitalista. Uma dona de casa permanece na esfera doméstica privada, mas as relações desiguais da vida doméstica são "naturalmente assim" e consequentemente não são menos importantes que a igualdade universal do mundo público. O contrato de casamento é o único exemplo que restou dos contratos de trabalho doméstico, e, desse modo, a relação conjugal pode facilmente ser encarada como um remanescente da ordem doméstica pré-moderna — como uma relíquia feudal, ou um aspecto do *status* do antigo mundo que ainda não foi modificado pelo contrato. Feministas às vezes retratam a esposa contemporânea como uma serva e argumentam que a família é uma "instituição quase feudal".[2] Por outro lado, socialistas, ao rejeitarem a argumentação de que o trabalhador é um empregado livre, dizem que "o trabalho forçado não é uma relíquia feudal, mas parte das relações essenciais do capitalismo". Como, então, as relações capitalistas devem ser caracterizadas? Um autor alega que, no capitalismo, "as relações de *status* são o modo para se atingir as relações contratuais".[3] Se a esposa se parece com um servo, isso não se deve à sobrevivência de uma relação feudal; nem o contrato de trabalho se apoia em relações de *status*. O casamento e o trabalho modernos são contratuais, mas isso não significa que, concretamente, toda semelhança com as antigas formas de *status* (impostas) tenham desaparecido. O contrato é o meio característicamente moderno para se criarem relações de subordinação, mas, porque a subordinação civil se origina num contrato, ela é apresentada como liberdade. As discussões sobre relíquias feudais e *status* desconsideram as comparações e as contraposições criadas pelo contrato primitivo. As relações contratuais não ganham seu significado a partir do antigo mundo, mas em contraposição às relações da esfera privada.

As relações domésticas privadas também se originam num contrato — mas o significado do contrato de casamento, um contrato entre um homem e uma mulher, é muito diferente do significado dos contratos entre homens na esfera pública. O contrato de casamento reflete a organização patriarcal da natureza corporificada no contrato primitivo. Institui-se uma divisão sexual do trabalho pelo contrato de casamento. Em Hobbes, no estado natural, quando um indivíduo masculino conquista (contrata com) um indivíduo feminino ele se torna seu senhor sexual e ela se torna sua serva. A história hipotética de Rousseau sobre o desenvolvimento da sociedade civil nos conta como as mulheres têm que "cuidar da cabana", e, em *A nova Heloísa*, Júlia supervisiona as tarefas domésticas cotidianas, em Clarens. A história foi contada outra vez recentemente — desta vez pela ciência — por sociobiólogos. A história de E. O. Wilson, sobre a gênese da divisão sexual contemporânea do trabalho nos primeiros estágios da história humana, supostamente revela que a divisão é uma parte necessária da existência humana. A história começa com o fato de que, assim como outros primatas, os seres humanos se reproduzem vagarosamente:

> As mães carregam os fetos por nove meses e depois disso são sobrecarregadas por bebês e crianças pequenas que necessitam mamar em intervalos regulares durante todo o dia. É vantajoso para todas as mulheres do grupo caçador coletor garantir a dedicação de homens que colaborarão com carne e abrigo enquanto compartilham o trabalho de criação do filho. É vantajoso para todos os homens obterem direitos sexuais sobre as mulheres e monopolizarem sua produtividade econômica.[4]

Ou seja, a ciência revela que nossa vida social é como se fosse baseada num contrato sexual, que estabelece o acesso sistemático à mulher, em uma divisão do trabalho na qual as mulheres estão subordinadas aos homens.

Na interpretação de Zilboorg da cena primária, as mulheres se tornam escravas sexuais e econômicas na família. O socialista cooperativista William Thompson fornece uma história conjetural semelhante sobre a origem do casamento. Ele argumenta que, "no começo", a maior força dos homens, auxiliada pela astúcia, possibilitou que escravizassem as mulheres. Os homens teriam transformado as mulheres em meras empregadas se não fosse o fato de eles dependerem delas para satisfazerem seus desejos sexuais. Se os homens não tivessem desejo sexual, ou se a multiplicação da espécie não dependesse da intervenção dos homens de uma forma que também lhes dá prazer sexual, não haveria necessidade da instituição na qual "cada homem traz uma mulher para seu estabelecimento e chama isso de *contrato*". As mulheres são "distribuídas entre os homens [...] o fraco sempre acoplado e submetido ao forte".[5] John Stuart Mill ofereceu um argumento parecido no século XIX: "desde o início do crepúsculo da sociedade humana, cada mulher (em função do valor atribuído a ela pelos homens, combinado com sua inferioridade em força muscular) encontrava-se num estado vinculatório com algum homem [...]. O casamento é estado primitivo de escravidão que perdura [...] ele não perdeu a marca de sua origem selvagem".[6]

Até o final do século XIX a condição civil e legal de uma esposa se assemelhava à de um escravo. Pela doutrina legal comum do casamento, uma esposa, como um escravo, estava civilmente morta. Um escravo não tinha existência legal independente de seu senhor, e o marido e a esposa se tornavam "uma única pessoa", a pessoa do marido. Mulheres de classe média e alta conseguiam evitar que a ficção legal da unidade conjugal através da lei da igualdade fosse rigorosamente aplicada, valendo-se de artifícios tais como monopólios e contratos pré-nupciais.[7] Mas tais exceções (compare: nem todos os senhores de escravos utilizam totalmente seu poder) não ajudam a diminuir a força da instituição do casamento enquanto uma lembrança dos termos da relação conjugal estabelecidos pelo (pela história do) contrato primitivo. Sir Henry Maine observa em *A lei antiga* que:

> Eu não sei como o funcionamento e a natureza do antigo *patria potestas* pode ser trazido tão claramente à mente ao se refletir nas prerrogativas atribuídas ao marido pela pura lei comum inglesa, e ao lembrar a rigorosa coerência com a qual a concepção da sujeição legal completa da parte da mulher é mantida por ela.[8]

O Ato dos Bens das Mulheres Casadas na Grã-Bretanha (1882) — o qual havia sido precedido nos anos 1840 por atos do mesmo tipo em alguns Estados estadunidenses — foi um dos grandes marcos na luta para que a proteção terminasse e as mulheres casadas fossem reconhecidas como indivíduos civis. Mas ele foi somente um marco, e algumas modificações decisivas na condição legal das mulheres são tão recentes que a maior parte de nós carrega as marcas da sujeição, notadamente o fato de sermos conhecidas pelo nome de nossos maridos.

A comparação das mulheres e das esposas com escravos foi feita com frequência a partir do século XVII. Nos capítulos anteriores citei as observações de Mary Astell quanto ao fato de diferentemente dos homens, que nasceram livres, as mulheres nascerem escravas, e no século XVIII vários autores fizeram afirmações parecidas. Por exemplo, em *Roxana* de Daniel Defoe — publicado em 1724 —, a heroína declara que a mulher "nasceu livre, e [...] poderia desfrutar essa liberdade para tantos fins quantos os homens o fazem". Ela continua: "a própria natureza do contrato de casamento era, em poucas palavras, nada mais que a desistência da liberdade, do Estado, da autoridade, e de tudo mais, em favor do homem, e depois disso a mulher era de fato uma simples mulher, ou seja, uma escrava".[9] A comparação das esposas com os escravos repercutiu no movimento feminista durante o século XIX As mulheres eram muito proeminentes no movimento abolicionista e elas relacionaram rapidamente a condição dos escravos com a sua própria condição de casadas. John Stuart Mill escreveu em "A sujeição das mulheres" que "não existem mais escravos legais, a não ser pela senhora de cada casa".[10] Um ano mais tarde, em 1870, a feminista estadunidense Laura Curtis Bullard declarou:

> A escravidão ainda não foi abolida nos Estados Unidos [...]. Foi um dia glorioso para essa República quando ela se libertou da desgraça da escravidão negra [...]. Será um dia ainda mais glorioso em seus anais quando a República declarar a injustiça da escravidão sexual e libertar suas milhares de mulheres cativas.[11]

Ser um escravo ou ser uma mulher casada era, por assim dizer, estar em perpétua minoridade, da qual as mulheres ainda não se libertaram totalmente. Homens escravos adultos eram chamados de "meninos" e mulheres casadas adultas eram — e ainda são — chamadas de "meninas". Como condiz a seres civilmente mortos, o escravo ganhou vida quando seu senhor lhe deu um nome (os servos também recebiam um outro nome dado pelos seus senhores, se o deles fosse considerado "inadequado"; "Maria" era muito comum). Quando uma mulher se tomava uma esposa, seu *status* era, e é até hoje, demarcado pelo título "sra." Uma esposa era incluída no nome de seu marido e, ainda hoje, pode ser chamada de "sra. John Smith". Elizabeth Cady Stanton, a grande sufragista estadunidense, recusou-se a retirar o nome Cady quando se casou com Henry Stanton, e em 1874 escreveu que sinceramente se opunha "a ser chamada de Henry. Pergunte a nossos irmãos de cor se não há nada atrás de um nome. Por que os escravos não têm nome até eles assumirem o de seu senhor?".[12] No casamento, era necessário que a mulher vivesse onde seu marido quisesse; suas rendas e seus filhos eram propriedades de seu marido, exatamente como os filhos da escrava pertenciam a seu senhor. Mas talvez a ilustração mais clara da conexão entre a escravidão e o casamento seja o fato de na Inglaterra — como *O prefeito de Casterbridge* de Thomas Hardy nos lembra — as esposas poderem ser vendidas em leilões públicos.

Samuel Menefee registrou 387 casos de venda de esposas, iniciando com uma referência isolada em 1073, e depois com ocorrências regulares a partir de 1553 até o século XX. Ele argumenta que as vendas de escravos e a de mulheres casadas aconteciam independentemente; a abolição do comércio de escravos não teve nenhum efeito sobre o de mulheres casadas. Elas, entretanto, custavam menos que os escravos — e até menos que cadáveres.[13] A mulher casada geralmente ficava com uma corda no pescoço ao ser leiloada (parece que a crença popular era a de que a venda somente era válida se a corda estivesse no lugar correto); às vezes a corda era colocada em volta da cintura ou de um braço, e ocasionalmente decorada com uma fita, "provavelmente para diminuir a humilhação do símbolo".[14] As cordas, como Menefee observa, faziam parte das vendas de gado, mas alguém poderia dizer que o simbolismo vai mais longe. O gado é guiado por homens com chicotes, assim, a corda pode ter simbolizado o chicote do senhor de escravos. A conclusão de Menefee sobre a venda de mulheres casadas é que

> [...] a venda de mulheres casadas aliviava as tensões da vida social, solucionando os problemas inter-relacionados do casamento, do divórcio e do sustento. Baseado nos conhecidos mecanismos de mercado, com vários paralelos simbólicos, a venda de mulheres casadas representou uma solução conservadora e tradicional para os dilemas enfrentados pelos indivíduos, aliviando a tensão no tecido social com um mínimo de violência para o *status quo* comunitário.[15]

A venda das mulheres casadas permitia que os maridos deixassem de sustentar sua esposa e seus filhos, e o comprador "podia se prevenir com uma ação de *crim. com.*" isto é, *criminal conversation* [adultério].[16] A lei era baseada no pressuposto de que a esposa era (como) uma propriedade; um marido poderia processar outro homem e exigir uma compensação — por dano à sua propriedade — se sua esposa cometesse o adultério. Um caso bem conhecido aconteceu em Dublin há bem pouco tempo, em 1979.[17] Sem dúvida alguma a venda de mulheres casadas consiste em solução informal para o colapso do casamento, na ausência do divórcio. Mas por que a solução tomou essa forma? Menefee não diz nada a respeito da importância da instituição da venda de mulheres casadas para a estrutura das relações conjugais e da sujeição das esposas, muito menos sobre as implicações no funcionamento da regra do direito do sexo masculino.

Os donos de escravos estadunidenses vendiam seus escravos, não suas esposas. Entretanto, a figura da esposa do escravocrata era um símbolo particularmente dramático do direito patriarcal para outras esposas (brancas) da época. Como marido, o senhor de escravos tinha direito de acesso sexual à sua esposa — mas ele também tinha, como senhor, acesso sexual a suas escravas. Mary Chestnut, esposa de um fazendeiro, escreveu em seu diário em 1861, que "a sra. Stowe (autora de *A cabana do Pai Tomás*) não critica a questão mais delicada. Ela transforma Legree em um solteirão".[18] O senhor de escravos/marido era o "único pai de uma 'família, branca e negra'", e o protetor de sua família.[19] O termo "família" é extremamente ambíguo, aqui. Em 1800, Thomas Jefferson compilou um "Census of My Family" [Censo da minha família], o qual incluía seus escravos.[20] Mas a família de Jefferson — no sentido da época do termo — resultou de seu casamento e de sua longa união com sua escrava Sally Hemings, que era meia-irmã de sua esposa. Em seu brilhante estudo, *Roll, Jordan, Roll*, Eugene Genovese observa que os senhores preocupavam-se particularmente com o fato de seus escravos espancarem suas esposas, mesmo quando os próprios senhores dotados do poder da impunidade dominavam e batiam nas esposas negras; o senhor de escravos "não via problemas em desnudar uma mulher e açoitá-la até sangrar".[21]

Na Grã-Bretanha, na mesma época, era comum a crença de que um marido tinha o direito de castigar fisicamente sua mulher, desde que ele utilizasse uma vara que não fosse maior que o polegar de um homem. As feministas do século XIX, como as feministas contemporâneas, preocupavam-se muito com os ferimentos feitos nas mulheres por seus maridos. Frances Power Cobbe publicou um influente artigo em 1878, "Wife Torture in England" [Tortura de esposa na Inglaterra], e, em uma palestra na Câmara dos Comuns, defendendo o sufrágio feminino durante os debates sobre o Projeto da Segunda Reforma, John Stuart Mill disse que "gostaria de ter feito um relatório nesta Câmara sobre o número de mulheres que todos os anos são espancadas, chutadas ou pisadas até a morte por seus protetores do sexo masculino".[22] O marido detinha a propriedade da pessoa de sua esposa, e o homem era um proprietário e um senhor absoluto somente se ele pudesse fazer o que quisesse com o seu bem.

Seu direito de fazer o que quisesse era sancionado *de jure* pela categoria legal "direitos conjugais". Até hoje nos Estados estadunidenses e na Austrália, bem como na Grã-Bretanha, a comparação entre o casamento e a escravidão continua sendo relevante no aspecto em que a lei ainda sanciona o estupro conjugal. *The History of the Pleas of the Crown* [A História das apelações à Coroa], de lord Hale estabeleceu no século XVIII que "o marido não pode ser acusado de estupro cometido contra sua esposa legal, por causa de seu acordo e contrato matrimonial comum em que a esposa abriu mão de si mesma neste aspecto em favor de seu marido, o qual ela não pode revogar".[23] Até 1884, na Inglaterra, uma esposa poderia ser presa por não conceder os direitos conjugais. E até 1891, os maridos podiam aprisionar suas mulheres em casa à força, para obterem seus direitos. O contrato de casamento, nesse aspecto, é um contrato de realização específica. O conselho de Rousseau a Sofia, quando ela se tornou esposa de Emílio, era que ela podia garantir seu império feminino e "reinar através do amor" se ela racionasse o acesso de Emílio a seu corpo, tornando-se valiosa. Ela deveria ser recatada, não caprichosa, para que Emílio pudesse "honrar a castidade de sua esposa sem ter que reclamar da frieza dela".[24] Mas é difícil perceber a relevância desse conselho; somente Emílio poderia decidir se o acesso seria "racionado". O direito conjugal dos maridos é o exemplo mais claro da maneira pela qual a origem moderna do direito político, como direito sexual, é traduzido por meio do contrato de casamento no direito de todos os membros da fraternidade da vida cotidiana.

A negação da integridade corporal às mulheres foi o principal motivo pelo qual William Thompson chamou o casamento de "código da escravidão branca". Ele sugere implicitamente que, sem o contrato sexual, os homens não teriam introduzido o contrato social e criado o Estado; o domínio conjugal dos homens parece "compensá-los pela sua submissão covarde aos vínculos do poder político em quase todos os lugares".[25] John Stuart Mill chegou ao ponto de argumentar que as esposas estavam em piores condições que as escravas.

> Nenhuma escrava é escrava na mesma extensão, e num sentido tão amplo, como uma esposa o é [...] não importa o quão bruto possa ser o tirano ao qual está presa — embora ela saiba que ele a odeia [...] ele pode exigir dela e impor a ela o mais baixo nível de degradação de um ser humano, aquele que torna o ser em instrumento de uma função animal contrária a suas inclinações.[26]

Por volta da mesma época, nos Estados Unidos, Elizabeth Cady Stanton declarou que "a sociedade tal como está organizada atualmente, sob o poder do homem, é um grande estupro do sexo feminino".[27]

Na maioria das jurisdições legais, apesar de algumas reformas recentes, os maridos ainda detêm a propriedade sexual nas pessoas de suas esposas. A comparação das mulheres casadas com os escravos, infelizmente, ainda não é totalmente descartável. Contudo, a comparação não pode ser levada mais longe, apesar de se ter discutido novamente, nos primeiros estágios do atual renascimento do movimento de mulheres, se a esposa era uma escrava. Um motivo apresentado para defender essa caracterização era que a esposa que trabalha o dia todo em casa não tinha direito a uma remuneração. As esposas são donas de casa e, como os escravos, somente recebem a subsistência (proteção) em troca de seu trabalho; Sheila Cronan perguntou: "Isto não institui a escravidão?"[28] A justaposição que ela faz de uma descrição do código de escravidão do Alabama de 1852 e uma descrição dos deveres de uma mulher casada por volta de 1972 não demonstra, conforme ela argumenta, que a mulher casada é uma escrava. As mulheres casadas não estão civilmente mortas como elas o foram certa vez, mas são agora, para a maioria dos propósitos, juridicamente livres e iguais; nós conquistamos a cidadania. Um cidadão juridicamente livre e igual não pode ser um escravo de fato (o que não significa que as condições do trabalho assalariado não possam, às vezes, se parecer com as da escravidão); no máximo, um cidadão pode contratar para ser um escravo civil. Talvez uma mulher casada seja como um escravo civil. O contrato de casamento ainda pode, em princípio, durar pela vida toda, e o contrato de escravidão também vale para a vida toda.

O problema dessa analogia é que o contrato de escravidão civil é uma extensão do contrato de trabalho, e um escravo civil é um tipo especial de trabalhador assalariado. Uma mulher casada, como as feministas têm continuamente enfatizado, não recebe um pagamento pelo seu trabalho: ela não é um empregado. Além disso, o emprego faz parte do mundo civil público, e uma mulher casada trabalha no lar privado. Talvez, então, apesar do fato de a mulher casada não receber nenhum pagamento, ela seja mais como um servo, que também é um trabalhador doméstico. Na atualidade, uma mulher casada geralmente é o único outro membro adulto da família ou, se há outros, eles também contam com seu trabalho.

No passado, a situação da esposa na família do senhor nunca foi exatamente comparável à dos outros subordinados. A mulher de um senhor de escravos estadunidense, por exemplo, tinha sua própria jurisdição sobre os escravos (mas uma mulher casada não tinha poder para alforriar), embora ela também estivesse submetida a seu marido. A melhor caracterização da situação da esposa é que ela era a principal escrava do senhor, ou, mais comumente, como muitas das primeiras feministas insistiram, uma esposa era somente a principal serva do chefe da família. Mary Astell faz um oportuno comentário sobre uma mulher não ter "nenhum motivo para gostar de ser uma esposa, ou para preferir seu estado de casada ao de solteira, quando ela é tida como a serva mais elevada de um homem".[29] Lady Chudleigh sintetizou muito bem a questão em 1703:

> Esposa e serva são a mesma coisa,
> Só diferem porém no nome.*[30]

Alguns anos depois, Daniel Defoe disse que ele não "apreendia o estado do casamento como o dos aprendizes ligados à família, em que a esposa é utilizada somente como a principal serva da casa".[31] E em 1792, em *Uma reivindicação dos direitos da mulher*, Mary Wollstonecraft criticou o argumento patriarcal de que a mulher foi "criada apenas para satisfazer o desejo do homem, ou para ser a principal serva, que provê as suas refeições e cuida de sua roupa branca".[32] No final do século XIX, Thorstein Veblen chamou a esposa de "a principal criada do lar".[33]

Há, contudo, fundamentalmente uma diferença importante entre as esposas e os outros trabalhadores. Apenas *as mulheres* se tornam donas de casa e prestam "serviços domésticos", apesar de todos os senhores requererem os "serviços" de seus subordinados. Conforme Genovese deixa claro, muitos senhores de escravos não queriam ser simplesmente senhores, mas bons senhores, e a ideia predominante de um bom senhor era a de que ele protegia seus escravos e cumpria algumas responsabilidades em relação a eles. A expectativa era que escravos demonstrassem gratidão e retribuíssem com a lealdade no trabalho — uma exigência impossível, obviamente, de se fazer a uma

---

* Do original: *"Wife and servant are the same;/ But only differ in the name."* (N.E.)

propriedade.[34] E "lealdade no trabalho" é exatamente o que o senhor quer, inclusive os maridos. O contrato de aprendiz de gráfico de meu falecido sogro, que ele assinou quando era um menino de 14 anos, em 1918, incluía cláusulas sujeitando-o a "servir fiel e lealmente" a seu senhor, a "guardar seus segredos, e obedecer de boa vontade a suas legítimas ordens". O conteúdo específico da "lealdade no trabalho" exigido por um marido, entretanto, é determinado não só pelo contrato de casamento, mas pela "base natural" que dá origem ao contrato sexual e à divisão sexual do trabalho. A prestação do "trabalho doméstico" faz parte do significado patriarcal da feminilidade, do que é ser mulher.

Em 1862, um comentador do problema do "excedente de mulheres" na Grã-Bretanha afirmou que as servas não faziam parte do problema:

> Elas não são de modo algum dispensáveis [...] executam uma função importante e indispensável à vida social; não seguem uma carreira necessariamente independente e, portanto, contra a natureza de seu sexo, ao contrário, elas estão ligadas aos outros e relacionadas com outras vidas, as quais embelezam, auxiliam e servem. Em poucas palavras, elas preenchem as duas características essenciais do ser feminino: *elas são sustentadas pelos homens e prestam assistência a eles?*[35]

Leonore Davidoff mostrou como os vínculos familiares frequentemente implicam o trabalho doméstico para as mulheres; "uma parente podia ser e era usada como serva doméstica sem pagamento". As mulheres membros de famílias e as servas domésticas eram tão intimamente associadas aos empregados domésticos que, embora os servos residenciais pudessem fazer contrato com um senhor, pelo prazo de um ano, os salários pagos eram encarados como uma extensão da cama e da comida, ou da proteção, e "legalmente o pagamento de salários tinha que estar explicitamente determinado no contrato, do contrário seria possível presumir que o serviço estava sendo prestado voluntariamente". Por volta da metade do século

XIX, o trabalho doméstico tinha se tornado predominantemente um trabalho de mulheres. Significativamente, uma esposa não podia prestar serviços domésticos sem que recebesse a permissão de seu marido. Ele tinha direitos sobre os serviços dela. Se o patrão não obtivesse a permissão do marido, ele "poderia ser processado por 'sonegação de serviços', do mesmo modo que um patrão poderia ser processado por ter aliciado um servo. Em termos leigos, uma mulher não poderia servir a dois senhores".[36]

Até bem pouco tempo, a lei da sociedade conjugal ratificava o fato de a mulher estar para seu marido como um servo está para seu senhor. Se uma esposa sofresse danos por descuido de uma terceira parte, o marido poderia processá-la por danos à sociedade conjugal que "além do trabalho doméstico e do cuidado com os filhos [...] abrange o amor, o carinho, o companheirismo, o convívio e os serviços sexuais-dela".[37] A perda por danos injustos à capacidade da esposa trabalhar em casa era encarada pela mesma ótica que um dano a um servo, a qual também causa, necessariamente, danos ao senhor. A lei não foi abolida na Grã-Bretanha ou no estado de Nova Gales do Sul, na Austrália, até os anos 1980. Nos Estados Unidos apenas um pequeno número de Estados aboliu a lei; a maioria (estranhamente, contudo, como pretendo demonstrar no próximo capítulo, por manter o ponto de vista do contrato) ampliou o direito de processar as esposas. Em Nova Gales do Sul, em 1981, um caso vitorioso foi submetido à lei da sociedade conjugal e um marido recebeu uma indenização de US$ 40 mil por danos.[38]

Na Grã-Bretanha apenas nos últimos cinquenta anos a esposa se tomou a única serva na família. A emergência do pequeno mundo do casal e dos filhos, agora reconhecido como constituidor da "família" típica, terminou somente há pouco tempo. A permanência do antigo conceito da "família" é ilustrada no Relato do Censo de 1851, na Grã-Bretanha, no qual o escrivão geral anotou que "a família inglesa, em seu tipo essencial, é composta de um marido, uma esposa, filhos e criados". Ele complementa que ela é composta "menos perfeitamente, porém mais comumente, por marido, esposa e filhos".[39] Nas cidades americanas da metade do século passado, entre 15% e 30% de todos os habitantes das casas eram criados domésticos. A grande maioria desses criados eram mulheres (naquela época, geralmente mulheres brancas), e a maioria das mulheres que tinham empregos remunerados eram criadas domésticas.[40] Na Austrália, em 1901, quase metade das mulheres com empregos remunerados estavam em algum tipo de trabalho doméstico (nem todos em casas particulares), e durante o século XIX a demanda por criados era maior do que a oferta, o que talvez não seja surpreendente quando uma mulher bem treinada como criada era principalmente adequada para ser uma esposa.[41] As criadas também eram objeto de desejo para algum homens de classe alta no complexo e intricadamente delimitado mundo de classe e sexo, na Inglaterra do século XIX. (Talvez o exemplo mais dramático registrado fosse a longa relação entre a criada Hannah Cullwick e o fidalgo Arthur Munby).[42] Até os anos 1930, muitas famílias britânicas, inclusive aquelas de poucas posses — da classe trabalhadora especializada —, podiam manter criados ou uma empregada para todo tipo de trabalho. O trabalho doméstico era um importante campo de empregos. Em 1881 uma pessoa em cada vinte e duas era um criado doméstico, a maioria dos criados domésticos eram mulheres, e um terço de todas as mulheres entre 15 e 20 anos estava trabalhando.[43]

Uma dona de casa atualmente faz as tarefas que eram distribuídas entre os criados de diferentes posições, ou cumpridas por empregadas que fazem todo tipo de trabalho. Suas tarefas "essenciais" são limpar, fazer compras, cozinhar, lavar louça, lavar roupas e passar.[44] Ela cuida de seus filhos, frequentemente dos pais idosos e de outros parentes, e às vezes é incorporada, em maior ou menor grau, como um assistente não remunerado ao trabalho de seu marido. Esse aspecto da vida da esposa é perceptível em várias pequenas lojas ou nas atividades das esposas como ministras religiosas ou políticas, mas o mesmo tipo de serviço é fornecido, menos claramente, aos maridos em todos os tipos de ocupações. Uma esposa, por exemplo, contribui como assistente de pesquisa (para acadêmicos), faz-se de anfitriã (para os clientes de homens de negócios), atende a telefonemas e controla os livros (para pequenos negociantes).[45] Entretanto, como Christine Delphy argumentou, catalogar as tarefas de uma dona de casa não revela tudo. O catálogo não explica exatamente por que os mesmos serviços podem ser adquiridos no mercado, ou por que uma tarefa específica é feita sem remuneração pela esposa, embora ela pudesse ser paga por prestar serviços se ela trabalhasse, por exemplo, num restaurante ou para uma firma que faz serviços de limpeza.[46] O problema não é o fato de as esposas desempenharem tarefas importantes pelas quais não são remuneradas (o que levou algumas feministas a defender o pagamento de uma pensão pelo Estado ou o salário pelos trabalhos domésticos). Ao contrário, o que *significa* ser mulher (esposa) é fazer certos serviços para e sob o comando de um homem (marido). Em suma, o contrato de casamento e a subordinação da esposa como um (tipo de) trabalhador não podem ser compreendidos na ausência do contrato sexual e da construção patriarcal dos "homens" e das "mulheres" e de esferas "privada" e "pública".

Uma das características do trabalho não voluntário do escravo, ou do trabalho de um criado doméstico, é que eles têm que servir seus senhores em todas as ocasiões. Uma esposa, também, está sempre disponível para cuidar de seu marido. Desse modo, as donas de casa têm longas jornadas de trabalho. Dados sobre os Estados Unidos e a União Soviética indicam que não houve nenhuma diminuição significativa das horas de trabalho semanais de uma dona de casa entre os anos 1920 e 1960, embora tenha ocorrido uma diminuição nos Estados Unidos entre 1965 e 1975. Mas a diminuição aconteceu a partir de um nível muito alto; cálculos americanos dos anos 1960 e 1970 demonstraram que as donas de casa trabalhavam cerca de 55 horas por semana, e onde havia um filho com menos de 1 ano a semana de trabalho chegava a quase 70 horas.[47] Em 1971, na Grã-Bretanha, as esposas trabalharam quase 77 horas por semana.[48] Os maridos contribuem muito pouco; um estudo empírico recente e bastante detalhado sobre a divisão do trabalho conjugal nos Estados Unidos concluiu que "se encontrou muito pouco do que os homens fazem, que influísse no conjunto do trabalho de suas esposas".[49] A presença dos homens pode até aumentar a carga de trabalho em casa; "o marido pode ser um grande consumidor das reservas de tempo de trabalho doméstico na família, ou seja, os maridos podem demandar mais trabalho doméstico do que colaborar". Heidi Hartmann estima que um marido gera cerca de oito horas a mais de trabalho doméstico por semana.[50]

Uma esposa obtém seus meios de sustento ("proteção") por meio de seu marido, e também os meios para executar suas tarefas. Ela depende da benevolência de seu marido e somente pode se empenhar em conseguir um "bom senhor". O comentário de Davidoff sobre o marido vitoriano e edwardiano não é irrelevante atualmente; se ele desse dinheiro "extra" para sua mulher, ou "ajudasse" em casa, isso ocorreria praticamente nos moldes da tradição do "bondoso" proprietário de terras e sua dama, que doavam adicionais a seus empregados e aldeões por caridade.[51] Os serviços que se espera que a esposa faça e a quantia de sustento que ela recebe dependem inteiramente da vontade do marido; "é impossível para as mulheres casadas melhorarem sua própria condição de vida pela melhora de seus serviços. A única solução para elas é fornecer os mesmos serviços para um homem mais rico".[52] Entretanto, uma esposa não pode ter a certeza de que seu marido será generoso, seja ele um proletário ou um capitalista. Todavia, os economistas, por exemplo, supuseram que os maridos são sempre benevolentes. A lei matrimonial assombra as análises econômicas neoclássicas sobre a família. Os economistas supõem que pode existir apenas uma única função responsável pelo bem-estar para toda a família, ou seja, a função de responsabilidade pelo bem-estar desempenhada pelo marido — a "única pessoa" que representa sua esposa (e os filhos) — pode representar todas as outras. Até autores socialistas, tais como George Orwell em seu famoso *O caminho para Wigan Pier*, não perceberam a existência de maior pobreza e privação entre as mulheres casadas da classe trabalhadora que entre seus maridos.[53] As esposas normalmente se privam da satisfação de suas necessidades básicas para que seu marido e seus filhos possam ser alimentados, e não há nenhum motivo para se supor atualmente — um período de desemprego grande e duradouro, e de cortes das verbas de assistência social — que as esposas ajam de outra maneira. Até nos bons tempos pode haver divergências entre as exigências de diversão do marido e as demandas do sustento feitas pelas donas de casa ao ganha-pão.

A dona de casa é frequentemente apresentada como estando numa posição bastante diferente da do trabalhador, do criado ou do escravo; uma dona de casa é seu próprio chefe. As donas de casa encaram a liberdade de controle como a principal vantagem delas; elas salientam que podem decidir o que fazer, como e quando fazê-lo, e muitas donas de casa têm padrões sólidos e internalizados sobre o que constitui um bom trabalho.[54] As esposas, tal como uma proporção incrivelmente grande de trabalhadores do sexo masculino — que respondem aos pesquisadores que estão satisfeitos com o que, para um estranho, parece ser um trabalho extremamente insatisfatório —, tiram o melhor partido de sua sorte; a vida seria insuportável de outra maneira. Certamente, durante o dia, durante a "jornada de trabalho", a dona de casa está sozinha em seu local de trabalho, a não ser que seu marido também trabalhe em casa, ou a casa seja "em cima da loja". Mas o marido, o chefe, está lá de vez em quando. As discussões sobre o trabalho doméstico geralmente desconsideram as expectativas e as exigências do marido. As necessidades do trabalho *dele* geralmente determinam como a dona de casa organiza o seu tempo. As refeições são servidas, por exemplo, de acordo com as horas de trabalho dele, e ele tem opiniões sobre a aparência de sua casa e de seus filhos — e tem os meios de impor suas expectativas destruindo as refeições e utilizando a violência física em último caso.

O fato de as mulheres serem donas de casa parece tão natural atualmente que, numa famosíssima série de televisão inglesa, *Minder*, a esposa de um dos dois personagens principais nunca aparece na tela e é tratada como "A reclusa". Atualmente, é necessário algum esforço para se avaliar a especificidade histórica e cultural desse arranjo. Na Grã-Bretanha do século XVII, as esposas eram subordinadas a seus maridos, porém elas não eram economicamente dependentes. Outra brecha na lei matrimonial permitiu às mulheres casadas comercializar como *femme sole*, e as mulheres se engajaram numa variedade de ocupações. Por volta da metade do século XIX, ter uma mulher exclusivamente como dona de casa tinha se tornado o objetivo dos maridos de todas as classes respeitáveis. Mas, como já observei, muitas ou a maioria das esposas, por um longo tempo, foram as criadas principais, e não "donas de casa" como o termo é entendido atualmente. Além disso, poucas esposas são exclusivamente donas de casa hoje em dia, mas a permanente força do ideal social da "dona de casa" é um tributo ao poder do contrato sexual.

Muitas esposas da classe trabalhadora sempre tiveram empregos remunerados por necessidade econômica. Em 1851, um quarto das mulheres casadas na Grã-Bretanha tinha emprego remunerado.[55] A situação social dessas mulheres protegidas com a cobertura salarial era, no mínimo, contraditória. O *status* de "esposa" confirmava que uma mulher era destituída das aptidões de um "indivíduo"; ela se tornara propriedade de seu marido e ocupava em relação a ele a mesma posição que um escravo/criado ocupa em relação a um senhor. Uma esposa estava civilmente morta. Ao mesmo tempo, já que muitas esposas participavam do mercado de trabalho, sua condição de "indivíduos" capazes de participar de contratos também era confirmada. Exatamente como os senhores de escravos foram forçados a reconhecer a humanidade de suas propriedades humanas — para que mostrar o chicote a uma simples propriedade? — a capacidade das mulheres enquanto "indivíduos" nunca pôde ser completamente negada. Entrar no mercado de trabalho parece demonstrar que acima de qualquer dúvida as mulheres possuem os requisitos necessários para serem indivíduos e partes de contratos. Fazer um contrato no mundo público do mercado capitalista, tornar-se um trabalhador assalariado, pressupõe que o indivíduo detenha a posse da propriedade em sua própria pessoa; ele pode, então, contratar sua capacidade de trabalho, parte daquela propriedade, no contrato de trabalho. As mulheres, também, parece, podem se tornar trabalhadoras.

Muitas feministas argumentaram que a subordinação da esposa a seu marido é semelhante à do trabalhador ao capitalista. Não só as mulheres se tornam trabalhadoras, mas o contrato de casamento estabelece a dona de casa como uma trabalhadora no lar conjugal. Encarar o contrato de casamento como se fosse um contrato de trabalho, contudo, é esquecer o contrato sexual mais uma vez. Uma dona de casa não é como um trabalhador, e as mulheres não podem se tornar "trabalhadores" no mesmo sentido que os homens. O contrato de casamento não é como o contrato de trabalho; pelo contrário, o contrato de trabalho pressupõe o contrato de casamento. Ou, para colocar a questão de outro modo, a construção do "trabalhador" pressupõe que ele seja um homem que tem uma mulher, uma dona de casa, para cuidar de suas necessidades cotidianas. As esferas privada e pública da sociedade civil são separáveis, refletem a ordem natural da diferença sexual, e inseparáveis, incapazes de serem compreendidas isoladamente uma da outra. A persistente figura do "trabalhador", o artesão, com um macacão limpo, um saco de ferramentas e uma marmita é sempre acompanhada pela figura espectral de sua esposa.

Um motivo pelo qual a comparação entre as esposas e os trabalhadores teve tanto apelo junto às feministas é que, como os socialistas, elas focalizaram as condições coercitivas da participação nos contratos. Os patrões controlam os meios de produção e, portanto, são capazes de estabelecer os termos do contrato de trabalho para o benefício deles; os trabalhadores possuem somente a propriedade de sua capacidade de trabalho, e não podem realmente escolher se participam ou não do contrato de trabalho. Utilizando as técnicas da filosofia analítica contemporânea, G. A. Cohen argumentou recentemente que os proletários, embora sejam formalmente livres para não continuarem a ser trabalhadores — podem, por exemplo, se tornar donos de pequenas lojas, ou trabalhadores especializados, ou até, como acontece com a maioria dos trabalhadores, serem livres para escapar do proletariado —, são, todavia, forçados a venderem sua capacidade de trabalho; os trabalhadores são "coletivamente prisioneiros, uma classe aprisionada".[56] Do mesmo modo, as mulheres são coagidas coletivamente a se casarem, embora toda mulher seja livre para continuar solteira. William Thompson comparou a liberdade de as mulheres recusarem o casamento com a liberdade de os camponeses se recusarem a comprar alimentos do monopólio das índias Orientais, que já havia controlado todo o abastecimento; "então pelas leis criadas pelos homens, que privam as mulheres do conhecimento e da qualificação, elas são excluídas do privilégio de qualquer capacidade de raciocínio e de ocupações de confiança, bem como daquelas que exigem criatividade; impedindo-as quase que totalmente de participarem, através da subordinação ou de outros meios, da propriedade, e da utilização e da troca desses bens — diz-se docemente que as mulheres são livres para se casar ou não".[57] Em 1909, Cicely Hamilton argumentou em *Marriage as a Trade* [O casamento como um negócio] que o casamento era, essencialmente, o único meio para as mulheres ganharem o seu sustento; o casamento é "essencialmente [...] um empreendimento comercial ou de troca".[58] As trocas das mulheres diferiam das dos homens porque as mulheres não podiam escolher o trabalho; havia somente uma troca para elas, da qual elas eram forçadas a participar.

Hoje, quando muitos trabalhadores, objetivamente, podem obter os meios para ascender à pequena burguesia, muito mais mulheres do que no século passado, ou em 1909, conseguem obter as qualificações educacionais e as habilidades que possibilitem a elas encontrar empregos e se sustentar. Contudo, a observação cotidiana revela que poucas mulheres ocupam posições bem remuneradas nas profissões ou nos negócios. O mercado capitalista é patriarcal, estruturado pela divisão sexual do trabalho. A segregação sexual da força de trabalho e a preservação dos locais de trabalho como arenas da solidariedade fraterna permaneceram relativamente imutáveis durante o século XX.[59] A maioria das mulheres encontra empregos remunerados somente em uma pequena quantidade de profissões de *status* inferior e mal remuneradas, nas quais elas trabalham lado a lado com outras mulheres e são dirigidas por homens e, apesar da legislação da igualdade salarial, ganham menos que os homens. O casamento continua, portanto, a ser economicamente vantajoso para a maioria das mulheres. Além disso, a pressão social para as mulheres se tornarem esposas é tão forte quanto a econômica. As mulheres solteiras não têm uma situação social definida e aceitável; tornar-se a esposa de um homem ainda é o principal meio pelo qual a maioria das mulheres obtém uma identidade social reconhecida. Fundamentalmente, se as mulheres exercessem sua liberdade de permanecer solteiras em larga escala, os homens não poderiam se tornar maridos — e o contrato sexual seria abalado.

A coerção para que se entre no contrato de casamento ou no de trabalho levanta dúvidas sobre a validade do contrato; mas enfatizar a coerção econômica é pouco para questionar a prática contratual. Se a participação nos contratos de casamento e de trabalho fosse voluntária, as feministas e os socialistas deixariam de criticá-los? Um problema da comparação da esposa com o trabalhador é que se presta pouca atenção ao modo específico como os trabalhadores são submetidos aos capitalistas. A análise marxista da exploração capitalista é aplicada às relações conjugais. No encontro da National Women's Suffrage Association [Associação Nacional pelo Voto Feminino], em 1878, nos Estados Unidos, houve um acordo unânime de que "o homem, ocupando em relação à mulher a posição de um capitalista, roubou através dos tempos os produtos de sua labuta".[60] Uma explicação mais recente diz que, se nós "enfocarmos o paralelo do papel da burguesia em relação ao proletariado", fica claro que o marido "beneficia-se diretamente da exploração e da opressão da esposa no casamento".[61] A comparação entre os trabalhadores e as esposas têm sido essencial para o debate contemporâneo sobre as relações entre o capitalismo e o patriarcado. Heidi Hartmann, por exemplo, argumenta que há uma "parceria" na qual "a base material em que o patriarcado se apoia consiste fundamentalmente no controle da capacidade de trabalho das mulheres pelos homens", exatamente como o capitalista controla a capacidade de trabalho do trabalhador.[62] E Christine Delphy observa que "o casamento é a instituição por meio da qual o trabalho não remunerado é extorquido de uma categoria específica da população, as mulheres-esposas". O contrato de casamento é um contrato de trabalho, "o contrato pelo qual o marido apropria-se da capacidade de trabalho da esposa".[63]

O *locus classicus* do argumento de que as mulheres são como os trabalhadores é, obviamente, a história conjetural de Engels *A origem da família, da propriedade privada e do Estado*. Engels argumenta que "o primeiro tipo de opressão de classe" foi a opressão do sexo feminino feita pelos homens, e acrescenta que, "dentro da família, o marido é o burguês e a esposa representa o proletariado". Entretanto, ele também diz que na família monogâmica a esposa se tornou "a principal criada", e que a "família individual moderna está fundada na escravidão doméstica aberta ou dissimulada da esposa". A famosa observação de Engels sobre a opressão das esposas utiliza, portanto, os três termos de comparação feministas: a criada principal, o escravo e o trabalhador. Apesar das referências ao escravo e ao criado, Engels trata toda submissão como sendo classista; todos os "trabalhadores" são igualmente privados de liberdade, estejam eles em locais de trabalho públicos ou no trabalho privado do lar, recebam eles proteção ou o símbolo da troca voluntária, isto é, o salário. O sexo é irrelevante para a subordinação, e a situação das esposas é mais bem compreendida quando comparada à dos proletários. Assim, Engels argumenta que a solução para a subordinação das mulheres no lar seria "trazer todo o sexo feminino de volta à indústria pública".[64] Se as esposas se tornassem trabalhadoras públicas como os maridos, o casal ocuparia uma posição de igualdade contra o capitalismo, e o marido perderia os meios pelos quais ele controla a capacidade de trabalho de sua esposa no lar.

A solução de Engels supõe que o contrato original foi puramente social e que seus termos são universais; as relações conjugais na família são como as relações de mercado. Ou seja, ele supõe que os homens não têm *como homens* nenhum suporte em seu domínio sobre as mulheres; o interesse de um marido na subordinação de sua mulher é exatamente como o de qualquer capitalista que faz outro homem trabalhar para ele. Engels também supõe que a diferença sexual é irrelevante no mercado capitalista. Se as mulheres ingressam em empregos remunerados, como trabalhadoras, elas se tornam, desse modo, iguais ao marido. A categoria "trabalhador" é universal e aplicável a todos os que ingressam no mercado capitalista e vendem sua capacidade de trabalho.

Em pouco tempo as feministas contemporâneas começaram a ter problemas com esses pressupostos. Quando o atual renascimento do movimento feminista organizado centrou a atenção no trabalho doméstico, muitos socialistas e muitas feministas inicialmente supuseram que o que passou a ser chamado de "trabalho doméstico" poderia ser inserido na crítica do marxismo ortodoxo ao capitalismo.[65] Essa abordagem levou a uma série de impasses; não se tem uma compreensão muito profunda da subordinação das mulheres quando elas são encaradas simplesmente como mais um trabalhador — não remunerado — em prol dos interesses do capital. O impasse teórico no debate do trabalho doméstico provocou um interesse renovado pelo conceito de patriarcado. Quando ficou claro que a sujeição das mulheres não poderia ser diretamente subsumida à subordinação classista, abriu-se caminho para a utilização de novas categorias teóricas para se compreender a dominação conjugal. Entretanto, tal como ilustra a abordagem dos "sistemas duais" de relação entre capitalismo e patriarcado, o patriarcado geralmente é apenas adicionado às análises classistas já existentes. O modelo do burguês e do proletário ainda é encarado como adequado para o casamento, apesar de a apropriação do trabalho da esposa por seu marido também ser encarada como uma dominação patriarcal. Reconheceu-se que a sujeição das mulheres deriva do fato de *ser mulher*, mas todas as implicações do direito patriarcal continuam obscuras.

A argumentação dos sistemas duais supõe que o patriarcado é uma relíquia feudal — parte do antigo mundo do *status* —, e que a crítica feminista dessa relíquia deve ser somada à crítica socialista já existente do capitalismo. Mas a "classe" e o "trabalhador" podem usar calças (emprestando uma formulação que os filósofos gostam de usar) na "parceria" entre capitalismo e patriarcado unicamente porque metade do contrato original é ignorado. Não se dá nenhuma indicação de que capitalismo e classes foram construídos como categorias patriarcais modernas. O contrato *social* refere-se às origens da esfera civil e das relações capitalistas. Sem o contrato *sexual* não há indicações de que o "trabalhador" seja uma figura masculina ou de que a "classe trabalhadora" seja uma classe de homens. A esfera pública e civil não surge por si mesma, e o "trabalhador", seu "trabalho" e a classe "trabalhadora" não podem ser compreendidos independentemente da esfera privada e do direito conjugal do marido. Os atributos e as atividades do "trabalhador" são construídos juntamente com, e ao lado, daquelas de seu correlato feminino, a dona de casa. Uma dona de casa, uma mulher, é naturalmente destituída das aptidões necessárias a um participante da vida civil e, portanto, não pode participar como trabalhadora nas mesmas bases de seu marido. As mulheres já conquistaram uma situação civil e jurídica quase igual à dos homens, mas ainda não são incorporadas aos locais de trabalho nas mesmas bases que os trabalhadores de sexo masculino. A história do contrato original demonstra como a diferença sexual dá origem à divisão patriarcal do trabalho, não somente entre a dona de casa e o marido no lar conjugal, mas nos locais de trabalho da sociedade civil.

Uma dona de casa não é um trabalhador que por acaso está fora dos locais de trabalho e está submetida a seu marido; ela não é um "trabalhador" de forma alguma. O trabalho da dona de casa — o trabalho doméstico — é o de um ser submetido sexualmente, que está destituído de controle sobre a propriedade em sua própria pessoa, a qual inclui a capacidade de trabalho. Mas a venda da capacidade de trabalho, diferentemente da venda do trabalho ou da pessoa, é o que torna o homem um trabalhador livre; a capacidade de contratar um bem em troca de um salário é, supõe-se, o que diferencia o trabalhador, o trabalhador assalariado, dos trabalhadores forçados e dos escravos. Uma dona de casa não contrata sua capacidade de trabalho com seu marido. Ela não recebe um salário — não há um símbolo da troca voluntária — porque seu marido detém autoridade sobre o uso de seu trabalho em virtude do fato de ele ser homem. O contrato de casamento é um contrato de trabalho num sentido muito diferente do contrato empregatício. O contrato de casamento diz respeito ao trabalho *feminino*, o contrato empregatício diz respeito ao trabalho *masculino*.

A relação entre a divisão sexual do trabalho e a subordinação das mulheres foi salientada em diversos grupos radicais no início do século XIX, particularmente pela cooperativa socialista oweniana, inclusive por William Thompson. Eles atacavam os "acordos particulares entre famílias" e, em suas comunidades-modelo, estabelecidas entre os anos 1820 e 1840, eles tentaram — não totalmente com sucesso — combater o mando marital por meio de formas comunitárias de trabalho doméstico.[66] Se Marx e Engels não tivessem descartado seus antecessores tão rápida e contundentemente como utópicos, teria sido muito mais difícil para eles descartarem o contrato sexual, e tratarem a esfera privada como politicamente irrelevante e como a base natural a partir da qual o trabalhador emerge para vender sua capacidade de trabalho e se engajar na luta política nos locais de trabalho. A crítica socialista do contrato de trabalho poderia, assim, ter continuado a ser informada pelas críticas feministas do contrato de casamento e por uma apreciação da dependência mútua do direito conjugal e da igualdade civil.

Os homens resistiram a transformar-se em trabalhadores. Não foi senão no final do século XIX que a sociedade civil se tornou uma "sociedade empregatícia", na qual o "trabalho" era a chave para a cidadania, e o emprego (dos homens) pleno se tornou uma reivindicação política essencial do movimento da classe trabalhadora.[67] Mas enquanto os homens mantinham-se fiéis a seu antigo modo de vida, eles também lutaram para manter o novo *status* do trabalhador como um privilégio masculino. Eles não se uniram à resistência da própria esposa em se tornar dona de casa. Brecht certa vez escreveu sobre o trabalhador:

> Ele não quer criados abaixo dele,
> Ou chefes sobre sua cabeça.[68]

Se isso era verdadeiro para (alguns?, muitos?) trabalhadores em seus locais de trabalho, não o era para quase nenhum em casa. Poucos maridos estavam dispostos a abrir mão de seu direito patriarcal a uma criada.

O trabalho de uma dona de casa é propriamente chamado de servidão doméstica ou, mais educadamente, de serviço doméstico. O trabalho doméstico não é "trabalho". O trabalho acontece no mundo masculino do capitalismo e dos locais de trabalho. O significado de "trabalho" depende da conexão (suprimida) entre as esferas privada e civil. Um "trabalhador" é um marido, um homem que sustenta sua esposa, uma dependente (subordinada) econômica. Ou seja, um trabalhador é um "ganha-pão". A diferença entre "trabalho" e o que uma esposa faz está estabelecida na linguagem popular e nas estatísticas oficiais; o trabalho da dona de casa não é incluído nas medições da produtividade nacional. A construção do trabalhador do sexo masculino como "ganha-pão", e de sua esposa como uma "dependente", pode ser observada nas classificações feitas pelos censos da Grã-Bretanha e da Austrália. No censo britânico de 1851, as mulheres empregadas em trabalhos domésticos não remunerados foram "colocadas [...] em uma das classes produtivas ao lado dos trabalhos remunerados do mesmo tipo". Essa classificação mudou após 1871, e por volta de 1911 as donas de casa não remuneradas haviam sido diferenciadas da população economicamente ativa. Na Austrália, um conflito inicial em torno das categorias de classificação foi resolvido em 1890, quando o esquema projetado em Nova Gales do Sul foi adotado. Os australianos dividiram a população mais decisivamente nas categorias de "ganha-pão" e "dependente". A não ser quando consideradas explicitamente de outra maneira, as ocupações femininas foram classificadas como domésticas, e os trabalhadores domésticos foram postos na categoria de dependente.[69]

Um trabalhador sustenta sua dona de casa, ganhando um salário. O recebimento de um salário em troca da contratação da capacidade de trabalho diferencia o trabalhador livre do escravo; o trabalhador é um *trabalhador assalariado*. Não existe troca voluntária entre o senhor e o escravo; o escravo recebe somente a subsistência (proteção) que permite a ele continuar a trabalhar. A visão tradicional do salário é a de que o símbolo essencial da troca não tem a mancha da proteção e da servidão associadas a ele. Mas o "salário", como o "trabalhador", é uma categoria que depende da relação entre o mundo civil do contrato e o domínio privado da proteção. Uma grande parcela de proteção permanece corporificada no salário. O trabalhador contrata sua capacidade de trabalho, de modo que ele parece receber um salário como um indivíduo em troca do uso de seus serviços pelo patrão. Somente após a legislação da igualdade salarial ter sido introduzida durante a última década é que o salário se tornou um salário individual. Quando os maridos se tornaram "ganha-pão" e suas esposas se tornaram "dependentes" econômicas, o salário se tornou um *salário-família*, Os salários são pagos ao trabalhador do sexo masculino como marido/ganha-pão, para sustentar a si mesmo e a seus dependentes, e não meramente em troca da venda de sua própria capacidade de trabalho. Um "salário mínimo" para um homem é um salário que possa sustentar sua esposa, sua família e ele próprio em um nível decente.

O salário-família foi transformado em lei na Austrália em 1907, no famoso Julgamento Harvester, na Commonwealth Arbitration Court. O juiz Higgins defendeu um salário mínimo garantido por lei — e definiu um salário mínimo como o suficiente para manter um trabalhador não especializado, sua esposa e três filhos, com um conforto razoável. Hoje em dia, ainda é "uma prática sindical tradicional fazer reivindicações para os trabalhadores com menores salários, referentes à necessidade de sustentar o nível de vida de um homem comum casado com dois filhos".[70] O trabalhador, como protetor de seus dependentes, também era encarado pelos economistas políticos como o verdadeiro criador da geração seguinte de trabalhadores assalariados. O pai e seu salário-família, não a mãe, garantia a subsistência necessária para seus filhos. Os economistas políticos também foram, portanto, capazes de encarar o trabalho da mãe como "o material bruto com o qual as sociedades humanas — isto é, civis — foram construídas". O pai/ganha-pão conquistou "o *status* de produtor de valores".[71] Ou, em outras palavras, os homens como trabalhadores assalariados compartilham a capacidade humana de criar e manter a vida política.

Entretanto, o salário-família sempre foi mais um ideal que uma realidade. Muitas, provavelmente a maioria, das famílias da classe trabalhadora não conseguem sobreviver somente com o salário do marido, e, como as feministas apontaram há alguns anos, nem todos os trabalhadores do sexo masculino têm famílias, enquanto muitas mulheres têm que sustentar dependentes, inclusive pais idosos. Mas justamente porque o salário é encarado como um salário-família, os ganhos das mulheres são encarados como um "complemento" ao salário do marido. As mulheres são esposas, e supõe-se que elas sejam economicamente dependentes do marido, obtendo a sua subsistência em troca do trabalho doméstico. Portanto, os salários são diferenciados sexualmente. Os trabalhadores do sexo feminino recebem menos [que os homens] e, assim, o incentivo econômico para as mulheres se tornarem esposas é mantido. Recentemente, em 1985, nos Estados Unidos, a certeza de que o "salário" é direito do ganha-pão do sexo masculino ficou bem ilustrada com o argumento de que "as mulheres geralmente recebem menos [que os homens] porque elas trabalham por salários menores, já que não têm a necessidade premente de ter mais dinheiro. Ou elas são casadas, ou solteiras e morando em casa ou com amigas".[72]

As mulheres trabalhadoras frequentemente não aparecem na história da classe trabalhadora. A figura do mineiro, a solidariedade e a fraternidade que ele corporifica, comumente representam "o trabalhador", embora em 1931 o censo inglês registrasse duas vezes mais criados domésticos que mineiros.[73] Os trabalhadores do sexo masculino também não estavam ansiosos por terem mulheres trabalhando lado a lado com eles, especialmente se elas fossem casadas. O emprego remunerado para as esposas ameaça tanto o direito de domínio dos maridos sobre elas quanto a organização fraternal do local de trabalho em si. Em 1843, na Inglaterra, os comissários da Lei dos Pobres observaram que o marido "sofria" se sua esposa tivesse um emprego remunerado; "a casa já não fica tão em ordem, e não se presta a mesma atenção ao conforto dele".[74] Tenha ou não o salário-família possibilitado a alguns setores da classe trabalhadora obter um nível de vida melhor do que teriam de outro modo — como os sindicatos argumentam —, a história do movimento trabalhista deixa claro que a insistência no salário-família foi uma estratégia importante pela qual os homens conseguiram excluir as mulheres de muitas áreas de trabalho remunerado e sustentar a posição do marido como senhor do lar.

Às vezes, as esposas foram simplesmente impedidas de se empregarem; por exemplo, de 1902 até 1966, as mulheres foram compelidas a desistir do serviço público australiano ao se casarem, e a proibição foi mantida no estado de Vitória até o recente ano de 1973. De um modo mais geral, o emprego feminino era restringido pela "proteção" devida àqueles destituídos da posse da propriedade em suas pessoas. Um dos melhores exemplos conhecidos é o julgamento do caso *Muller contra Oregon*, nos Estados Unidos, em 1908, numa época de muitos conflitos acerca da liberdade contratual. Em 1905 (em *Lochner contra Nova York*), a Suprema Corte determinou que a lei que limitava o trabalho dos padeiros de sexo masculino a oito horas por dia era inconstitucional. Em *Muller contra Oregon*, a Corte decidiu que era admissível limitar a jornada de trabalho dos trabalhadores de sexo feminino. A decisão da Corte remete à história do contrato sexual; o argumento apela à força do homem, à estrutura física da mulher, à função de criação dos filhos e à dependência feminina ao homem. A Corte sustentava que embora "as limitações aos direitos pessoais e contratuais pudessem ser suprimidas pela legislação, a natureza e os hábitos de vida da mulher operam contra a asserção total dos direitos civis". A mulher está "propriamente classificada numa classe particular, e a legislação designada para a sua proteção pode ser mantida, mesmo quando a legislação não for adequada aos homens e não puder ser mantida".[75]

Quanto às mulheres, os termos do contrato sexual asseguram que todos os homens, e não exclusivamente os artesãos, formam uma aristocracia trabalhadora. As mulheres casadas ingressaram na força de trabalho remunerado, em larga escala, durante os últimos trinta anos, mas ainda é possível encontrar maridos que acreditam que a esposa tem que ter a permissão deles para trabalhar; muitos maridos prefeririam que sua mulher fosse exclusivamente dona de casa em período integral e tentam "limitar e depreciar o trabalho de sua esposa".[76] Algumas esposas fazem tanto o seu trabalho remunerado quanto o não remunerado em casa, frequentemente porque o marido prefere que elas trabalhem fora. Quando o casal sai de casa "para ir trabalhar", essa ação tem significados muito diferentes para ambos os sexos. Passar oito horas ao dia em um local de trabalho e trazer um bom salário para casa é fundamental para a identidade masculina, para o conceito do que é ser homem; especificamente, o trabalho manual, duro e sujo, foi encarado como trabalho de *homem*. Certos tipos de trabalhos minuciosos e limpos são designados como "trabalho de mulher", mas isso não implica que tais trabalhos sejam encarados pelos homens ou pelas mulheres como intensificadores da feminilidade. A receptividade popular ao movimento antifeminista contemporâneo indica que muitas pessoas ainda encaram o emprego remunerado como depreciador da feminilidade.

Muitas mulheres casadas trabalham meio período, frequentemente porque não há outros empregos disponíveis (nos Estados Unidos, em 1980, quase um quarto de todos os empregos no setor privado eram de meio período),[77] mas também porque assim elas podem dedicar a maior parte de sua energia ao serviço doméstico, e evitar, desse modo, conflitos com o marido. Uma esposa que tem um emprego remunerado nunca deixa de ser uma dona de casa; pelo contrário, ela se torna uma *esposa que trabalha* e aumenta a sua jornada de trabalho. Dados estadunidenses demonstram que as mulheres casadas que trabalham gastam menos tempo com o serviço doméstico do que as que são exclusivamente donas de casa em tempo integral, mas que sua semana de trabalho é maior, pois atinge em média 76 horas. Os maridos, em comparação, não aumentam a sua contribuição com as tarefas domésticas e podem utilizar em atividades de lazer o tempo em que não estão trabalhando. As esposas permanecem em seu serviço doméstico no seu "dia de folga".[78] Em um estudo inglês, "todos os homens — com a exceção de um — estabeleceram uma forte distinção entre os trabalhos de meio período e de período integral, uma distinção que não foi compartilhada pela esposa. O que era fundamental para os homens era a permanência *deles* como o principal ganha-pão".[79]

Tradicionalmente, os defensores do socialismo bem como os do capitalismo, discutem sobre o trabalhador como se a masculinidade dele fosse irrelevante para a consciência da classe trabalhadora.

Supõe-se que "fraternidade" significa comunidade, e não a irmandade dos homens. Pesquisas feministas recentes, especialmente na Grã--Bretanha, começaram a revelar como os termos do contrato original fraternal são mantidos no cotidiano dos locais de trabalho e do movimento da classe operária. Em *Brothers* [Irmãos], um fascinante estudo sobre os tipógrafos ingleses, Cynthia Cockburn demonstrou, em detalhes, que o local de trabalho e os sindicatos são organizados como um território fraterno, onde "é inconcebível" que uma garota possa tomar parte do sistema de aprendizado tão claramente "delineado para produzir o *homem* livre", em que o trabalho "especializado" tem que ser feito por homens, e em que a masculinidade é testada e reafirmada todos os dias.[80] Uma das ilustrações mais vividas da força prática do contrato sexual na vida cotidiana é o fato de tanto os homens quanto as mulheres encararem as mulheres que trabalham como membros inferiores dos locais de trabalho.

As operárias que fazem tarefas comparáveis às dos trabalhadores do sexo masculino não especializados "ainda se sentem donas de casa, mesmo quando estão trabalhando".[81] Outras mulheres, que fazem o "trabalho feminino" tradicional e que trabalham exclusivamente com outras mulheres, também "encaravam seu trabalho como secundário em relação ao trabalho principal *dentro* de casa". As mulheres admitiam que ingressar num emprego remunerado era atravessar uma fronteira; elas encaravam o seu local de trabalho feminino "como parte de um outro mundo — o masculino — e, portanto, essencialmente dominado por homens. Suas incursões dentro dele eram simplesmente como as de um trabalhador migrante — quase que um invasor".[82] Mais impressionante ainda, as mulheres trabalhadoras casadas que assumiram o controle de sua fábrica de sapatos e a administraram como uma cooperativa democrática entre 1972-1976, encaravam umas às outras "fundamentalmente [...] como esposas e mães". Apesar de sua identificação com a cooperativa, de suas dificuldades econômicas e de sua luta política para mantê-la funcionando, assim como do aprofundamento do conhecimento e da confiança que derivou da administração de um local de trabalho democrático, elas não eram "trabalhadoras". A percepção que as mulheres têm de si mesmas não é, como muitas explicações famosas fazem supor, uma consequência da "socialização"; pelo contrário, sua consciência reflete exatamente sua posição estrutural como mulheres e esposas. O salário delas era necessário economicamente, mas os maridos ainda encaravam a renda das esposas como complementares; as mulheres gastavam os seus ganhos com coisas "extras" para a casa e os filhos, de modo que "sua condição fundamental de dependentes econômicos" permanecesse imutável. As mulheres também continuaram a fazer os serviços domésticos como donas de casa. Embora suas responsabilidades como trabalhadoras tivessem crescido radicalmente, a única mudança em casa foi o fato de dois maridos começarem a ajudar a lavar louças. Um marido expressou claramente a lei do direito sexual masculino ao comentar: "Eu não tenho um cachorro, eu mesmo lato."[83]

A lei do direito sexual masculino funciona no local de trabalho em seu outro sentido também. Cockburn observou que, como em outros clubes masculinos, a "moeda social que constitui o local são as mulheres e as conversas que as transformam em objetos [...] a parede é embelezada com litogravuras a quatro cores de 'peitos e nádegas'. Até o computador é utilizado para fazer impressos de mulheres nuas".[84] O que é atualmente rotulado de "ofensa sexual" ajuda a sustentar o direito patriarcal no mundo público. As mulheres que trabalham, frequentemente, são vítimas de ataques sexuais persistentes e indesejados, ou a promoção e a permanência delas no emprego estão condicionadas ao acesso sexual. O que está em questão é muito mais do que a "discriminação" no trabalho. A dominação sexual faz parte da estrutura de subordinação no local de trabalho. Em outra fábrica, "piadas e brincadeiras sexuais se transformaram em algo mais do que isso — tornaram-se a linguagem da disciplina."[85]

Tal linguagem é muito diferente da linguagem do contrato ou da exploração geralmente utilizada para discutir o emprego capitalista.

A linguagem conhecida é utilizada nas relações entre os homens; outra linguagem, a da disciplina patriarcal, é necessária nas relações entre homens e mulheres. Até como trabalhadoras, as mulheres estão subordinadas aos homens diferentemente da maneira como os homens estão subordinados a outros homens. As mulheres não foram incorporadas à estrutura patriarcal capitalista de trabalho como "trabalhadoras", mas apenas como *mulheres*; e como poderia ser diferente se as mulheres não são, e não podem ser homens? O contrato sexual é parte integrante da sociedade civil e do contrato de trabalho; a dominação sexual estrutura o espaço de trabalho, tanto como o lar conjugal. Para se garantir, os homens também são submetidos como trabalhadores — mas encarar o trabalhador como nada mais do que um escravo assalariado não apreende a dimensão essencial de sua situação na sociedade civil; ele é aquela raridade, um *senhor prisioneiro*.

Quando as feministas contemporâneas comparam as esposas com os trabalhadores, elas supõem que o trabalhador é, ao mesmo tempo, um subordinado e um senhor. O trabalhador que é subordinado ao patrão também é um senhor em casa. Muitas feministas também demonstram claramente que, como marido, o trabalhador imita o capitalista e se apropria da capacidade de trabalho de sua esposa. O argumento não considera que o contrato de casamento não é um contrato de trabalho no qual a capacidade de trabalho ou os serviços são contratados para o uso de outro. A "capacidade de trabalho" é um categoria inadequada para se utilizar em discussões sobre as relações conjugais, mas isso não é o único problema quando a comparação entre os trabalhadores e as esposas é feita nesses termos.

Para compreender o contrato, inclusive o contrato de trabalho, a categoria de capacidade de trabalho (serviços) é essencial — mas também, conforme Marx, extremamente enganosa. O argumento de que a *capacidade de trabalho* é contratada, e não o trabalho, nem os corpos, nem as pessoas, possibilita aos partidários do contrato argumentarem que o contrato de trabalho, como outros contratos referentes à propriedade que as pessoas têm em si mesmas, constitui uma relação livre. Quando as feministas argumentam que um marido se apropria da capacidade de trabalho de sua esposa exatamente como os capitalistas se apropriam da capacidade de trabalho de um trabalhador, elas estão implicitamente dando as mãos ao contrato. Comparar uma esposa com um trabalhador, porque este último é subordinado, requer a rejeição da ideia de capacidade de trabalho; ou seja, deve-se criticar o contrato de trabalho juntamente com o contrato de casamento. Criticar o contrato de trabalho não é, como afirma Philmore, cair num *reductio ad absurdum*, mas acrescentar outra ficção política — a ficção da capacidade de trabalho — à ficção política do contrato original.

Se um marido realmente contratasse o uso da capacidade de trabalho de sua esposa, ela seria, de acordo com a doutrina do contrato, um trabalhador livre. Ao aceitar a categoria de capacidade de trabalho sem considerar as suas implicações, as feministas tornam-se incapazes de criticar outros contratos envolvendo a propriedade que as pessoas têm em si mesmas, tais como o contrato de prostituição e o contrato com as chamadas mães de aluguel, os quais necessariamente envolvem mulheres, e são defendidos justamente nos terrenos em que os serviços (capacidade de trabalho), e nada mais, são contratados numa troca voluntária e justa. Os contratos de prostituição e de mães de aluguel (que discutirei no capítulo 7) são contratos feitos no mundo público do mercado capitalista — embora eles não venham imediatamente à mente nesse contexto — e seus defensores incorporam os dois contratos ao paradigma do contrato de trabalho voluntário. A penetração das feministas no terreno do contrato, pelo uso acrítico da "capacidade de trabalho", é uma oportunidade para os teóricos do contrato aparecerem como adversários do patriarcado. Os contratualistas podem argumentar que o marido é um senhor unicamente numa forma não civil de casamento. O casamento torna-se verdadeiramente contratual, como o contrato de trabalho, o modelo de contrato. Se o casamento é um contrato verdadeiramente dissolúvel, no qual participam dois indivíduos civis que podem, livres de imposições, barganhar acerca da disponibilidade da propriedade em suas pessoas, as relações conjugais perdem, enfim, a mancha de seu passado patriarcal, coercitivo. Pretendo analisar a versão feminista dessa discussão no próximo capítulo.

A construção patriarcal da "sociedade civil" é tão poderosa que a maioria das discussões sobre o casamento e o trabalho supõe que o contrato de trabalho ilumina a subordinação das esposas. Ou seja, supõe-se sempre que a esfera pública ilumina a esfera privada, e não o inverso. Na verdade, a compreensão do patriarcado moderno requer que o contrato de trabalho seja iluminado por meio da estrutura das relações domésticas.

Pode-se aprender muito sobre o contrato de trabalho ao se considerar a sua relação com os contratos domésticos de trabalho, do qual participam o senhor e seu escravo, seu criado ou sua esposa. Nos anos 1980, o casamento ainda não perdeu todas as características de sua "origem selvagem" — nem o contrato de trabalho. As figuras do trabalhador e da dona de casa aparecem relativamente tarde na história da sociedade civil. A antiga lei inglesa do senhor e do servo, cujas origens remontam a antes do Estatuto dos Artesãos na época da bondosa rainha Bess, não foi completamente revogada até 1875, quando o Ato do Patrão e da Mulher Trabalhadora reconheceu formalmente a condição de igualdade das duas partes do contrato. O contrato de trabalho — doméstico — torna-se, assim, um contrato de trabalho (civil). Antes que a mudança fosse completada, foi muito difícil para as autoridades legais determinar em que exatamente o servo diferia do escravo. A Inglaterra não era uma sociedade escravista, mas havia um número considerável de escravos nas famílias britânicas nos séculos XVII e XVIII. Em 1772, lord Mansfield disse que os escravos foram vendidos na Grã-Bretanha "com tanta discrição como se eles tivessem sido vendidos em qualquer de nossas colônias das Índias Ocidentais".[86] Na época, de acordo como os números citados nos textos clássicos, havia cerca de 15.000 negros na Grã-Bretanha, a maioria dos quais poderia ser de escravos.

Os escravos começaram a ser importados em grande quantidade pela Grã-Bretanha por volta do final do século XVI e, até parte do século seguinte, geralmente eram servos temporários. Em 1677 o procurador-geral determinou que "os negros deveriam ser considerados como bens e mercadorias enquadradas nos Atos de Comércio e Navegação", e seu *status* como propriedade foi confirmado pelos julgamentos segundo a lei comum.[87] Os advogados britânicos deram muitas opiniões e fizeram muitas apreciações contraditórias acerca da condição do escravo, as quais vão desde a visão (1706) de que "segundo a lei comum nenhum homem pode ter outro como propriedade [...] não há tal coisa como o escravo segundo as leis da Inglaterra"; até a opinião (1729) de que "um escravo que vem das índias Ocidentais para a Grã-Bretanha ou Irlanda, com ou sem seu senhor, não se torna livre, e desse modo a propriedade que seu senhor tem nele não acaba e nem muda".[88] A crença popular sustentava que a escravidão fora proscrita no caso Somerset em 1772 — as feministas do século XIX, por exemplo, citavam esse caso ao criticarem o casamento —, mas somente a exportação compulsória de escravos pela Grã-Bretanha era proibida; a posse das pessoas negras como propriedade não foi afetada. Lord Mansfield, juiz do caso Somerset, evidentemente não estava sozinho ao declarar que esperava que o problema da propriedade humana nunca "terminasse de ser discutido. Porque eu faria todos os senhores pensarem que são livres e todos os negros pensarem que não o são, porque assim ambos se comportariam melhor."[89]

A famosa exposição de sir William Blackstone sobre a lei comum fornece um exemplo impressionante do problema do trabalho voluntário e forçado (provavelmente para alinhar suas ideias com as de seu mentor e protetor lord Mansfield).[90] Na primeira edição dos Commentaries [Comentários], no livro I, capítulo 1, Blackstone observou que "o espírito de liberdade está tão profundamente implantado em nossa constituição, [...] que um escravo ou um negro, no momento em que desembarca na Inglaterra, enquadra-se na proteção das leis, e com relação a todos os direitos naturais se torna *eo instanti* um homem livre". Na segunda edição, Blackstone acrescentou a frase: "apesar de o direito de seu senhor a seus serviços ser, sem dúvida, mantido". Por volta da quarta edição — a qual venho utilizando para citar Blackstone — seu texto diz que o escravo se enquadra na proteção da lei, "e até aqui ele pode se tornar um homem livre; embora o direito de seu senhor aos serviços dele *talvez* possam ser mantidos". Sem dúvida, a observação original não combinava com outro argumento na primeira edição, livro I, capítulo 14 (inalterado nas edições seguintes):

> Um escravo ou um negro, no instante em que desembarca na Inglaterra, se torna um homem livre; ou seja, a legislação o protege no que se refere ao desfrute de sua pessoa e sua propriedade. Embora, no que se refira a qualquer outro direito que o senhor tenha adquirido legalmente sobre o serviço perpétuo de João ou Tomás, este permanecerá exatamente do mesmo modo que antes; pois este não passa do estado de submissão pela vida toda a que todo aprendiz se submete durante sete anos, ou às vezes por um período mais longo.[91]

Ou — Blackstone também poderia ter acrescentado — a condição do escravo não diferia muito da sujeição pela vida toda, do mesmo modo como acontecia com o serviço perpétuo exigido da esposa. É difícil diferenciar os contratos domésticos uns dos outros.

Um trabalhador e o contrato de trabalho somente são diferenciados dos contratos de servidão e de trabalho doméstico no final do século XIX, e os contratualistas argumentam atualmente que um contrato de escravidão (civil) é simplesmente uma extensão do contrato de trabalho. Em que, então, o trabalhador difere dos servos, e dos escravos? Um dos participantes da controvérsia em torno do paternalismo afirmou que "vários contratos de trabalho perfeitamente justos em geral envolvem a aceitação por parte do empregado em abrir mão de sua liberdade de fazer o que quiser durante um período diário, e até em fazer — sem limites claros — qualquer coisa que seu chefe mande".[92] Tais afirmações levantam o problema de por que, se o contrato de trabalho cria o trabalhador livre, ele deve "abrir mão de sua liberdade", ou mais precisamente, a necessidade de se fazer essa pergunta nunca aparece quando, durante três séculos, a doutrina contratual proclama que a sujeição a um senhor — chefe, marido — é a liberdade. Além disso, o problema da liberdade é desvirtuado aqui. A questão central para a teoria do contrato não envolve a liberdade no sentido comum de fazer o que se quer, mas a liberdade de se submeter da maneira desejada. Se todos os envolvidos "fizessem como querem", a produção econômica — e a vida social — seria muito difícil, senão impossível. A questão não é a liberdade abstrata e ilimitada, mas as relações sociais de trabalho, de produção, de casamento e de vida sexual. Devem as relações entre mulheres e homens ser politicamente livres, assim como deve haver participação coletiva no empreendimento de decisão daquilo que deve ser produzido e como; ou o direito político deve ser exercido por homens, maridos, chefes e senhores civis?

O trabalho livre, ou emprego, é encarado como sendo diferente do trabalho forçado porque, primeiro, o trabalhador está numa posição de igualdade em relação ao empregador, como um cidadão livre e igual; segundo, porque o contrato de trabalho — a não ser que seja um contrato de escravidão civil — é limitado temporalmente; terceiro, porque os trabalhadores recebem proteção, e os operários recebem um salário, o símbolo da troca voluntária; e quarto, porque um trabalhador não contrata ele próprio o seu trabalho, mas a sua capacidade de trabalho ou seus serviços, parte da propriedade que ele tem em sua pessoa. O operário e o trabalhador forçado parecem estar em polos opostos. Os critérios imutáveis mantidos para diferenciar o trabalhador assalariado livre do trabalhador forçado, como apontei no capítulo 3, são muito permeáveis. Para se proteger, um cidadão livre e igual aos outros não pode ser uma propriedade, mas os defensores da escravidão no antigo Sul dos Estados Unidos diziam que essa instituição originava-se num contrato, e também argumentavam que os escravos não eram propriedade do dono. A análise dos argumentos dos teóricos clássicos do contrato sobre a distinção entre o trabalho livre e o forçado também levanta dúvidas importantes se o segundo critério é bastante forte.

Os contratualistas prestaram um serviço ao defenderem o contrato de escravidão "civilizada", revelando, assim, a extrema fragilidade do critério de limitação temporal do contrato de trabalho como uma marca característica do operário livre. Consideremos a afirmação de Hegel:

> Posso delegar [a alguém] o uso de minhas habilidades por um período limitado, porque, baseado nessa limitação, minhas habilidades adquirem uma relação de exterioridade em relação à totalidade de meu ser. Ao alienar todo o meu tempo, tal como cristalizado em meu trabalho, e em tudo que produzo, estaria transformando em propriedade de outro a essência de meu ser [...] a minha personalidade.[93]

Os socialistas respondem a tais afirmações argumentando corretamente que é virtualmente impossível diferenciar a contratação parcial da capacidade de trabalho da alienação por toda a vida do trabalho de um homem. Mas essa resposta não se contrapõe ao argumento contratualista de que negar o direito de o indivíduo alienar a propriedade em sua pessoa, por quanto tempo ele achar adequado, constitui uma limitação arbitrária. O argumento contratualista é incontestável, toda vez que se aceita que as habilidades podem "adquirir" uma relação de exterioridade com um indivíduo, e podem ser tratadas como se fossem uma propriedade. A capacidade de trabalho é trocada por um salário, e o recebimento de um salário é o terceiro critério que se mantém para diferenciar um trabalhador livre de um forçado.

O operário recebe um salário — mas esse salário não é facilmente diferenciável da proteção. Já demonstrei como o fato de o trabalhador também ser um marido/ganha-pão significa que a proteção faz parte do salário. Mas a proteção também está envolvida no salário em um outro sentido. Os trabalhadores geralmente estão ligados aos patrões mais do que por vínculo do dinheiro. Os sindicatos conquistaram muito mais benefícios para os trabalhadores do que a melhora dos salários, e em grandes empresas administrativas, que funcionam cotidianamente por meio de uma hierarquia de administradores que cumprem normas impessoais, a proteção é fornecida na forma de uma ampla variedade de benefícios e mordomias extrassalariais. Por exemplo, uma companhia mineira estadunidense em operação em Queensland, na Austrália, fornece habitações para seus empregados, cuidadosamente definidas de acordo com a posição e, na melhor tradição do grande proprietário de terras da cidade, dá às esposas de trabalhadores dois perus no Natal.[94] Os administradores capitalistas contemporâneos impõem a obediência aos trabalhadores por meio de avaliações periódicas das características pessoais e das condutas de trabalho e, nos escalões mais altos, da lealdade e do comprometimento. Ou seja, eles exigem um "serviço leal", o qual é altamente valorizado como produtividade.[95]

O salário incorpora a proteção porque o contrato de trabalho (como o de casamento) não é uma troca; ambos os contratos criam relações sociais que duram por algum tempo — relações sociais de subordinação. Marx comentou que o capitalista "obtém a força produtiva que mantém e multiplica o capital", e ele obtém essa força por um processo que é *qualitativamente diferente da troca, e somente por uma utilização incorreta ele poderia ser denominado como algum tipo de troca?"[96]* Ironicamente, o ideal contratualista não abarca o trabalho capitalista. O trabalho não é uma série contínua de contratos distintos entre o patrão e o trabalhador, mas — como Coase deixou claro — um contrato no qual um trabalhador se compromete a ingressar em uma empresa e a seguir as orientações do patrão durante a vigência do contrato. Como Huw Benyon afirmou claramente, os trabalhadores são pagos para obedecer.[97] O contrato de trabalho é ilimitado, e não um contrato para uma realização específica; somente o patrão obtém em última instância o direito de decidir qual será o conteúdo do contrato.

Alan Fox argumentou que o Ato de 1875 [na Inglaterra] deixou o contrato de trabalho "virtualmente irreconhecível como contrato"; ou seja, o contrato no qual as duas partes pactuam voluntariamente. Se um trabalhador e um patrão negociassem os termos, a duração e as condições do contrato de trabalho até um resultado que beneficiasse a ambos, todos os aspectos do trabalho estariam abertos para a negociação. Nenhum patrão aceitaria tal arranjo. E considera ainda que "a consequência danosa da doutrina contratual pura, para o empregador, estaria no fato de ela não permitir que ele continuasse a ser o único a julgar se suas regras eram arbitrárias, ou estariam ultrapassando o escopo da autoridade dele".[98] Se acontecesse uma troca irrestrita, a posse do patrão sobre o direito político que o torna um "patrão" desapareceria; assim, em vez do "contrato puro" existe o contrato de trabalho, o qual é imposto pelo patrão. Sua tarefa é bastante simplificada se o salário incluir a proteção que vincula o subordinado mais intimamente ao contrato. Benefícios extramonetários, ou, no caso do contrato de casamento, dinheiro "abundante" para os gastos domésticos ou uma "ajuda" em casa, são exemplos claros. Há outros meios de se aplicarem os dois contratos; os maridos utilizam a violência física, e há uma impressionante variedade de medidas coercitivas, sancionadas pelo Estado, disponíveis para os patrões e a estrutura mais ampla do capitalismo patriarcal torna a obediência custosa tanto para as esposas quanto para os trabalhadores.

Críticos feministas e socialistas dos contratos de casamento e de trabalho tornam sua desaprovação mais fraca ao se apoiarem nas categorias de "troca" e "capacidade de trabalho". Quando o argumento é expresso somente em termos de capacidade de trabalho, os críticos tendem a se concentrar na ausência de uma troca justa entre o capitalista e o operário; ou seja, eles se concentram na exploração (tanto no sentido marxista de extração de mais-valia quanto no sentido mais comum de tratamento injusto e desleal). A subordinação pode, então, ser encarada como derivada da exploração — ou como parte da exploração — em vez de ser encarada como a relação que torna a exploração possível. Marx fornece uma ilustração desse problema. Em sua polêmica com Lassalle em *Crítica ao programa de Gotha*, Marx argumenta que Lassalle toma os salários superficialmente como pagamento pelo trabalho do operário, em vez de encará-los como pagamento pela capacidade de trabalho. Marx enfatiza que o operário pode ganhar o seu sustento unicamente se ele trabalhar de graça por um certo período para o capitalista (isto é, esse último extrai a mais-valia). O capitalismo depende da ampliação desse trabalho voluntário por intermédio de meios, como a extensão da jornada de trabalho; consequentemente, Marx afirma, "o sistema de trabalho assalariado é um sistema de escravidão".[99] Mas a escravidão assalariada não é uma consequência da exploração — a exploração é uma consequência do fato de que a venda da capacidade de trabalho acarreta a subordinação do operário. O contrato de trabalho institui o capitalista como senhor; ele tem o direito político de determinar como o trabalho do operário será utilizado, e — consequentemente — pode se engajar na exploração.

Para que o operário livre fique em um polo e o escravo em sua servidão absoluta fique em outro — ou, inversamente, para que o contrato de trabalho seja estendido ao contrato de escravidão civil — é necessário estabelecer uma distinção clara entre a venda do escravo em si — ele é uma mercadoria ou um bem — e a venda da capacidade de trabalho do operário — uma mercadoria externa a ele mesmo, o proprietário. O "indivíduo" possui a sua capacidade de trabalho e está em relação a ela, seu corpo e suas aptidões, exatamente na mesma relação de exterioridade em que um proprietário está em relação a seus bens materiais. O indivíduo pode contratar qualquer um de seus bens, inclusive aqueles dos quais é constituído, sem prejuízo de sua pessoa. Entretanto, embora a capacidade de trabalho seja uma propriedade, uma mercadoria, ela não é exatamente como outros bens materiais. Um dos problemas é que,

[...] com a maioria das mercadorias, os contratos de venda e aquisição do valor de uso são feitos mais ou menos ao mesmo tempo. No caso do trabalho assalariado, o problema para o capitalista é, após empregar o trabalhador, encontrar formas para que o trabalho seja feito de acordo com a qualidade desejada e em uma quantidade máxima.[100]

Os socialistas não foram os únicos que perceberam que a capacidade de trabalho é uma mercadoria bastante peculiar. T. H. Green, por exemplo, um autor liberal, em 1881, argumentou que "o trabalho [...] é uma mercadoria que se vincula de uma maneira peculiar à pessoa do homem [...]. [O trabalho] diferia de todas as outras mercadorias visto que era inseparável da pessoa do trabalhador". Green insistia que a consequência dessa peculiaridade do trabalho é o fato de a liberdade de contratar, o direito de o indivíduo fazer o que quiser consigo mesmo, nunca ser ilimitado. Ele argumentava que um contrato de escravidão não pode ser um contrato válido, não obstante tenha-se ingressado nele voluntariamente, considerando que ele impede qualquer exercício futuro da liberdade de um homem e da livre utilização de suas aptidões. É legítimo impor restrições à venda dessa mercadoria, de modo que todos os homens possam permanecer numa posição em que "se tornem contribuidores voluntários para o bem social" e desfrutar de sua liberdade nas mesmas bases que os outros.[101] Green não descobre exatamente por que a curiosa relação da capacidade de trabalho com a pessoa implica a restrição da liberdade contratual. A não ser que seja totalmente provado, os contratualistas podem sempre responder que a restrição é um paternalismo arbitrário. A questão que se deixa de lado em todas as discussões acerca da duração do contrato de trabalho, dos salários justos e da exploração é *como* essa propriedade peculiar pode ser separada do operário e de seu trabalho. Todas as partes do debate, em outras palavras, aceitam tacitamente que os indivíduos detêm uma propriedade em sua pessoa.

A resposta para a questão de como a propriedade na pessoa pode ser contratada é que tal procedimento não é possível. A capacidade de trabalho, as aptidões ou os serviços não podem ser separados da pessoa do trabalhador como propriedades. As aptidões do operário são desenvolvidas com o tempo e compõem uma parte integrante de seu ser e de sua identidade; as aptidões estão interna e não extremamente relacionadas com a pessoa. Além disso, as aptidões ou a capacidade de trabalho não podem ser utilizadas sem que o operário utilize sua vontade, sua inteligência e sua experiência para colocá-las em ação. A utilização da capacidade de trabalho requer a presença de seu "dono", e permanece como um mero potencial até que ele aja da maneira necessária para que ela seja utilizada, ou concorde ou seja forçado a agir; ou seja, o operário tem que trabalhar. Contratar a utilização da capacidade de trabalho é um desperdício de recursos, a não ser que ela possa ser utilizada da maneira que o novo dono exige. A ficção "capacidade de trabalho" não pode ser utilizada; o que se requer é que o operário trabalhe como o exigido. O contrato de trabalho tem, portanto, que criar uma relação de dominação e obediência entre patrão e operário.

O trabalho capitalista, e o argumento de que o operário é o modelo de trabalhador livre, que, paradoxalmente, pode exemplificar essa liberdade ao participar de um contrato de escravidão civil, depende da asserção de que o operário não é uma mercadoria; a capacidade de trabalho é a mercadoria que ele pode submeter ao contrato. A ideia do indivíduo como proprietário é, assim, fundamental para se compreender o contrato de trabalho. O fato de a ideia de posse da propriedade na pessoa *ser uma ficção política* é igualmente fundamental para se compreender o contrato de trabalho. Nos dias atuais, a ficção política também é frequentemente desconsiderada tanto pelos socialistas quanto pelas feministas. O trabalhador e seu trabalho, e não sua capacidade de trabalho, são o objeto do contrato. O contrato de trabalho necessariamente dá ao patrão direito político de forçar o operário a utilizar suas aptidões de uma dada maneira, ou o direito à obediência do operário:

> Aqui está a verdadeira peculiaridade da capacidade de trabalho. O desfrute do valor de uso de qualquer outra mercadoria não é problemático [...] não é assim com a capacidade de trabalho. Seu "valor de uso" não é transferido, não é oferecido, não é consumido. Ele tem que ser extraído. O processo de extração envolve os esforços de grupos de supervisores, controladores do tempo, seguranças, espiões e chefes de todos os tipos.[102]

Em suma, o contrato no qual o operário supostamente vende sua capacidade de trabalho é um contrato em que, já que ele não pode ser separado de suas aptidões, ele vende o controle da utilização de seu corpo e de si mesmo. Para se adquirir o direito de uso do outro é preciso transformar-se em um senhor (civil). Vender o controle da utilização de si mesmo por um período definido não é vender-se por toda a vida como propriedade de outro — mas é ser trabalhador forçado. As características dessa condição são apreendidas no termo *escravo assalariado*.

O termo escravo assalariado deixou de estar na moda entre os socialistas há muito tempo. De seu próprio modo, "escravo assalariado" é tão indispensável quanto "patriarcado". Ambos os termos concentram a atenção na subordinação, e, em uma época em que a doutrina contratual é tão popular, tais advertências são necessárias para que a crítica feminista do contrato de casamento e a crítica socialista do contrato de trabalho não se tornem coniventes com o contratualismo. Não é difícil perceber em que o contrato atrai os socialistas que se apegam à ficção política da capacidade de trabalho. Essa ficção sugere que o capitalismo pode ser substituído pelo socialismo contratual — como ele poderia ser chamado. Não há necessidade, pode parecer, de os patrões controlarem a utilização do trabalho dos operários ou de existir um contrato de trabalho. É necessário que a concepção de proprietário individual seja universalizada. Todos os indivíduos se comportam como se fossem subcontratantes ou pequenos empresários, e os "empregados" e os "trabalhadores assalariados" desaparecem. Os donos de capacidade de trabalho contratam diretamente entre si acerca dos termos e das condições de trabalho, e assim fazem um uso vantajoso da propriedade em sua pessoa. O socialismo contratual não elimina, entretanto, a necessidade de um chefe, conforme as tentativas contratualistas de reformar a discussão de Coase no sentido do "contrato puro" involuntariamente revelam.

Uma empresa, de acordo com Alchian e Demsetz, é um "mercado privado", e o patrão é uma "parte comum fundamental para se estabelecerem contratos bilaterais que auxiliam na organização eficiente de recursos comuns na produção em série". A história que eles contam é menos uma ficção política do que um conto de fadas político. Argumenta-se que a "parte fundamental comum" não tem nem mais nem menos direitos que os outros membros do grupo; qualquer membro pode romper seu contrato se ele assim o quiser. Entretanto, para evitar o problema da vagabundagem é necessário um "monitor". O monitor, por sua vez, será coagido a não vagabundear se ele tiver direito a "algum produto residual além das quantidades previstas". Para desempenhar a sua tarefa, o monitor tem que ser capaz de disciplinar os membros do grupo e tem que ter direito de rever os termos dos contratos individuais, e "de rescindir ou alterar outros contratos de insumo". Ele sozinho tem o direito de "aumentar ou diminuir a associação, alterar a composição da associação, ou vender o direito de ser o monitor-requerente residual do grupo", mas sua própria associação com o grupo permanece inalterada. Alchian e Demsetz sugerem que, na ausência de "vários donos de recursos", a empresa clássica se torna uma "empresa socialista".[103] Na empresa do socialismo contratual, todas as partes contratantes são donas da propriedade em sua pessoa. Mas os "indivíduos" estão preocupados com seus próprios interesses e consequentemente a vagabundagem é um problema endêmico. A única maneira em que os contratos bilaterais podem ser cumpridos é se as partes contratantes se tornarem chefes (monitores) e escravos assalariados. Antes de mais nada, o contrato no mercado capitalista implica o término da empresa. Os contratos envolvendo a propriedade nas pessoas inevitavelmente criam a subordinação.

O escravo assalariado está sujeito à disciplina do patrão — mas o espaço de trabalho também está estruturado pela disciplina patriarcal. As trabalhadoras não são escravas assalariadas no mesmo sentido em que os trabalhadores, e nem é a subordinação do escravo assalariado a mesma que a da esposa. Tanto o patrão quanto o marido têm o direito de controle do uso do corpo dos trabalhadores e das esposas, mas embora todo marido tenha suas exigências específicas, o conteúdo do trabalho da dona de casa é determinado pelo fato de ela ser mulher. O conteúdo de trabalho do trabalhador é determinado pelo capitalista, mas já que o capitalismo é patriarcal, o trabalho das trabalhadoras é diferente do dos trabalhadores. Como a sujeição das esposas deriva de sua natureza feminina e porque a divisão sexual do trabalho se estende ao espaço de trabalho, é tentador para as feministas concluírem que a ideia do indivíduo como proprietário é antipatriarcal. Se as mulheres pudessem ser reconhecidas como "indivíduos" sexualmente neutros, donos da propriedade em sua pessoa, seria possível ter a impressão de que a promessa emancipatória do contrato seria realizada. Ou assim argumentam atualmente muitos críticos do contrato de casamento.

NOTAS

1. J. Schouler, *A Treatise on the Law of the Domestic Relations* [Um tratado sobre a lei das relações domésticas], 2ª ed., Boston, Little, Brown and Co., 1874, parte VI, cap. 1, p. 599.
2. M. Eichler, *The Double Standard* [O padrão duplo], Londres, Croom Helm, 1980, pp. 106-7.
3. P. Corrigan, "Feudal Relics or Capitalist Monuments: Notes on the Sociology of Unfree Labour" [Relíquias feudais ou monumentos capitalistas: notas sobre a sociologia do trabalho não livre], *Sociology*,

vol. 11, n° 3, 1977, pp. 438, 449. Ver também R. K. Aufhauser, "Slavery and Scientific Management" [Escravidão e gestão científica], *Journal of Economic History*, vol. 33, n° 4 1973, pp. 811-24.

4. Citado em R. Scruton, *Sexual Desire: A Moral Philosophy of the Erotic* [Desejo sexual: uma filosofia moral do erótico], Nova York, The Free Press, 1986, p. 186.

5. W. Thompson, *Appeal of One Half the Human Race, Women, Against the Pretensions of the Other Half, Men, to Retain Them in Political, and Thence in Civil and Domestic, Slavery* [Apelo de metade da raça humana, mulheres, contra as pretensões da outra metade, homens, de retê-las na política e daí na escravidão civil e doméstica], Nova York, Source Book Press, 1970, pp. 54-5.

6. J. S. Mill, "The Subjection of Women", *in* A. S. Rossi (org.), *Essays on Sex Equality*, Chicago, University of Chicago Press, 1970, p. 130. [Ed. bras.: *Sobre a liberdade e A sujeição das mulheres*, São Paulo, Companhia das Letras, 2017.]

7. Ver N. Basch, "Invisible Women: The Legal Fiction of Marital Unity in Nineteenth-Century America" [Mulheres invisíveis: a ficção jurídica da união conjugal na América do século XIX], *Feminist Studies*, vol. 5, n° 2, 1979, pp. 346-66.

8. Sir H. Maine, *Ancient Law* [Lei antiga], Londres, J. M. Dent and Sons, 1972, pp. 93-4.

9. D. Defoe, *Roxana*, Harmondsworth, Penguin Books, 1982, p. 187.

10. J. S. Mill, "Subjection of Women", p. 217.

11. L. C. Bullard, "The Slave Women of America" [As mulheres escravas da América], *in* W. L. O'Neill, *The Woman Movement: Feminism in the United States and England* [O movimento da mulher: feminismo nos Estados Unidos e Inglaterra], Londres, George Allen and Unwin, 1969, pp. 119, 121.

12. Citado em E. Griffith, *In Her Own Right: The Life of Elizabeth Cady Stanton* [Em seu próprio direito: a vida de Elizabeth Cady Stanton], Nova York e Oxford, Oxford University Press, 1984, p. 20.

13. S. P. Menefee, *Wives for Sale: An Ethnographic Study of British Popular Divorce* [Esposas à venda: um estudo etnográfico do divórcio popular britânico], Oxford, Basil Blackwell, 1981, p. 160, tabela 3; e p. 167,

tabela 5; os casos de venda de mulheres casadas estão registrados no Apêndice.

14. *Ibidem*, p. 88.

15. *Ibidem*, pp. 209-10.

16. *Ibidem*, p. 66.

17. Relatado em *New Statesman*, 2 maio 1980.

18. Citado em E. D. Genovese, *Roll, Jordan, Roll: The World of the Slaves Made* [Roll, Jordan, Roll: o mundo dos escravos], Nova York, Vintage Books, 1976, p. 427. Ver também A. Rich, "Disloyal to Civilization" [Desleal à civilização], *in On Lies, Secrets, and Silence* [Sobre mentiras, segredos e silêncio], Londres, Virago Press, 1980.

19. E. D. Genovese, *Roll, Jordan, Roll*, p. 483.

20. Ver F. M. Brodie, *Thomas Jefferson: An Intimate History* [Thomas Jefferson: uma história íntima], Nova York, W. W. Norton and Co., 1974, p. 358. Acompanhei algumas discussões de Brodie (controversas) sobre a "família negra" de Jefferson.

21. E. D. Genovese, *Roll, Jordan, Roll*, p. 483.

22. Reimpresso em S. G. Bell e K. Offen (orgs.), *Women, the Family and Freedom: The Debate in Documents* [Mulheres, família e liberdade: o debate em documentos], Stanford, Stanford University Press, 1983, vol. 1, p. 487; ver também Mill, "Subjection of Women", p. 163. O artigo de Cobbe foi publicado em *The Contemporary Review*, em 1978.

23. Sir M. Hale, *The History of the Pleas of the Crown* [A história dos fundamentos da coroa], Londres, Sollom Emlyn, 1778, vol. 1, cap. LVIII, p. 628.

24. J.-J. Rousseau, *Emile or on Education* (trad. Alan Bloom), Nova York, Basic Books, 1979, pp. 478-9. [Ed. bras.: *Emílio ou Da educação*, São Paulo, Martins Fontes, 2018.]

25. W. Thompson, *Appeal*, p. 65.

26. J. S. Mill, "Subjection of Women", pp. 159-60.

27. Citado em Griffith, *In Her Own Right*, p. 140.

28. S. Cronan, "Marriage", *in* H. Koedt, E. Levine, A. Rapone (orgs.), *Radical Feminism* [Feminismo radical], Nova York, Quadrangle, 1973, p. 217.

29. M. Astell, *Some Reflections Upon Marriage* [Algumas reflexões sobre o casamento], Nova York, Source Book Press, 1970, p. 88.

30. Lady Chudleigh, "To the Ladies" [Às senhoras], *in* A. Goreau (org.), *The Whole Duty of a Woman: Female Writers in Seventeenth-Century England* [Todo o dever de uma mulher: escritoras na Inglaterra do século XVII], Nova York, The Dial Press, 1985, p. 273.

31. D. Defoe, *Conjugal Lewdness; or, Matrimonial Whoredom. A Treatise concerning the Use and Abuse of the Marriage Bed* [Lascívia conjugal], Gainesville, Flórida, Scholars' Facsimiles and Reprints, 1967 [publicado originalmente em 1727], p. 26.

32. M. Wollstonecraft, *A Vindication of the Rigths of the Woman* (org. C. Poston), Nova York, W. W. Norton and Co., 1975, [1772], p. 40. [Ed. bras.: *Reivindicação dos direitos das mulheres*, São Paulo, Boitempo, 2015.]

33. T. Veblen, *The Theory of the Leisure Class* [A teoria da classe do lazer], Nova York, The Modern Library, 1934, p. 182.

34. Genovese, *Roll Jordan, Roll*, especialmente pp. 70-86; 123-49.

35. Citado em P. Hollis, *Women in Public 1850-1900: Documents of the Victorian Womens Movement* [Mulheres em público 1850-1900: documentos do movimento de mulheres vitorianas], Londres, George Allen and Unwin, 1979, p. 12.

36. L. Davidoff, "Mastered for Life: Servant and Wife in Victorian And Edwardian England" [Dominado pela vida: servo e esposa na Inglaterra vitoriana e eduardiana], *Journal of Social History*, nº 7, 1974, pp. 410-1; 420.

37. L. J. Weitzman, *The Marriage Contract: Spouses, Lovers and the Law* [O contrato de casamento: cônjuges, amantes e lei], Nova York, The Free Press, 1981, p. 60.

38. Relatado em *Sydney Morning Herald*, 15 mar. 1982.

39. Citado em Corrigan, "Feudal Relics", p. 454, nota 19.

40. Ver F. E. Dudden, *Serving Women: Household Service in Nineteenth Century America* [Servir às mulheres: serviço doméstico na América do século XIX], Middleton — CT, Wesleyan University Press, 1983, introdução.

41. Ver B. Kingston, *My Wife, My Daughter, and Poor Mary Ann: Women and Work in Australia* [Minha esposa, minha filha e a pobre Mary Ann: mulheres e trabalho na Austrália], Melbourne, Nelson, 1975, cap. 3.

42. Para o relato de Cullwick ver L. Stanley (org.), *The Diaries of Hannah Cullwick: Victorian Maidservant* [Os diários de Hannah Cullwick: em-

pregada doméstica vitoriana], Londres, Virago Press, 1984. Também L. Davidoff, "Class and Gender in Victorian England: The diaries of Arthur J. Munby and Hannah Cullwick" [Classe e gênero na Inglaterra vitoriana: os diários de Arthur J. Munby e Hannah Cullwick], *Feminist Studies*, vol. 5, n° 1, 1979, pp. 86-141. Hannah Cullwick apresenta um impressionante contraste com o ideal (transclassista) de feminilidade centrado na esposa como uma dependente no lar. Vigorosa mulher da classe trabalhadora, muito forte fisicamente, ela ameaçava "machos chefes de família com seus punhos" (e outras mulheres trabalhadoras foram vistas intimidando homens que passavam). Ela escreveu em seu diário, em maio de 1871, sobre Arthur Munby, que "posso levantar meu senhor facilmente e carregá-lo quase como se ele fosse uma criança, e ele pesa 11 stone e 7 libras [aproximadamente 70 kg]". Stanley, *The Diaries*, pp. 2, 167.

43. L. Davidoff, "Mastered for Life", pp. 409-10.
44. A. Oakley, *The Sociology of Housework* [A sociologia do trabalho doméstico], Londres, Martin Robertson, 1974, p. 49.
45. J. Finch, *Married to the Job: Wives Incorporation in Mens Work* [Casada com o trabalho: incorporação de esposas no trabalho dos homens], Londres, George Allen and Unwin, 1983. Finch (pp. 132-3) fornece oito regras a serem seguidas pelas mulheres se quiserem se casar sem ser incorporadas aos trabalhos de seus maridos.
46. C. Delphy, *Close to Home: A Materialist Analysis of Womens Oppression* [Perto de casa: uma análise materialista da opressão das mulheres] (trad. D. Leonard), Amherst, University of Massachusetts Press, 1984, pp. 87-9.
47. H. Hartman, "The Family as the Locus of Gender, Class, and Political Struggle: The Example of Housework" [A família como lócus de gênero, classe e luta política: o exemplo do trabalho doméstico], *Signs*, vol. 6, n° 3, 1981, pp. 388-9; ver também A. Oakley, *Housewife* [Esposa dona de casa], Harmondsworth, Penguin Books, 1976, p. 7, tabela A.
48. A. Oakley, *Housewife*, p. 6; *Sociology of Housework*, pp. 92-3.
49. S. E Berk, *The Gender Factory: The Apportionment of Work in American Households* [A fábrica de gênero: a repartição do trabalho nos lares americanos], Nova York, Plenum Press, 1985, p. 161.

50. H. Hartmann, "Family as Locus", pp. 378-9; 382-3.
51. L. Davidoff, "Mastered for Life", p. 419.
52. C. Delphy, *Close to Home*, p. 70
53. Para uma crítica feminista de Orwell, ver D. Patai, *The Orwell Mystique: A Study in Male Ideology* [A mística de Orwell: um estudo em ideologia masculina], Amherst, University of Massachusetts Press, 1984, esp. cap. 3. Beatrix Campbell retrilhou a estrada para Wigan Pier; ver *Wigan Pier Revisited: Poverty and Politics in the 80s* [Wigan Pier revisitado: pobreza e política nos anos 1980], Londres, Virago Press, 1984.
54. Esse aspecto do trabalho doméstico foi o mais valorizado pelas entrevistadas de Oakley; mais da metade da amostra referiu-se a si mesma como sendo "o seu próprio chefe"; A Oakley, *Sociology of Housework*, pp. 42, 182; e *Housewife*, cap. 6.
55. Número retirado de H. Land, "The Family Wage" [O salário-família], *Feminist Review*, n° 6, 1980, p. 61.
56. G. A. Cohen, "The Structure of Proletarian Unfreedom" [A estrutura da libertação proletária], *Philosophy and Public Affairs*, vol. 12, n° 1, 1983, p. 12.
57. W. Thompson, *Appeal*, p. 57.
58. C. Hamilton, *Marriage as a Trade* [Casamento como um comércio], Londres, The Women's Press, 1981, p. 27.
59. Na Inglaterra, por exemplo, em 1901, 88% das mulheres trabalhavam em ocupações dominadas por mulheres; em 1971, 84% o faziam. Nos Estados Unidos, atualmente, 80% dos empregos femininos consistem em somente 20 das 420 ocupações catalogadas pelo Departamento de Trabalho e, na Austrália, em 1986, em apenas 69 das 267 categorias profissionais a proporção de mulheres chegou a um terço ou mais.
60. Citado em W. Leach, *True Love and Perfect Union: The Feminist Reform of Sex and Society* [Amor verdadeiro e união perfeita: a reforma feminista do sexo e da sociedade], Nova York, Basic Books, 1980, p. 192.
61. P. Rothenberg, "The Political Nature of Relations between the Sexes" [A natureza política das relações entre os sexos], C. C. Gould (org.), *Beyond Domination: New perspectives on Women and Philosophy* [Além da

dominação: novas perspectivas sobre mulheres e filosofia], Totowa, NJ, Rowman and Allanheld, 1984, p. 213.

62. H. Hartmann, "The Unhappy Marriage of Marxism and Feminism: Towards a More Progressive Union" [O casamento infeliz do marxismo e do feminismo: rumo a uma união mais progressiva], *in* L. Sargent (org.), *Women and Revolution* [Mulheres e revolução], Boston, South End Press, 1981, p. 15.

63. C. Delphy, *Close to Home*, pp. 94-5.

64. F. Engels, *The Origin of the Family, Private Property and the State*, Nova York, International Publishers, 1942, pp. 58, 65-6. [Ed. bras.: A origem da família, da propriedade privada e do Estado, São Paulo, Boitempo, 2019.]

65. O debate sobre o trabalho doméstico pode ser acompanhado em E. Maios (org.), *The Politics of Housework* [A política do trabalho doméstico], Londres, Alison and Busby, 1980.

66. Ver B. Taylor, *Eve and the New Jerusalem* [Eva e a Nova Jerusalém], Londres, Virago Press, 1983, esp. cap. VIII.

67. Retirei o termo "sociedade empregatícia" de J. Keane e J. Owens, *After Full Employment* [Após o pleno emprego], Londres, Hutchinson, 1986. Analisei a relação entre trabalho, masculinidade e cidadania em "The Patriarchal Welfare State" [O estado patriarcal de bem-estar social], *in* K. Gutman (org.), *Democracy and the Welfare State* [Democracia e o estado de bem-estar social], Princeton, Princeton University Press, 1987.

68. Citado em Cohen, "The Structure of Proletarian Unfreedom" [A estrutura da libertação proletária], p. 13 (retirado de Brecht, "The Einheitsfrontlied" [Canção da frente unida]).

69. Ver D. Deacon, "Political Arithmetic: The Nineteenth-Century Australian Census and the Construction of the Dependent Woman" [Aritmética política: o censo australiano do século XIX e a construção da mulher dependente], *Signs*, vol. 11, nº 1, 1985; a citação é da p. 34.

70. M. Barrett e M. McIntosh, "The 'Family Wage': Some Problems for Socialists and Feminists" [O "salário-família": alguns problemas para socialistas e feministas], *Capitalism and Class*, nº 11, 1980, p. 51.

71. Devo esta colocação a J. W Scott, "'L'Ouvrière! Mot Impie, Sordide [...]': Women Workers in the Discourse of French Political Economy

(1840-60)" ["O trabalhador! Palavra profana, sórdida [...]": mulheres trabalhadoras no discurso da economia política francesa (1840-60)], *in* P. Joyce (org.), *Historical Meanings of Work* [Significados históricos do trabalho], Cambridge, Cambridge University Press, a ser publicado.

72. A. Hacker, "Welfare: The Future of an Illusion" [Bem-estar social: o futuro de uma ilusão], *New York Review of Books*, 28 fev. 1985, p. 41.

73. Campbell, *Wigan Pier Revisited*, p. 101.

74. Citado em Land, "The Family Wage", p. 58.

75. Citado em S. Okin, *Women in Western Political Thought* [Mulheres no pensamento político ocidental], Princeton, Princeton University Press, 1979, p. 253; e A. C. Hill, "Protection of Women Workers and the Courts; A Legal Case History" [Proteção das trabalhadoras e dos tribunais; Um caso jurídico legal], *Feminist Studies*, vol. 5, n° 2, 1979, p. 253.

76. M. Porter, *Home, Work and Class consciousness* [Trabalho e consciência de classe], Manchester, Manchester University Press, 1983, p. 123. Quarenta e dois por cento dos trabalhadores do sexo masculino entrevistados numa cidade mineira de Queensland encaravam como prerrogativa do homem decidir se a esposa deve trabalhar, enquanto somente 28% das esposas concordaram com isso; C. Williams, *Open Cut: The Working Class in na Australian Mining Town* [Corte aberto: a classe trabalhadora em uma cidade mineira australiana], Sydney, George Allen and Unwin, 1981, p. 149. Sobre o trabalho fora de casa, ver S. Allen e C. Wolkowitz, "The Control of Womens Labour: The Case of Homeworking" [O controle do trabalho das mulheres: o caso do trabalho doméstico], *Feminist Review*, n° 22, 1986, esp. p. 41. Pesquisas feministas recentes sobre o trabalho fora de casa e a economia "informal" sugerem que o número de donas de casa em tempo integral, no passado, foi superestimado.

77. J. Smith, "The Paradox of Womens Poverty: Wage-Earning Women and Economic Transformation" [O paradoxo da pobreza das mulheres: mulheres assalariadas e transformação econômica], *Signs*, vol. 10, n° 2, 1984, p. 304.

78. H. Hartmann, "Family as Locus" [Família como lugar], p. 379. No antigo Sul dos Estados Unidos, as mulheres (escravas) casadas que trabalhavam nos campos também trabalhavam mais do que o marido,

encarregando-se das tarefas do lar quando voltavam do campo; E. D. Genovese, *Roll, Jordan, Roll*, p. 495.

79. M. Porter, *Home, Work and Class Consciousness*, p. 128.

80. C. Cockburn, *Brothers: Male Dominance and Technological Change* [Irmãos: domínio do homem e mudança tecnológica], Londres, Pluto Press, 1983, p. 17; sobre a qualificação ver pp. 112-22.

81. A. Pollert, *Girls, Wives and Factory Lives* [Esposas e vidas de fábricas], Londres, Macmillan, 1981, p. 111.

82. M. Porter, *Home, Work and Class Consciousness*, p. 124.

83. J. Wajcman, *Women in Control: Dilemmas of a Worker's Cooperative* [Mulheres no controle: dilemas da cooperativa de trabalhadores], Nova York, St. Martins Press, 1983, pp. 137, 149, 154.

84. C. Cockburn, *Brothers*, p. 134.

85. A. Pollert, *Girls, Wives and Factory Lives*, p. 140.

86. Citado em J. Walvin, *Black and White: The Negro and English Society 1555-1545* [Preto e branco: a sociedade negra e inglesa 1555-1545], Londres, Allen Lane The Penguin Press, 1973, p. 50.

87. Citado em Walvin, p. 39. Walvin discute a quantidade de escravos nas pp. 46-50.

88. Citado em Walvin, pp. 111, 112.

89. Citado em Davis, The Problem of Slavery in the Age of Revolution, 1770-1823 [Preto e branco: uma sociedade negra e inglesa 1555-1545], Ítaca e Londres, Cornell University Press, 1975, p. 488.

90. A defesa da deserção de Blackstone é feita em F. O. Shyllon, *Black Slaves in Britain* [Escravos negros na Grã-Bretanha], Londres, Oxford University Press, para o Instituto de Relações Raciais, 1974, cap. 5. Shyllon fornece detalhes sobre mudanças textuais e de datas de publicação de várias edições.

91. W. Blackstone, *Commentaries on the Laws of England* [Comentários sobre as leis da Inglaterra], 4ª ed. (org. J. De Witt Andrews), Chicago, Callaghan and Company, 1899, vol. I, livro I, cap. 14, pp. 424-5.

92. J. Feinberg, "Legal Paternalism" [Paternalismo legal], *in Canadian Journal of Philosophy*, vol. 1, nº 1, 1971, p. 121.

93. G. W. E Hegel, *Philosophy of Right* (trad. T. M. Knox), Oxford, Oxford University Press, 1952, § 67. [Ed. bras.: *Princípios da filosofia do direito*, São Paulo, Martins Fontes, 1997.]

94. C. Williams, *Open Cut*, p. 116.

95. R. Edwards, *Contested Terrain: The Transformation of the Workplace in the Twentieth Century* [Terreno contestado: a transformação do local de trabalho no século XX], Nova York, Basic Books, 1979, pp. 139-41.

96. K. Marx, *Grundrisse: Foundations of the Critique of Political Economy* (trad. M. Nicolaus), Londres, Allen Lane, 1973, pp. 274-5. [Ed. bras.: *Grundrisse: Manuscritos econômicos de 1857-1858: Esboços da crítica da economia política*, São Paulo, Boitempo, 2015.]

97. H. Benyon, *Working for Ford* [Trabalhando para Ford], Harmondsworth, Penguin Books, 1973, p. 253.

98. A. Fox, *Beyond Contract: Work, Power and Trust Relations* [Além do contrato: trabalho, poder e relações de confiança], Londres, Faber and Faber, 1974, p. 183.

99. K. Marx, "Critique of the Gotha Program", in *The Marx-Engels Reader*, 2ª ed., R. C. Tucker (org.), Nova York, W. W Norton and Co., 1978, p. 535 [grifo meu]. [Ed. bras.: *Crítica do Programa de Gotha*, São Paulo, Boitempo, 2015.]

100. C. Arthur, "Personality and the Dialectic of Labour and Property — Locke, Hegel, Marx" [Personalidade e dialética do trabalho e da propriedade — Locke, Hegel, Marx], *Radical Philosophy*, nº 26, 1980, p. 14.

101. T. H. Green, "Lecture on Liberal Legislation and Freedon of Contract", *in* P. Harris e J. Morrow (org.), *Lectures on the Principle of Political Obligation and Other Writings* [Palestras sobre o princípio da obrigação política e outros escritos], Cambridge, Cambridge University Press, 1986, pp. 201, 204-5.

102. H. Gin e S. Bowles, "Structure and Practice in the Labor Theory of Value" [Estrutura e prática na teoria do valor do trabalho], *The Review of Radical Political Economics*, vol. 12, nº 4, 1981, pp. 14-5.

103. A. A. Alchian e H. Demsetz, "Production, Information Costs, and Economic Organization" [Produção, custos de informação e organização econômica], *The American Economic Review*, nº 62, 1972, pp. 794-5, 782-3.

6
O FEMINISMO E O CONTRATO DE CASAMENTO

Desde pelo menos 1825, quando William Thompson publicou sua crítica ao "código de escravidão branca" do casamento, as feministas têm criticado continuamente o casamento, alegando que ele não é um contrato adequado. Em 1860, por exemplo, Elizabeth Cady Stanton observou, numa palestra à Sociedade Antiescravista Americana, que "há somente um tipo de casamento que ainda não foi tentado, em que o contrato seria feito por partes iguais entre si que conduziriam a vida em igualdade, com as mesmas obrigações e os mesmos privilégios para ambos os lados".[1] O casamento é chamado de contrato, mas as feministas argumentam que uma instituição em que uma parte, o marido, exercia o poder de um senhor de escravos sobre sua mulher, mantendo até os anos 1980 resquícios desse poder, está bem longe de ser uma relação contratual. Algumas discussões recentes sobre o casamento supõem que as relações conjugais são puramente contratuais — "os maridos e as esposas adquirem por meio do contrato o uso exclusivo das propriedades sexuais do parceiro"[2] — e as feministas às vezes levam a crítica ao contrato de casamento a conclusões contratualistas. Uma especialista feminista em legislação, por exemplo, argumentou que o casamento deveria ser baseado nos contratos econômicos, mudando-se da "política conjugal pública para a legislação contratual privada".[3] Entretanto, nem todas as feministas que criticam o contrato de casamento concluem que o casamento deveria se tornar uma relação puramente contratual.

O casamento, de acordo com o verbete "contrato" no *Oxford English Dictionary*, foi encarado como uma relação contratual pelo menos desde o século XIV, e Blackstone afirma que "nossa legislação considera o casamento exclusivamente pela perspectiva do contrato".[4] Não é difícil perceber qual é o atrativo do casamento contratual para as feministas. As críticas feministas tomam o "contrato" como um acordo entre duas partes iguais que negociam até chegarem a termos que sejam vantajosos para ambas. Se o casamento fosse um contrato propriamente dito, as mulheres teriam que ser inseridas na vida civil exatamente nas mesmas bases que o marido. Muitas feministas, especialmente nos Estados Unidos, defendem o que chamam de "contratos íntimos" ou "contratação matrimonial" em vez de "contrato de casamento".[5] A negociação de um acordo bem delineado, que inclua até condições previstas de rompimento, tem vantagens óbvias sobre o contrato de casamento. As que criticam o contrato de casamento observam que, já que poucas mulheres ganham tanto quanto os homens, somente poucas profissionais e mulheres de classe média estão em condição de negociar um contrato íntimo. Mas os problemas da visão puramente contratual do casamento são muito mais profundos.

As autoras feministas enfatizaram as deficiências do contrato em que as próprias partes não estabelecem os termos. Elas também apontaram para os aspectos em que o contrato de casamento difere dos contratos econômicos, mas, de um modo geral, essas críticas não permitem perceber *por que* o contrato de casamento é tão singular. Nem explicaram por que as autoridades legais, apesar da sólida afirmação de Blackstone, também expressaram dúvidas parecidas acerca do caráter contratual do casamento. Por exemplo, em *Treatise of the Law of the Domestic Relations* [Tratado sobre a legislação das relações domésticas], Schouler diz: "consideramos, então, o casamento não como um contrato na acepção comum do termo, mas como um contrato *sui generis*, se é que ele é contrato de algum tipo, como acordo que introduz uma relação formal à qual impõe

242 | CAROLE PATEMAN

seus próprios termos".[6] Alguns anos mais tarde, em 1888, um juiz estadunidense declarou:

> [...] quando as partes contratantes ingressam no estado de casados, elas não só entraram em um contrato como em uma nova relação [...]. Foi pelo contrato que a relação foi estabelecida, mas, ao ser estabelecida, o poder das duas partes em todo o seu alcance e duração termina. Seus direitos nesta condição são determinados pela vontade do soberano como evidenciada pela lei.[7]

Mais recentemente, numa referência ao final do casamento em The Rise and Fall of Freedom of Contract [A ascensão e queda da liberdade contratual], Atiyah observa que "nós não estamos lidando com coisas normalmente classificadas como contrato".[8] Mas os autores que se dedicam às leis são muito reticentes acerca de por que o contrato de casamento é diferente dos outros contratos.

Blackstone explicou a situação singular da mulher casada da seguinte maneira: na *coverture*,* se um homem fizesse um contrato com sua esposa, "seria somente para se comprometer consigo mesmo e, portanto, geralmente é verdade que todos os pactos feitos entre marido e esposa, quando solteiros, são invalidados pelo casamento".[9] Blackstone, como os teóricos clássicos do contrato, supõe que as mulheres ao mesmo tempo são e não são capazes de participar de contratos. Se um homem e uma mulher concordassem em redigir os termos de seu contrato ao se casarem, o contrato não seria válido. Uma mulher casada é destituída de existência civil, então ela não poderia ter feito um contrato com seu marido. Não é surpreendente que ainda haja problemas em relação ao caráter contratual do casamento! Concentrar-se nos defeitos do contrato de casamento, enquanto contrato, desvia a atenção dos problemas envolvendo a participação das mulheres nesse acordo. Particularmente, a aceitação entusiástica do contratualismo por alguns críticos contemporâneos pressupõe

---

* *Coverture*: posição jurídica da mulher no casamento (N.T.).

O CONTRATO SEXUAL | 243

que o contrato não é problemático para as feministas. A solução do problema do contrato de casamento é apresentada como a conclusão das reformas que corroeram a *coverture*; as esposas podem tomar seu lugar como "indivíduos", e o contrato aparece mais uma vez como o inimigo do antigo mundo do *status* ou patriarcado. Todas as anomalias e contradições em torno das mulheres e do contrato, trazidas à luz na história do contrato sexual, permanecem suprimidas.

O *Appeal of One Half of the Human Race, Women, Against the Pretensions of the Other Half, Men, to Retain them in Political, and Thence in Civil and Domestic Slavery* [Apelo de metade da raça humana, as mulheres, contra as pretensões da outra metade, os homens, de mantê-las em escravidão política, e por conseguinte civil e doméstica], de William Thompson, estabelece os fundamentos para as críticas feministas posteriores do casamento como uma relação contratual. A violência dessa polêmica foi igualada poucas vezes, mas Thompson põe pouca ênfase num contrato adequado como solução aos problemas das relações conjugais. Nesse aspecto, sua discussão difere não só de muitas das discussões feministas contemporâneas, mas também do bastante conhecido "A sujeição das mulheres", de John Stuart Mill. De acordo com Thompson, os direitos políticos das mulheres e o fim do sistema econômico de competição individual — capitalismo — consistem em mudanças cruciais que são necessárias. Apenas os direitos políticos podem terminar com "*o segredo* das injustiças domésticas",[10] e as relações livres entre os sexos serão possíveis somente dentro de uma ordem social baseada na "cooperação mútua no trabalho", ou no socialismo cooperativo.

Thompson construiu habitações-modelo para seus operários em sua propriedade em Cork e fundou institutos de mecânica — ele defendia que as mulheres deveriam ser admitidas nos institutos, nas bibliotecas e em outros estabelecimentos educacionais. Ele elaborou um esquema detalhado para o socialismo comunitário, cooperativo, mas morreu antes que seu plano fosse executado. Os socialistas cooperativos e utópicos incluíram o serviço doméstico comunal em seus planos para suas novas comunidades e, no *Appeal*, Thompson enfatiza que o cuidado das crianças, por exemplo, seria uma responsabilidade comunitária. Uma vez que as mulheres contribuiriam em todas as tarefas da comunidade juntamente com os homens, e teriam direito de reivindicar os mesmos recursos comunitários, os fundamentos da dominação sexual estariam abalados. Quando um homem "não tem mais riquezas que a mulher, e não tem mais influência sobre a propriedade comum, e sua maior força é trazida a um nível adequado de utilização, ele somente obtém satisfação sexual a partir da afeição espontânea da mulher".[11] Se as mulheres garantissem seus direitos civis e políticos e se tornassem economicamente independentes no novo mundo da cooperação voluntária, elas não teriam motivos para se submeterem aos homens em troca de sua subsistência e os homens não teriam meios para se tornarem senhores sexuais das mulheres.

O *Appeal* foi provocado pelo argumento do pai de John Stuart, James Mill, de que as mulheres não precisavam votar porque seus interesses estavam subsumidos nos interesses do pai e do marido. Diferentemente de seus companheiros utilitaristas de então e do presente, e dos economistas que incorporam os membros da família em uma única função social, Thompson estendeu seu individualismo às mulheres. Ele argumentava que os interesses individuais de todos os membros da família devem ser considerados separada e igualitariamente. Os interesses individuais das esposas e das filhas não poderiam ser subsumidos nos do chefe da família, nem se poderia supor que a benevolência dele seria suficiente para garantir que os interesses delas estariam protegidos. Thompson aponta que é necessário que se faça uma análise detalhada da "misteriosa relação que se opera no casamento", e o "milagre moral da filosofia utilitarista do século XIX — da redução de duas identidades a uma só".[12] O contrato de casamento foi o meio pelo qual o "milagre moral" foi forjado, mas ele era tudo menos um contrato. Thompson apregoa que é uma "mentira descarada" referir-se ao casamento como um contrato.

Um contrato! Onde estão as características dos contratos, dos contratos imparciais e justos, nessa transação? Um contrato implica a concordância voluntária de ambas as partes contratantes. Podem ao menos as partes, o homem e a mulher, alterarem os termos por meio de um acordo, no que se refere à *indissolubilidade* e à *desigualdade* desse suposto contrato? Não. Pode um homem individualmente despojar-se, se ele estivesse inclinado a fazê-lo, de seu poder de domínio despótico? Ele não pode. As mulheres foram consultadas acerca dos termos desse suposto contrato?[13]

As mulheres foram forçadas a participar desse suposto contrato. Os costumes sociais destituíram as mulheres da oportunidade de ganharem o seu próprio sustento, de modo que o casamento era a sua única chance para elas terem uma vida decente. O "contrato" de casamento era exatamente como o contrato que os senhores de escravos das Índias Ocidentais impunham a seus escravos; o casamento não era nada mais do que a lei do mais forte, aplicada pelos homens em detrimento dos interesses das mulheres, mais fracas.

Thompson ressalta a importante questão de que nenhum marido pode se desapossar do poder que adquire pelo casamento. Ao discutir esse assunto conclui que a confusão aparece facilmente porque todos nós sabemos de casamentos em que os maridos não utilizam, e nem sonham em utilizar, esses poderes remanescentes, e assim parece que a crítica feminista — ao menos atualmente — erra o alvo. Mas isso é confundir alguns exemplos específicos de casais com a *instituição* do casamento. Thompson estabelece uma distinção precisa entre os atos do marido de alguém e os poderes corporificados na estrutura da relação entre "marido" e "esposa". Tornar-se um "marido" é obter o direito patriarcal em relação à "esposa". Seu direito diminuiu bastante atualmente em relação ao amplo poder que ele desfrutava em 1825, mas mesmo se um homem não tirar proveito da lei do sexo masculino, sua posição de marido reflete a institucionalização dessa lei dentro do casamento. O poder ainda está lá, mesmo se, num caso específico, ele não for utilizado. Christine Delphy faz a mesma observação:

> [talvez] um determinado homem não desempenhe individualmente um papel nesta opressão geral, que acontece antes de sua entrada em cena: mas, reciprocamente, nenhuma iniciativa pessoal de seu papel pode desfazer ou atenuar o que existe antes e fora de sua entrada.[14]

Thompson acrescenta a importante observação de que, mesmo que um marido renuncie a seu poder, a liberdade de sua esposa está sempre condicionada à vontade dele em manter essa renúncia.

Alguns maridos podem, como Thompson argumenta, permitir que suas esposas desfrutem a vida conjugal tanto quanto eles. Entretanto, o deleite da esposa depende totalmente da benevolência de seu marido e do que ele *permite*, ou não, que ela faça. O marido pode transformar o lar conjugal em uma prisão e "isolar sua escrava doméstica de qualquer tipo de convivência, a não ser a dele próprio, de seus filhos, dos gatos e outros animais domésticos". Uma esposa pode ser excluída de qualquer forma de relação intelectual e social e dos prazeres, e pode ser impedida de formar suas próprias relações de amizade; "existe alguma esposa capaz de ter seus próprios conhecidos entre homens e mulheres, sem a permissão, direta ou indireta, do marido [...] ou de mantê-las após formá-las?".[15] Se um marido optar por privar-se de todos os seus poderes legais, sua esposa ainda tem "somente os prazeres do escravo, apesar de diversificados", porque suas ações são sempre condicionadas à permissão do marido.[16] Thompson sustenta que nessas questões as esposas estão em pior situação que as escravas das Índias Ocidentais, e os maridos têm mais autoridade que os senhores de escravos.

Num aspecto o contrato de casamento difere da escravidão ou do contrato prolongado de trabalho da escravidão civil. A escravidão origina-se e é mantida pela coerção física. No contrato de escravidão civil, como no contrato de trabalho, o serviço — capacidade de trabalho — é trocado pela subsistência ou por salários.

A escravidão civil não pode ser mantida através dos tempos, a não ser que o trabalhador — escravo — obedeça às ordens do patrão; a obediência é constitutiva do contrato. Como Thompson salienta, no contrato de casamento a esposa concorda explicitamente em obedecer a seu marido. O contrato de casamento diferencia-se ao reservar às esposas "essa degradação gratuita da promessa de serem escravas". Thompson pergunta a si mesmo por que os homens não se contentam "com o simples prazer de dominar, sem a satisfação extra do poder de insultar a vítima com a suposta renúncia *espontânea* do controle sobre os atos dela".[17] A promessa de obediência não é mais incluída na cerimônia de casamento, mas ela também não desapareceu por completo, e pretendo retomar essa característica do contrato de casamento.

Do mesmo modo que os prazeres sociais das esposas dependem da benevolência do marido, os prazeres sexuais também dependem dele, argumenta Thompson. Em sua pequena história conjetural das origens do casamento, Thompson observa que os desejos sexuais dos homens levam-nos a erigir "estabelecimentos particulares de procriação, chamados de vida de casado", em vez de utilizarem as mulheres somente como mão de obra.[18] Com o estabelecimento do casamento e com o pretexto do contrato, a dominação dos homens é ocultada pelo argumento de que o casamento permite o desfrute sexual igualitário e consensual entre os dois esposos. Os maridos, nota-se, dependem da concordância voluntária da esposa para que ambos tenham prazer. Thompson afirma que isso é "uma mentira insultante"; o marido é suficientemente forte fisicamente, e tem a aprovação da opinião pública e da legislação, para forçar sua esposa a se submeter a ele, queira ela ou não. Ela, entretanto, não tem nenhum direito ao prazer; ela pode implorar, como uma criança ou um escravo, mas mesmo isso é difícil para mulheres que supostamente não têm desejos sexuais. Thompson conclui que "os desejos sexuais aumentam em dez vezes a facilidade do exercício, e da manutenção para toda a vida, do despotismo dos homens no casamento".[19] O argumento de Thompson sugere que, para terminar com a descarada mentira do contrato de casamento, não só são necessárias mudanças econômicas e políticas de alcance geral, mas também uma mudança radical do significado do que é um ser sexual masculino ou feminino; é preciso declarar o contrato original irrito e nulo.

Quatro décadas depois, John Stuart Mill chegou a conclusões menos abrangentes a partir de sua crítica ao casamento como um contrato. Em alguns sentidos isso é um tanto quanto surpreendente, já que existem algumas semelhanças impressionantes entre os argumentos de Mill em "A sujeição das mulheres" e o *Appeal* de Thompson. Mas há também algumas diferenças importantes. Insinuou-se recentemente que Mill havia assumido "inconscientemente" o argumento de Thompson "quase que palavra por palavra".[20] Seja como for, é curioso que Mill não mencione Thompson, que ele conheceu em 1825, o ano em que o *Appeal* foi publicado. Mill simpatizava com o socialismo cooperativista, e nos anos 1820 e 1830 frequentou as reuniões na Capela de South Place em Londres, um local de encontros de radicais, em que Anna Wheeler às vezes fazia conferências. A contribuição de Anna Wheeler ao *Appeal*, o qual chegou até nós com o nome de William Thompson na capa, é, talvez, mais clara do que o papel de Harriet Taylor em "A sujeição das mulheres", publicado com o nome de John Stuart Mill.

As mulheres tiveram um papel importante tanto no *Appeal* quanto em "A sujeição das mulheres". A controvérsia acerca da contribuição de Harriet Taylor nas obras de Mill prolongou-se por muitos anos, e apresenta-nos um fascinante lampejo do bastião patriarcal da filosofia política, muitas vezes defendido ferozmente pelas mulheres; Diana Trilling, por exemplo, proclamou que Harriet Taylor "não tinha nenhum toque de verdadeira feminilidade", nenhuma substância intelectual, e era "um monumento de egoísmo, tão destituído de charme quanto de grandiosidade" — claramente inadequada para se associar a teóricos admitidos ao panteão dos grandes filósofos ocidentais. Gertrude Himmelfarb culpou a influência excessiva de

Taylor pelos lapsos de Mill da trilha da moderação, mais notadamente de seu feminismo. Os filósofos definitivamente devem escolher com cuidado a esposa, ou a subversão política natural das mulheres abalará seu trabalho intelectual.[21] Como amiga de um autor ignorado pelos teóricos políticos e descartado pelos marxistas como utópico, Anna Wheeler recebeu somente desprezo. Na "Introductory Letter to Mrs. Wheeler" [Carta introdutória a Sra. Wheeler], com a qual Thompson inicia o *Appeal*, ele afirma que esperava que ela continuasse o trabalho iniciado por Mary Wollstonecraft, "mas não existia disponibilidade e resolução para assumir a dureza da tarefa". Apenas algumas poucas páginas foram escritas pela própria Anna Wheeler; "as restantes são o nosso bem comum, eu sendo o seu intérprete e o instrumento de seus sentimentos".[22]

John Stuart Mill foi um dos poucos homens que não só apoiaram o movimento feminista, mas tentaram transformar sua solidariedade em prática. Sua crítica ao contrato de casamento foi sintetizada em uma afirmação feita dois meses antes de ele e Harriet Taylor se casarem, em 1851. Mill rejeitou totalmente os poderes legais que iria adquirir como marido — fazendo "uma promessa solene de nunca utilizá-los em circunstância alguma". Ele disse que Harriet Taylor e ele rejeitavam totalmente a legislação matrimonial vigente, porque ela "confere a uma das partes do contrato poder legal e domínio sobre a outra pessoa, propriedade e liberdade de ação independentemente dos desejos e vontades" da outra parte. Mill concluiu sua declaração dizendo que Harriet Taylor "mantém em todos os aspectos a mesma liberdade absoluta de ação e de dispor de si mesma e de tudo que pertence ou possa vir a pertencer a ela, como se esse casamento não tivesse acontecido; e eu renuncio e repudio qualquer pretensão de ter adquirido quaisquer direitos em função desse casamento."[23]

Mill concorda com Thompson em várias questões. Ele argumenta, por exemplo, que as mulheres não têm nenhuma alternativa e são forçadas a se casarem. A posição de "esposa" é a única que sua criação, sua deficiência de educação e de instrução, e as pressões legais e sociais concretas deixam em aberto para elas. Mill diferencia o comportamento particular dos maridos e a estrutura da instituição do casamento. Ele argumenta que os defensores da legislação matrimonial vigente apoiam-se em exemplos de maridos que se abstêm da utilização de seus poderes legais, embora o casamento seja reservado a todos os homens, e não apenas a alguns poucos benevolentes, e permita aos homens molestarem fisicamente suas esposas, em virtual impunidade. Novamente, como Thompson, Mill argumenta que se tornar uma esposa é equivalente a se tornar uma escrava e, em alguns sentidos, pior; uma esposa é a "verdadeira serva de seu marido: não menos, então, até onde vai a obrigação legal, do que os comumente chamados de escravos".[24] Mill é muito mais reticente que Thompson acerca da submissão sexual da esposa, embora, como já observei, ele voltasse a atenção para o poder de um marido forçar sua esposa a fim de assegurar "seus direitos conjugais".

Mill rompe com Thompson ao negar que exista alguma relação entre a dominação conjugal e a posição da esposa como dona de casa e dependente econômica. Mill exige reformas da legislação matrimonial para equiparar o contrato de casamento com outros contratos. Repetindo Pufendorf, ele observa que "o caso mais frequente de associação espontânea, ao lado do casamento, é a sociedade nos negócios", mas não é adequado comparar o casamento com os negócios. Ninguém acha que um parceiro num negócio deva ser a autoridade absoluta — quem participaria de uma sociedade se fosse assim? Todavia, se o poder estivesse nas mãos de um único homem, esse acordo seria menos perigoso que o casamento, já que o parceiro subordinado sempre poderá romper o contrato; tal caminho não está aberto a uma esposa (e Mill, que sempre foi muito cuidadoso em público a respeito da extremamente cobrada questão do divórcio, acrescenta que uma esposa pode retirar-se do casamento somente como um último recurso). Nos negócios, tanto a teoria quanto a prática confirmam que o acordo adequado é feito para que as condições da sociedade sejam negociadas nos artigos do acordo. Do mesmo modo, Mill argumenta, no casamento, o "acordo natural" é a divisão de poderes entre o marido e a esposa, "cada qual sendo absoluto na divisão executiva de seu próprio departamento, e qualquer mudança do sistema e dos princípios requer o consentimento de ambos".

Como se deve fazer a divisão? Mill sugere, por um lado, que o acordo seja feito de acordo com as aptidões dos parceiros; eles podem "estabelecê-lo previamente pelo contrato de casamento, como os acordos financeiros, em geral, são preestabelecidos atualmente". Por outro lado, como as feministas criticaram recentemente, Mill é, em última análise, incoerente com seu argumento. Ele recai nos apelos à tradição e à natureza que ele havia rejeitado em "A sujeição das mulheres", um estágio anterior de sua discussão. Mill, assim como os teóricos clássicos do contrato, supõe que as diferenças sexuais necessariamente levam a uma divisão sexual do trabalho, uma divisão que sustenta o direito patriarcal dos homens. Ele observa que, porque um marido geralmente é mais velho que sua esposa, ele tem mais autoridade nas decisões, "pelo menos até que ambos atinjam uma fase da vida em que a diferença entre as suas idades não tenha importância alguma". Entretanto, ele não diz por que o marido estaria disposto a abrir mão de seu poder, ou como reconhecer o momento adequado para isso. Novamente, Mill observa que o cônjuge (e ele diz falsamente "qualquer que seja") que garantir a maior parte do sustento terá maior voz, mas seu próprio argumento assegura que a voz da esposa permaneça submetida.[25]

Mill afirma que quando a família depende de salários para se sustentar, "o acordo normal, pelo qual o homem ganha a renda e a mulher supervisiona os gastos domésticos, parece-me, em geral, a divisão de trabalho mais adequada entre duas pessoas". Ele supõe que quando as mulheres tiverem as mesmas oportunidades de educação e consequentemente *o poder* de ganhar, e o casamento for reformado de modo a não mais sancionar legalmente os maridos como senhores de escravos, ainda assim uma mulher, em virtude de ter se tomado uma esposa, escolherá permanecer em casa, protegida por seu marido. Ele claramente iguala a opção de uma mulher pelo casamento à escolha profissional de um homem. Quando uma mulher se casa e tem um lar e uma família para cuidar, ela renuncia a todas as outras ocupações "que não são compatíveis com as exigências familiares".[26] Mesmo se o casamento transformar-se em um contrato de livre negociação, segundo Mill as mulheres continuariam a se render ao serviço doméstico.

Harriet Taylor estava muito mais próxima de William Thompson nessa questão. Em 1851, em "A emancipação das mulheres", ela respondeu à objeção de que a abertura de todas as ocupações aos dois sexos, segundo os méritos, provocaria um aumento do número de competidores e a redução dos ordenados e salários. Taylor argumentava que, na pior das hipóteses, tal aumento de oportunidades para as mulheres significaria que o casal não ganharia muito mais do que o homem sozinho. A grande mudança seria a "elevação" da esposa "da posição de criada para a de parceira". Já que a vida econômica era governada pela competição não se podia justificar a exclusão de metade dos competidores. Ela acrescentava ainda não acreditar que "a divisão da humanidade em capitalistas e trabalhadores assalariados, e o preceito da recompensa da mão de obra principalmente através da oferta e da procura, fossem para sempre, ou mesmo por muito tempo, a norma do mundo".[27]

A maioria das reformas da legislação matrimonial exigidas pelas feministas do século XIX foi sancionada na atualidade. Contudo, as feministas contemporâneas ainda salientam que o contrato de casamento diverge em aspectos importantes dos outros contratos. Alguns de seus argumentos se parecem com os de Thompson e Mill, outros ressaltam ainda algumas peculiaridades do casamento como um contrato.[28] Por exemplo, as feministas contemporâneas observam que o contrato de casamento, diferentemente de outros contratos válidos, requer que uma das partes abra mão de seu direito de legítima defesa e de integridade corporal. Elas também apontaram que o contrato de casamento não existe como um documento escrito que é lido e então assinado pelas partes contratantes. Geralmente, um contrato somente é válido se as partes leram e compreenderam os termos antes de se comprometerem. Hoje em dia, se uma grande quantidade de bens estiver envolvida num casamento, às vezes se redige um contrato muito parecido com documentos antigos, muito comuns quando o casamento era um assunto dos pais de família, e não uma escolha livre dos indivíduos. O fato de a maioria dos casamentos não ter nenhum documento desse tipo ilustra uma das características mais marcantes do contrato de casamento. Não há um documento intitulado "O Contrato de Casamento" para ser assinado. Em vez disso, o contrato não escrito do casamento é codificado numa lei que governa o casamento e a vida familiar.[29]

Há um outro motivo, também, pelo qual não existe um documento escrito. Um homem e uma mulher não se tornam marido e mulher através da assinatura de um contrato. O casamento é constituído por meio de dois atos diferentes. Primeiro, uma cerimônia determinada durante a qual o casal se compromete num ato verbal. O homem e a mulher dizem a palavra "sim". Essa palavra é uma "expressão performativa"; ou seja, ao dizer essa palavra, a posição do homem e da mulher é modificada. No ato de dizer "sim", o homem se torna marido e a mulher se torna esposa. Homens e mulheres solteiros são transformados em casais ao expressarem certas palavras — mas o casamento ainda pode ser invalidado caso outro ato não seja executado. Segundo, o casamento também tem de ser "consumado" pela relação sexual. Kant era enfático a respeito disso:

> O contrato de casamento somente é completado com a coabitação conjugal. Um contrato entre duas pessoas de sexos diferentes, contendo um acordo secreto entre ambos de abstenção de coabitação conjugal, ou contendo a consciência de uma das partes de incapacidade para tal, é um *contrato simulado*, não constitui um casamento.[30]

A história do contrato sexual explica por que uma assinatura, ou mesmo um ato verbal, é insuficiente para validar um casamento. O ato necessário, que sela o contrato, é — significativamente — chamado de *ato sexual*. Somente depois de o marido ter exercido seu direito conjugal é que o contrato de casamento se consuma.

Feministas contemporâneas também enfatizaram o fato de um casal não poder determinar os termos do contrato de casamento que melhor se adaptem ao caso deles. Não é nem mesmo possível escolher entre vários contratos diferentes: só existe *o* contrato de casamento. As mulheres casadas conquistaram alguns poderes de contratar por si mesmas após a aprovação dos Atos das Propriedades das Mulheres Casadas, no século XIX — na Grã-Bretanha, a responsabilidade pessoal de uma esposa pelos contratos foi reconhecida pelo Parlamento apenas em 1935 —, mas como Lenore Weitzman observou, apesar das importantes reformas que aconteceram desde então, duas restrições legais foram mantidas a respeito do contrato entre marido e mulher. "Primeiro, nenhum contrato poderia alterar os elementos essenciais da relação matrimonial e, segundo, nenhum contrato poderia ser feito tendo o divórcio em vista." Um casal não pode fazer um contrato para modificar a "essência" do casamento, que é vista como "obrigação masculina de sustentar a mulher, e a obrigação de a mulher servir a seu marido".[31] A relação de proteção e obediência não pode ser alterada legalmente, de modo que, por exemplo, um casal não pode contratar a esposa pelo seu trabalho de dona de casa pagando-lhe para tal um salário. Os casais têm algum campo de ação para fazer seus próprios acordos, mas é importante notar a observação de William Thompson sobre a permissão do marido continuar sendo relevante; as variações particulares são feitas dentro de "uma relação de dependência *pessoal*. O casal põe em prática aquilo que o marido quer que a esposa faça [...] dentro de certos parâmetros gerais".[32] Estes são estabelecidos pela legislação que regula o casamento, e especialistas feministas em legislação frequentemente seguem outras autoridades legais ao argumentarem que, assim, o casamento é menos um contrato que uma questão de *status*.

Mas *"status"* em que sentido? Algumas discussões sugerem que o antigo mundo do *status* sobreviveu no mundo moderno. Assim, em "A sujeição das mulheres", John Stuart Mill argumenta que "a lei da servidão no casamento é uma contradição monstruosa com todos os princípios do mundo moderno", e que a subordinação das mulheres é "a única relíquia de um mundo antigo de pensamentos e práticas já ultrapassados". O "traço característico do mundo moderno [...] é o fato de os seres humanos não estarem presos à condição em que nasceram, [...] mas serem livres para empregar suas faculdades, e tantas quantas forem as oportunidades favoráveis, atingir a condição que lhes pareça mais desejável".[33] Atualmente, esse princípio aplica-se apenas aos homens; nascer mulher ainda implica a existência de um lugar já determinado na vida. O casamento, argumenta Mill, tem, desse modo, que ser introduzido no mundo moderno; as relíquias do *status* têm que ser eliminadas e o casamento tem que ser deslocado do *status* para o contrato. No antigo mundo do *status*, homens e mulheres não podiam escolher a posição social que ocupariam como maridos e esposas. Mary Shanley observou sobre o casamento no século XVII que 'o elemento 'contratual' do casamento [era] simplesmente o *consentimento* de cada parte em se casar [...] contratar um casamento era consentir em um *status* que, em sua essência, era hierárquico e imutável".[34] Críticas feitas por feministas ao contrato de casamento frequentemente fazem observações parecidas acerca do casamento contemporâneo; por exemplo, o contrato de casamento "não é, de fato, um contrato entre os cônjuges, e sim a aceitação de um certo *status* (externamente definido) por ambas as partes".[35]

A ênfase no *"status"* como uma posição externamente definida sobrepõe-se ao *"status"*, como é utilizado por autores legais, para se referirem à regulação e à restrição da liberdade contratual pelo Estado. O *status*, eles argumentam, é então incorporado ao contrato. As especialistas feministas em legislação também apresentam o casamento como uma exceção ao movimento do *status* para o contrato ou como parte de uma volta ao *status*. Por exemplo, Weitzman argumenta que o casamento ainda não é um contrato, no qual as partes negociam livremente os termos, mas passou "de *status* a um *status* contratual". Homens e mulheres podem optar ou não por se casarem, assim como podem optar ou não por outros contratos; mas, desde que decidam se casar, "a analogia do contrato falha — porque os termos e as condições da relação são ditadas pelo Estado. O resultado é que os parceiros matrimoniais perderam seus privilégios tradicionais do *status* e, ao mesmo tempo, foram privados da liberdade que o contrato garante".[36] Marjorie Schultz reconhece que houve uma mudança da utilização feita por Maine de "*status*" para "condições legais impostas ao indivíduo pela legislação pública, normalmente não como resultado de características de nascença, mas através da escolha ou do acordo". Contudo, ela também se refere a um movimento do contrato de volta ao *status*. Ao se casarem, "as futuras esposas podem contratar um 'pacote' de *status*, tendo pouco controle de seus termos concretos". Ela argumenta que a passagem do contrato deveria ser revertida; o casamento deveria ser uma questão puramente contratual, já que o contrato "oferece uma tradição rica e desenvolvida, cuja principal força é justamente a de comportar relações diversas".[37] Exatamente: a tradição contratual pode até comportar a relação entre senhor e escravo.

Argumentar em favor da incorporação do casamento ao modelo do contrato econômico, no auge da liberdade contratual (se é que tal período alguma vez existiu), é supor que os mundos público e privado possam ser incorporados um ao outro e ignorar a construção da contraposição entre o mundo do contrato e a sua "base natural", dentro da sociedade civil. O contrato aparece como a solução para o problema do direito patriarcal (*status*), porque ele é encarado como uma categoria universal capaz de abranger as mulheres. O contrato, no mundo público, é uma troca entre iguais, entre "indivíduos", e, por isso, parece que, se o contrato for estendido à esfera privada, as diferenças de *status* entre homens e mulheres desaparecerão. O marido exerce um direito político sobre a mulher, e unicamente os homens podem ser "maridos". O *status* porém, em outro sentido, tem que ser substituído pelo contrato.

As críticas contemporâneas feitas pelas feministas apontaram que diferentemente de outros contratos, o contrato de casamento não pode ser feito entre dois — ou mais — adultos sensatos quaisquer, sendo restrito a duas partes, uma das quais necessariamente sendo um homem e a outra, uma mulher — e que não podem ter determinados vínculos de parentesco. Não só o "marido" adquire um certo poder sobre sua esposa, queira ele ou não, mas o contrato de casamento é também imputado sexualmente. Um homem é sempre um "marido" e a mulher é sempre uma "esposa". Mas qual a consequência dessa crítica? O argumento de que o contrato de casamento deveria se tornar uma relação propriamente contratual sugere que a diferença sexual também seria um aspecto do "*status*". Autores que escrevem sobre legislação argumentam que se houve um retorno do contrato ao *status*, isso ocorreu porque as características sociais essenciais das partes de um contrato são tratadas como questões relevantes, ao se decidir se certos contratos devem ser permitidos ou regulamentados. A liberdade contratual — o contrato adequado — exige que não se considerem atributos essenciais, tais como o sexo. Para que o casamento seja verdadeiramente contratual, a diferença sexual tem que se tornar irrelevante para o contrato de casamento; o "marido" e a "esposa" não podem mais ser determinados sexualmente. De fato, a partir do ponto de vista do contrato, os "homens" e as "mulheres" desapareceriam.

A conclusão da mudança do *status* para o contrato acarreta o desaparecimento do *status* como diferença sexual, juntamente com o "*status*" em seus outros sentidos. Não podem existir limites predeterminados para o contrato, então não se pode impor nada na especificação do sexo das partes. No contrato, o fato de se ser homem ou mulher é irrelevante. Em um contrato de casamento adequado, dois "indivíduos" concordariam com quaisquer termos que fossem vantajosos para ambos. As partes de tal contrato não seriam um "homem" e uma "mulher", mas dois detentores da propriedade que têm em suas pessoas, que chegaram a um acordo acerca dessa propriedade para vantagem de ambos. Até recentemente, não havia indicação de que o status, no sentido de diferença sexual, também seria substituído pelo contrato. Eliminar os últimos resquícios do status no casamento pode ter consequências não previstas por Thompson ou Mill, os quais não se opuseram ao fato de as *mulheres* se tornarem esposas; eles se opuseram veementemente às implicações de ser uma *esposa*. Críticas feministas à indissolubilidade do contrato de casamento e a seus termos inegociáveis, feitas anteriormente, foram dirigidas ao direito conjugal do marido e não à construção imputada da "esposa" e do "marido". A crítica contemporânea à diferença sexual, aparentemente muito mais radical do que as discussões antigas, sofre de um problema insuperável: o "indivíduo" é uma categoria patriarcal. O contrato pode ser o adversário do *status*, mas também é o esteio do patriarcado. O casamento, como uma relação puramente contratual, permanece preso à contradição de que a sujeição das esposas é tanto rejeitada quanto pressuposta — uma questão ilustrada na discussão sobre o contrato de casamento entre Kant e Hegel.

A concepção contratual de casamento pressupõe a ideia do indivíduo como proprietário. O contrato de casamento estabelece o acesso sexual legítimo à propriedade na pessoa. Kant foi o teórico do contrato que mais se aproximou de uma visão do casamento como nada mais do que um contrato de uso sexual. O casamento, para Kant, é "a união de duas pessoas de sexos diferentes pela posse recíproca de suas faculdades sexuais pela vida toda".[38] Locke observou que a sociedade matrimonial, estabelecida através do contrato, "consiste principalmente na comunhão e no direito de um cônjuge ao corpo do outro".[39] Mas, como a história do contrato sexual revela, o direito não é ao corpo do outro; o direito é o direito sexual masculino. Kant endossava o contrato sexual mas, paradoxalmente, ele também rejeitava a ideia de o indivíduo como proprietário de si mesmo — da propriedade na pessoa —, e ele teve que chegar a níveis impressionantes para sustentar sua estranha visão contratual do casamento.

A visão kantiana do contrato de casamento oferece um exemplo particularmente claro da negação e da afirmação simultâneas das mulheres como "indivíduos", ou na terminologia de Kant, "pessoas". Por um lado, sua filosofia apoia-se na suposição de que, em virtude de se ser humano, todos têm a razão e, portanto, são capazes de agir de acordo com as leis morais universais e de participar da vida civil. Por outro, a capacidade humana é sexualmente diferenciada. As mulheres são destituídas de razão civil ou política. As observações um tanto quanto banais de Kant sobre as características dos sexos devem tudo a Rousseau. Ele nos conta que as mulheres são criaturas derivadas do sentimento, e não da razão, de modo que é inútil tentar aumentar a moralidade das mulheres para compatibilizá-las com as regras universais. As mulheres apenas agem se a ação lhes agrada. Elas são incapazes de compreender princípios; então, para as mulheres, o correto tem que parecer agradável. Elas não entendem "nada de *obrigação, de dever, de direito*.[40] A tenacidade com que os filósofos de sexo masculino mantêm-se fiéis ao contrato sexual é ilustrada por um recente comentário de que "qualquer que seja a conclusão de Kant sobre o papel da mulher, a análise que ele faz de sua condição ainda é digna de seu grande nome".[41]

Os homens são governados pela razão e são senhores de si próprios. O autodomínio é demonstrado pela maneira como o homem ganha o seu sustento, ao "não permitir que os outros façam uso dele; ele não deve, no verdadeiro sentido da palavra, *servir* a ninguém exceto ao bem comum". Se as condições sociais exigem que um homem se torne servo de outro ou ingresse num contrato empregatício ou de trabalho sob o domínio de outro, ele não tem os critérios para possuir a "personalidade civil" e, portanto, é excluído da cidadania. Kant tenta diferenciar os homens que servem a outros, tais como um barbeiro ou um trabalhador, do fabricante de perucas ou do comerciante, que é um senhor independente. Um comerciante, por exemplo, "troca seus bens com outra pessoa", enquanto o trabalhador "sempre permite que alguém faça uso dele". Kant, um tanto maldosamente, acrescenta que é difícil definir os critérios de autodomínio.[42] Ou, pelo menos, é difícil, no caso dos *homens*, porque todos eles têm potencial para o autodomínio; meros acidentes do acaso e das circunstâncias tornam alguns homens servos, usados por outros, e os desqualificam como pessoas ou indivíduos. O caso das mulheres parece não propor problemas.

Kant afirma que "as mulheres em geral [...] não têm personalidade civil, e que a existência delas é, por assim dizer, puramente instintiva".[43] Elas devem, portanto, ser mantidas bem longe do Estado, e também devem ser submetidas ao marido — o senhor delas — no casamento. Kant sustenta que o nascimento não cria a desigualdade legal, porque o nascimento não é ato da parte de quem nasce. Ele argumenta que a igualdade dos sujeitos legais não pode ser confiscada pelo contrato; "nenhuma transação legal da parte dele ou de qualquer outra pode obrigar o indivíduo a deixar de ser senhor de si mesmo".[44] Kant não menciona que o contrato de casamento é uma exceção à sua discussão. Mesmo que as mulheres fossem seres civis iguais aos homens, elas teriam a sua condição confiscada ao ingressar no contrato de casamento. Mas todas as mulheres são destituídas de personalidade civil e, portanto, o contrato de casamento apenas confirma a desigualdade sexual natural do nascimento. Ao mesmo tempo, a visão contratual de Kant sobre o casamento pressupõe que sua própria afirmação explícita sobre a falta de posição social "inerente" às mulheres está invalidada. Se a igualdade civil entre os sexos não existe, se as mulheres não são donas de propriedades e senhoras de si mesmas, Kant não pode sustentar sua curiosa categoria de "direito pessoal" e sua versão do contrato de casamento.

O direito pessoal, diz Kant, "é o direito de *posse* de um objeto externo como uma coisa, e o uso dele como uma pessoa".[45] O contrato de casamento toma uma forma diferente dos outros contratos. No contrato de casamento um indivíduo adquire direitos sobre uma pessoa — ou mais precisamente, como Kant observa, "o homem adquire a mulher"[46] —, que se torna portanto uma *res*, uma coisa, uma mercadoria ou uma propriedade. Mas porque ambas as partes se tornam coisas, e cada uma pertence ao outro, as duas, de acordo com Kant, reconquistam, desse modo, sua condição de "pessoas racionais". Eles fazem uso um do outro não como propriedades, mas como pessoas. A discussão de Kant sobre a ideia de direito pessoal e sua discussão sobre como e por que um casal constitui-se de coisas e pessoas são tortuosas — e contraditórias.

Ele observa que há sempre o risco de a sexualidade rebaixar os seres humanos ao nível das bestas. A questão, de acordo com Kant, é "quão longe [um homem] é capaz de fazer uso de seu [desejo natural] sem prejuízo para sua humanidade [...]. Podem homens e mulheres se venderem ou se deixarem alugar, ou através de algum outro contrato permitirem que suas faculdades sexuais sejam usadas?[47] Kant responde que uma pessoa não pode ser separada do proprietário individual. Adquirir "parte do organismo humano" — apossar-se somente da propriedade sexual de outro indivíduo — é adquirir o indivíduo como propriedade, uma *res*, já que o organismo humano é uma unidade.[48] De fato, Kant argumenta que é impossível usar somente *parte* de uma pessoa "sem ter ao mesmo tempo direito de dispor de toda a pessoa, pois cada parte da pessoa está totalmente ligada ao todo". E conclui que "a única situação na qual somos livres para fazer uso de nosso desejo sexual depende do direito de dispor da pessoa como um todo — do bem-estar, da felicidade e, em geral, de todas as particularidades dessa pessoa".[49]

A rejeição de Kant em relação à ideia de propriedade dos órgãos da pessoa é muito estranha. Se o casamento for, como ele o define, nada mais do que um contrato de uso sexual recíproco — o uso recíproco da propriedade sexual [faculdades] da pessoa, — então, não há a mínima necessidade de ele argumentar em termos do uso da pessoa, e muito menos argumentar que as pessoas são usadas como coisas. Ter direitos sobre uma pessoa como coisa, como um bem, é ter o poder de um senhor de escravos — mas o marido, em Kant, não tem esse poder. Kant argumenta que, se *ambas* as partes do contrato adquirirem o mesmo direito, elas poderão desistir desse direito e reconquistar a si próprias. Elas são, ao mesmo tempo, proprietárias e propriedade. Elas se tornam pessoas novamente, unidas em uma única vontade. A razão de todas essa manobras teóricas não convincentes fica clara, uma vez que a história do contrato sexual é contada.

Kant faz o máximo para tirar as vantagens das duas visões filosóficas de que se vale. Para que ele sustente seu argumento de que os seres humanos têm a capacidade racional de agir de acordo com princípios morais, as duas partes do contrato de casamento têm que ter a mesma condição. Além disso, para que a condição delas seja mantida, elas têm que se envolver em uma troca equitativa de propriedades; ou em uma troca equitativa de si mesmas como propriedades. Portanto, Kant sugere: as mulheres, como os homens, são indivíduos ou pessoas. Se for assim, não é necessário que Kant insista que o casal seja propriedade um do outro. Se a pessoa é uma unidade, se as faculdades sexuais são inseparáveis do ser, então por que o marido e a esposa não continuam a ser pessoas, uma em relação à outra? Não é difícil perceber o motivo. Kant exclui as mulheres da categoria de indivíduos ou pessoas. As mulheres somente podem ser propriedade. O direito pessoal existe apenas na esfera privada do casamento e das relações domésticas. No domínio público os indivíduos interagem como civis iguais entre si, e até um homem, cujas circunstâncias o coloquem na posição de servo, também não se tornará uma propriedade. O contrato social, criador da liberdade e da igualdade, depende do contrato sexual, que cria o direito patriarcal (pessoal); a igualdade civil depende do direito pessoal. O que é ser senhor de si mesmo na vida civil se torna claro em contraposição ao domínio das mulheres pelos homens, no casamento. A grande influência de Kant na teoria política contem-

O CONTRATO SEXUAL | 263

porânea não é surpreendente em face da sua habilidade pela qual o contrato sexual é ocultado no casamento como um contrato de uso sexual recíproco.

Um milagre moral — como William Thompson chamaria — transforma a submissão natural das mulheres em igualdade conjugal. A natureza nos deu o desejo sexual para que procriemos, mas esse não é o único motivo pelo qual nos casamos; "o prazer do uso recíproco dos dotes sexuais é uma das finalidades do casamento", e é legítimo se casar tendo essa finalidade em vista.[50] Mas se os homens e as mulheres querem usar sua propriedade sexual eles *têm* que se casar. "O casamento é a única situação na qual a sexualidade de uma pessoa pode ser utilizada. Se alguém se dedica a outra pessoa, ele não deve dedicar apenas o sexo mas sua pessoa como um todo: os dois não podem ser separados."[51] Kant não diz apenas que a utilização sexual mútua fora do casamento desumaniza um homem e uma mulher — eles continuam a ser somente propriedades um do outro —, mas que esse uso está "em princípio, embora não o esteja sempre na prática, no nível do canibalismo". Consumir um corpo com os dentes e a boca, e não com o órgão sexual, somente garante um tipo diferente de prazer. Somente o contrato de casamento pode transformar o uso da propriedade sexual, no qual "alguém transforma-se em *res fungibilis* do outro", no uso de uma pessoa.[52] Mas é o *marido* que detém o uso de uma pessoa, e não a esposa. O contrato de casamento kantiano institui o direito patriarcal do marido; *ele* possui o corpo da sua esposa, ou seja, a pessoa dela, como uma coisa, mas ela não tem o direito correspondente. O "direito pessoal" é o direito do marido como senhor civil.

E não há dúvida de que ele é um senhor. A unidade de vontades é representada pela vontade do marido; Kant sustenta que uma "relação de igualdade diz respeito à posse recíproca das pessoas, bem como aos bens que existem entre marido e mulher". Ele rejeita a suspeita — uma suspeita expressa em várias procedências, por volta de 1790, quando a *Filosofia do direito* apareceu — de que há algo de contraditório em postular tanto a igualdade quanto o reconhecimento legal do marido como senhor. Ele observa que o poder do marido sobre a esposa

> não pode ser encarado como o contrário da igualdade natural de um casal humano, se essa supremacia legal estiver baseada na superioridade natural das faculdades do marido em relação à esposa na realização do interesse comum do lar, e se o direito de comandar estiver baseado simplesmente neste fato.[53]

Embora Kant afirme que, se um dos cônjuges fugir, "o outro tem o direito de indiscutivelmente, a qualquer momento, trazê-lo de volta à relação, como se essa pessoa fosse uma coisa", está claro que provavelmente esse direito será exercido pelo chefe da família. O senhor, diz Kant, também tem o direito de trazer de volta servos foragidos, "mesmo antes de os motivos que o levaram a fugir [...] serem judicialmente investigados".[54] Ao ampliar sua noção de direito pessoal, Kant utiliza o exemplo esclarecedor da diferença entre apontar para alguém e dizer "este é meu pai" — o que significa apenas que eu tenho um pai que está aqui — e apontar alguém e dizer "esta é minha mulher". Apontar uma esposa é se referir a "uma relação jurídica especial de um detentor de um objeto encarado como uma coisa, embora nesse caso seja uma pessoa".[55] Kant observa que o direito pessoal é diferente de possuir um homem que perdeu sua personalidade civil como um escravo — mas possuir uma esposa é possuir alguém que, naturalmente, não tem personalidade civil, embora não seja chamada de escrava.

Hegel criticou o contrato de casamento kantiano, afirmando que era "vergonhoso" ver o casamento "rebaixado ao nível de um contrato de utilização recíproca".[56] Hegel também rejeitou a doutrina do contrato social. Ele negava que o Estado devesse ser entendido como se fosse, ou pudesse ser, originado de um contrato original. Comentadores da teoria de Hegel invariavelmente concluem que ele se contrapõe à teoria do contrato. Na ausência da história completa do contrato original essa conclusão parece ser totalmente razoável, e pode-se esquecer que, apesar de sua crítica ao contrato de casamento kantiano, Hegel argumenta que o casamento se origina em um contrato. A grande área que ele compartilha com a doutrina contratual, notadamente no que se refere à construção patriarcal da sociedade civil, da masculinidade e da feminilidade, pode ser assim considerada.

Hegel rejeita a base da teoria do contrato, a ideia do indivíduo como proprietário. Ele também rejeita o ideal contratualista de vida social como nada além do contrato, infinitamente. Nessas questões, ele é o maior crítico do contrato. Entretanto, os argumentos de Hegel estão decisivamente comprometidos pela sua aceitação do contrato sexual. Com o objetivo de incorporar as mulheres à sociedade civil ao mesmo tempo em que as exclui, Hegel reintroduz as contradições da teoria de Kant. Hegel critica o argumento de Kant de que os indivíduos se tornam uma propriedade no casamento, mas o seu próprio contrato de casamento, como o de Kant, supõe que as mulheres não são, não podem ser, e contudo são indivíduos. Hegel descarta o contrato de casamento de uso recíproco ou de troca de propriedades, mas ainda defende o contrato que institui que a esposa seja submissa a seu marido.

Ele vê como vergonhoso substituir o indivíduo contratual enquanto proprietário ou pessoa-coisa pela complexidade da personalidade humana e da ética. O indivíduo como proprietário e produtor é o que Hegel chama de uma "pessoa que se sustenta a si própria", e embora esse seja um elemento ou "momento" na personalidade individual e na vida social, isto não é e não pode ser tudo.[57] Encarar o casamento como um contrato do qual participam detentores da propriedade sexual em suas pessoas, ou encarar os cônjuges como uma propriedade, é enganar-se completamente a respeito do casamento e do lugar que ele ocupa na vida civil moderna. Como um mero contrato, o casamento está aberto ao acaso, ao capricho e aos impulsos da atração sexual. A cerimônia de casamento se torna um simples meio de evitar o uso não autorizado dos corpos — ou o canibalismo sexual. Ao contrário, para Hegel, o casamento é uma forma diferente de existência ética — parte da sociedade civil/Estado/família/universal — constituída por um princípio de associação muito diferente do contrato.

O contrato de casamento, de acordo com Hegel, não poderia ser mais diferente dos outros contratos; o contrato de casamento "é justamente um contrato para transcender o ponto de vista do contrato".[58] Desse prisma, dois indivíduos que compactuam juntos reconhecem um ao outro como proprietários, e ambos querem usar a propriedade um do outro. O proprietário tem uma relação de exterioridade com sua propriedade que, assim, não pode ser exterior ao contrato e não pode ser mudada por ele. Do mesmo modo, o ser da pessoa-coisa de Kant não é afetado por essa curiosa condição. A união da vontade das duas partes é mera coincidência. Diferentemente, o casamento, para Hegel, modifica a consciência e a condição do homem e da mulher, e uma cerimônia devidamente autorizada e pública é, portanto, essencial para o casamento. Um marido e uma esposa deixam de ser indivíduos "autossuficientes". Eles se tornam membros de uma pequena associação que é tão unida a ponto de eles serem "uma só pessoa". Hegel observa que, ao se casarem, os cônjuges "concordam em se tornar uma pessoa, em renunciar à sua personalidade individual e natural, em função dessa união de um com o outro. Desse ponto de vista, a união é uma limitação a si mesmo, mas de fato é a libertação de ambos, porque nela eles adquirem sua autoconsciência real".[59] O marido e a esposa estão unidos por um vínculo ético e racional que os liga internamente em sua associação, e não externamente como proprietários. A finalidade do casamento não é o uso sexual recíproco; a paixão sexual é apenas um "momento" do casamento, um momento que desaparece ao ser satisfeito. O contrato de casamento cria uma relação real constituída de "amor, confiança, e compartilhamento de toda a existência deles como indivíduos".[60]

Um marido e uma esposa não estão unidos pelo contrato, nem pela atração sexual, nem mesmo pelo amor, da forma como o "amor" é normalmente entendido. Eles estão unidos pelo "amor ético legal" que transcende a excitação do amor romântico e comum.[61] Hegel diz que o amor é "a mais terrível contradição".[62] A contradição aparece porque o primeiro impulso dos amantes é apagar sua individualidade na unificação total com o ser amado. Entretanto, em contraposição a esse desejo, eles também descobrem que a percepção que têm de si mesmos como seres autônomos é limitada pela relação com o amado. O abismo entre o apagamento e o realce de si mesmo pode ser superado pelo reconhecimento mútuo dos dois amantes, por meio do qual cada um tem uma percepção maior da união com o outro e de sua autonomia. O amor — no sentido de Hegel — tanto unifica quanto diferencia. Portanto, o casamento oferece um lampejo da distinção e da especificidade da sociedade civil — econômica — e da unidade e da universalidade necessárias para se ser membro do Estado.

A crítica de Hegel ao contrato de casamento vai muito além da redução das relações conjugais a um contrato de utilização recíproca. Se o casamento fosse meramente contratual, a sociedade civil seria abalada; estaria faltando a fundação privada, necessária à vida pública. Ou, expondo de uma maneira que pareceria incoerente com o contexto da teoria hegelieana, o contrato social — a vida civil — depende do contrato sexual — que é transferido para o contrato de casamento. A ideia de "indivíduo" é fundamental para o contrato, mas se a posse exaure a personalidade humana, então, ironicamente, a condição social necessária para o contrato é eliminada. Qualquer exemplo de contrato pressupõe que os contratos serão cumpridos; ou seja, a confiança e a fidelidade recíproca são pressupostas. Os indivíduos compreendem o que significa "contratar" somente porque todo contrato é parte da prática mais ampla de fazer os contratos, e a prática é constituída pela compreensão de que os contratos são vínculos. A concepção do indivíduo como possuidor de propriedade em sua pessoa, especialmente na sua forma contratual mais radical, inevitavelmente provoca o problema da manutenção da confiança e da sujeição. Há tentativas de se resolver o problema da teoria clássica do contrato por meio de artifícios, tais como a espada do Leviatã, o postulado kantiano da necessidade da ideia de um contrato original que corporifique uma lei que sele os contratos, ou a construção de uma condição não contratual de fundo no estado natural. A discussão de Hegel demonstra por que a ideia de um indivíduo como proprietário rebate todos esses artifícios.

O "indivíduo" nega, ao mesmo tempo que pressupõe a compreensão intersubjetiva do que significa participar de um contrato. O contrato não pode ser a base universal da vida social. O contrato tem que fazer parte das instituições sociais não contratuais mais amplas. Pode-se participar de contratos justamente porque a consciência se desenvolve e é informada dentro de campos não contratuais. Se os indivíduos fossem meros proprietários, eles não poderiam, de forma alguma, participar de contratos; rigorosamente, o "contrato" não teria sentido para eles. Hegel, como Durkheim algum tempo depois, argumentou que "um contrato pressupõe algo mais do que ele próprio".[63] O contrato tem um lugar apropriado na esfera econômica da vida social — a esfera que Hegel chama de "sociedade civil" — mas para que o contrato seja estendido para além de seu próprio domínio, a ordem social é ameaçada. O contrato em si mesmo é uma base incoerente para a vida social. Hegel, repetindo Kant, argumenta que o casamento é um dever ético; "o casamento [...] é um dos princípios absolutos de que a existência ética de uma comunidade depende".[64] A existência ética depende do casamento porque o casamento é a origem da família. Na família, os filhos aprendem e os adultos são continuamente lembrados do que significa ser membro de uma pequena associação baseada no amor e na confiança; na dimensão privada da existência ética eles ganham experiência de uma associação não contratual e desse modo são preparados — ou melhor, os

O CONTRATO SEXUAL | 269

homens são preparados — para participar da esfera pública universal da sociedade civil e do Estado.

Na *Filosofia do direito*, Hegel critica a teoria do contrato de Rousseau, bem como o contrato de casamento kantiano, mas segue Rousseau estritamente em sua compreensão patriarcal da masculinidade e da feminilidade e, portanto, do público e do privado. Hegel sustenta que "as diferenças de características físicas entre os dois sexos têm uma base racional e, consequentemente, adquire uma importância intelectual e ética".[65] A diferença sexual também tem uma importância política patriarcal — expressão racional — na teoria de Hegel. A mulher "tem seu verdadeiro destino na família, e estar imbuída de devoção pela família é seu padrão ético de pensamento". Hegel continua observando que, em *Antígona*, a devoção pela família, a lei da mulher, é contraposta à lei pública e, ele comenta, "essa é a contraposição suprema de éticas", e nós também podemos acrescentar, da política. As mulheres não podem participar da vida pública civil porque elas são naturalmente destituídas da capacidade de se submeter "às exigências do todo". Segundo Hegel, as mulheres "são educadas — quem sabe como? — como se inalassem ideias, através de vivências em vez de obtenção de conhecimento". Um homem, por outro lado, tem "uma real existência no Estado". Um homem obtém o *status* da masculinidade somente por meio da luta consigo mesmo e da luta no mundo civil, por meio do aprendizado e de "muito empenho técnico".[66]

As mulheres são o que são por natureza; os homens têm que criar a si próprios e a vida social, e são dotados da masculinidade que permite a eles fazerem isso. As mulheres têm que permanecer na esfera natural particular da família. A família é representada em público pelo marido, a "única pessoa" criada pelo contrato de casamento. A diferença sexual também provoca uma divisão patriarcal do trabalho. O marido tem "a prerrogativa de sair e trabalhar pela sobrevivência da família, de atender às suas necessidades, e de controlar e administrar o seu capital".[67] Como Rousseau, Hegel encara as mulheres como politicamente subversivas, por natureza. As mulheres causaram a derrocada do antigo mundo; na *Fenomelogia* ele expõe que a antiga comunidade criou

> o que ela elimina e ao mesmo tempo é essencial para ela: um inimigo interno — as mulheres de uma maneira geral. As mulheres — a eterna ironia na vida da comunidade — transformam pela perfídia a finalidade universal do governo numa finalidade privada, transformam a atividade universal em um trabalho de alguns indivíduos particulares, e pervertem a propriedade universal do Estado em um bem e em um ornamento da família.[68]

No mundo moderno, se "as mulheres detiverem a condução do governo, o Estado estará imediatamente em situação de risco".[69]

Mas não é somente se as mulheres tomarem as rédeas do governo que o Estado correrá perigo. As mulheres têm um papel importante na discussão de Hegel. Para ele, como para os outros teóricos clássicos do contrato, o casamento e a família fornecem o fundamento natural da vida civil, mas Hegel vai muito além. Ele também sugere que, através de seu amor, os maridos e as esposas representam — de uma maneira adaptada à esfera ética "imediata" — o conhecimento dialético recíproco que caracteriza o relacionamento entre os homens, como produtores de contrato na sociedade civil e como cidadãos do Estado. No contrato, os homens se reconhecem como proprietários, desfrutando da mesma posição; como cidadãos — participantes do contrato social — eles também reconhecem sua igualdade civil recíproca. A versão de Hegel do amor no casamento sugere que o mesmo processo acontece entre marido e mulher, por meio da dialética da autonomia e da unidade. Mas uma das partes do contrato de casamento é a mulher; as relações conjugais não podem acontecer do mesmo modo que as relações civis entre homens. A diferença sexual é uma diferença política, a diferença entre o domínio e a sujeição; então, como pode haver um reconhecimento recíproco pelo marido e pela esposa como, simultaneamente, seres particulares e universais? E se tal reconhecimento for possível, como o casamento e a família constituirão um "momento" do todo social hegeliano da família/sociedade civil/Estado?

Algumas interpretações feministas de Hegel, especificamente aquelas induzidas por Simone de Beauvoir, voltaram-se às suas famosas passagens da *Fenomenologia* sobre a contraposição entre senhor e escravo, como o modelo para a relação marido-mulher. A comparação da dialética hegeliana do senhor e do escravo com as relações conjugais envolve um dos problemas da comparação do marido e da mulher com o trabalhador e o patrão. O senhor e o escravo, como o capitalista e o proletário, são homens. A utilização das passagens sobre o senhor e o escravo também expressa um outro problema. A luta entre esses dois antagonistas faz parte da história do desenvolvimento da autoconsciência em Hegel. De fato, o senhor e o escravo aparecem na gênese da autoconsciência. Hegel argumenta que a consciência de si supõe a consciência do outro; ser autoconsciente é ter a consciência de alguém refletida por outro, que, por sua vez, tem sua própria consciência confirmada por ele. O reconhecimento recíproco e a confirmação de si mesmo, entretanto, somente serão possíveis se os dois tiverem o mesmo *status*. O senhor não pode enxergar a sua independência refletida no ser do escravo; tudo o que ele encontra é servidão. A autoconsciência tem que ter o reconhecimento de outro ser do mesmo tipo, a fim de que a relação senhor-escravo seja superada. O senhor e o escravo podem, como se fossem do mesmo tipo, se mover nos "momentos" da grande história de Hegel e eventualmente se encontrar como iguais na sociedade civil da *Filosofia do direito*. A história do homem poderá terminar quando o pacto original estiver selado e a sociedade civil passar a existir. Na fraternidade da sociedade civil, cada homem adquire a autoconfirmação e o reconhecimento de sua igualdade na irmandade. Mas esse não é exatamente o fim da história.

O contrato original não é simplesmente um contrato social; ele é um contrato sexual que institui o direito patriarcal dos homens sobre as mulheres. Estas acham-se fora da luta mortal entre senhor e escravo no princípio da autoconsciência, mas são parte da sociedade civil moderna. A história de Hegel sobre o desenvolvimento da liberdade universal exige que os homens se reconheçam uns aos outros como iguais; a época do senhor e do escravo pertence ao passado. Porém, a autoconsciência dos homens não é simplesmente a consciência de seres civis iguais e livres — a história do contrato social —, é também a consciência dos senhores patriarcais — a história do contrato sexual. O universalismo ostensivo do mundo público de Hegel — exatamente como o dos teóricos clássicos do contrato — ganha sentido quando os homens olham a esfera privada e a sujeição das esposas a partir do mundo público. A família (privada) e a sociedade civil/o Estado (público) são separáveis e inseparáveis; a sociedade civil é uma ordem patriarcal. Como marido, o homem não pode receber o reconhecimento de ser um igual à sua mulher. Mas o marido não está envolvido em relações com outros homens, seus iguais: ele está casado com uma mulher, sua subordinada natural. As mulheres não ocupam diante do marido exatamente a mesma posição que os escravos ocupavam diante de seus senhores, "no início". Os escravos não são naturalmente escravos, mas uma esposa não pode ser um "indivíduo" ou uma cidadã, capaz de participar do mundo público. Para que a família seja, simultaneamente, parte do Estado e separada dele, constituída por um contrato único, e para que o direito patriarcal não seja abalado, o reconhecimento dos homens pelas mulheres não pode ser igual ao de seus camaradas homens. Os homens deixam de ser senhores e escravos, mas a ordem social hegeliana requer uma consciência diferenciada sexualmente — apesar de sua discussão do amor ético-legal. O reconhecimento que o marido obtém de sua mulher é exatamente o que é necessário no patriarcado moderno: o reconhecimento como senhor patriarcal, que apenas uma mulher pode dar.

Hegel rejeita o contrato social, mas, ao aceitar o contrato sexual, ele assume as anomalias e as contradições em torno das mulheres, do contrato do público e do privado, gerados pela teoria clássica do contrato. Ironicamente, a crítica de Hegel ao casamento como um contrato de uso sexual implica o mesmo conjunto de problemas que o contrato de casamento nas mãos dos teóricos clássicos do contrato, ou nas de Lévi-Strauss. A discussão de Hegel levanta o mesmo problema que apresentei a esses teóricos. As mulheres são tidas como subordinadas naturalmente, destituídas das aptidões necessárias para participar de contratos; por que, então, elas sempre são capazes de participar do contrato de casamento?

A discussão de Hegel levanta o problema de uma maneira particularmente sutil. Por que um teórico, que afirma ser vergonhoso encarar o casamento como sendo meramente contratual, ainda insiste que o casamento se origine em um contrato? Existem outras formas não contratuais de acordos espontâneos, para as quais Hegel poderia se voltar; ou mais logicamente, dada a construção patriarcal da masculinidade e da feminilidade que Hegel compartilha com os teóricos clássicos do contrato, a cerimônia de casamento poderia ser mais do que a confirmação apropriada da subordinação natural das mulheres quando elas se tornam esposas. É claro que Hegel insiste que seu contrato de casamento é único e transcende o ponto de vista do contrato. Hegel tem que fazer esse movimento a fim de postular a forma necessária de consciência na esfera privada. Da perspectiva do contrato, os cônjuges estão relacionados somente pelo benefício recíproco de proprietários. Como proprietários, seus seres são sempre exteriores à relação conjugal e então não acontece a dialética da consciência. Até o vínculo do uso recíproco é falso porque ele não pode existir no decorrer do tempo sem a confiança eliminada pela perspectiva contratual. O contrato de casamento especial hegeliano transcende a perspectiva contratualista — mas ele não transcende o contrato sexual.

O motivo pelo qual as mulheres precisam participar do contrato de casamento é que, embora elas não tenham um papel no contrato social, as mulheres devem ser incorporadas à sociedade civil. Os principais vínculos institucionais da sociedade civil — a cidadania, o trabalho e o casamento — são constituídos por meio de um contrato. Para que as relações livres que caracterizam a sociedade civil sejam estendidas a todas as esferas sociais, o casamento também tem que ser originado em um contrato. Hegel recusa a teoria do contrato, mas ele conserva o contrato como um elemento essencial da liberdade civil. A vida social como um todo não pode ser constituída pelo contrato, mas ele é adequado para a sociedade civil — a economia. Os homens interagem na sociedade civil pela "especificidade" que caracteriza os produtores de contrato, e eles podem fazê-lo porque também interagem no Estado não contratual e na família. As mulheres, como parte de um dos contratos fundamentais da sociedade civil, têm que compartilhar os atributos de "indivíduo". Elas são incorporadas à sociedade civil pelo contrato de casamento, nas mesmas bases que os homens; as partes do contrato desfrutam a mesma posição. Apenas se as mulheres também entrarem num contrato, Hegel poderia argumentar ser a dialética do amor um "momento" na dialética mais ampla da família, da sociedade civil e do Estado, ou os teóricos do contrato poderiam escrever sobre o casamento como uma troca recíproca de propriedades nas pessoas. Apenas se as mulheres participarem de um contrato, Kant poderia argumentar que os cônjuges são, ao mesmo tempo, propriedade e pessoa, um em relação ao outro.

A sociedade civil moderna é uma ordem da liberdade universal e, portanto, se contrapõe ao antigo mundo do *status*. Todos os habitantes da sociedade civil desfrutam da mesma posição — e podemos confiar que é assim, à medida que o casamento é criado por um contrato. O contrato de casamento, entretanto, também envolve uma variante da contradição da escravidão. A história do contrato social requer que exista algum sinal claro de que as mulheres são parte da sociedade civil e de que elas são capazes de participar de contratos — os escravos têm que ser encarados como parte da humanidade. As mulheres têm que entrar no contrato de casamento, mas o contrato sexual exige que elas sejam incorporadas à sociedade civil em bases diferentes das dos homens. Esses criam a sociedade civil patriarcal, e a nova ordem social fica estruturada em duas esferas. A esfera privada é separada da vida civil pública e, ao mesmo tempo, faz e não faz parte da sociedade civil — e as mulheres são e não são parte da ordem civil. As mulheres não são incorporadas como "indivíduos", mas como mulheres, o que, na história do contrato original, significa subordinadas naturais — os escravos são uma propriedade. O contrato original é cumprido, e os homens têm o seu direito patriarcal reconhecido, somente se a submissão das mulheres na sociedade civil estiver assegurada.

O contrato de casamento hegeliano transcende e reproduz o contrato sexual tão integralmente quanto o contrato de casamento, na teoria clássica do contrato. Esse contrato singular é a gênese de uma esfera privada que salienta a masculinidade — a fraternidade —, a liberdade e a igualdade do mundo público; a família fornece o exemplo de sujeição natural (da mulher) da qual depende o significado da sociedade civil/Estado, como uma esfera da liberdade. Hegel está certo; o contrato de casamento é muito diferente dos contratos do domínio civil. A diferença, entretanto, não é exatamente do modo como Hegel argumenta. O contrato de casamento não pode ser, digamos, como o contrato de trabalho, porque as *mulheres* fazem parte do contrato de casamento. Elas têm que ser incorporadas à sociedade civil por meio de um contrato porque somente o contrato cria relações livres e supõe a igualdade de condição das partes, embora; ao mesmo tempo, pelo fato de as mulheres estarem envolvidas, o contrato tenha que ratificar o direito patriarcal.

A diferença entre o contrato de casamento e os outros contratos foi continuamente apontada de uma maneira suficientemente clara. As feministas contemporâneas prestaram relativamente pouca atenção à promessa de obediência — talvez porque ela nem sempre é incluída nos atos verbais da cerimônia de casamento — e quando metade da história do contrato original é suprimida, até um compromisso explícito de obediência pode ser desconsiderado pelos outros críticos da teoria do contrato. O contrato de trabalho dá a um patrão o direito de controlar o trabalhador e seu trabalho. Os trabalhadores têm de obedecer às orientações dos patrões, mas nos contratos envolvendo as propriedades nas pessoas dos homens nada se diz a respeito da obediência. Somente o contrato de casamento — do qual as mulheres têm que participar, embora destituídas da condição de proprietárias — inclui o compromisso explícito de obediência. Para que a promessa de liberdade universal proclamada pela história do contrato original não pareça ser falsa desde o início, na nova ordem civil as mulheres têm que fazer parte dos contratos. Para que a condição dos homens como iguais e senhores patriarcais seja mantida, o contrato do qual as mulheres participam tem que ser diferenciado dos outros. Uma mulher concorda em obedecer a seu marido quando se torna esposa; que maneira melhor de se ratificar publicamente que os homens são senhores sexuais e que exercem a lei do direito sexual masculino, em sua vida privada?

As críticas à teoria do contrato raramente levam o contrato sexual em consideração. É, portanto, bastante tentador para as feministas rejeitar as grandes descobertas de Hegel sobre as deficiências do contrato, juntamente com seu contrato patriarcal de casamento. É muito fácil concluir que o casamento propriamente contratual ainda não foi tentado. A crítica de Hegel salienta alguns dos principais problemas que aparecem quando as feministas adotam a teoria do contrato, particularmente na forma radical do contratualismo. Por exemplo, os teóricos clássicos não contam a história da cena primária; suas histórias começam depois da gênese biológica e da evolução humana. Os "indivíduos" aparecem como homens completamente desenvolvidos, providos com os atributos exigidos para fazer contratos. Ao mesmo tempo, a maioria dos retratos do estado natural contém as condições não contratuais necessárias para que os filhos se desenvolvam e cresçam; supõe-se que o amor, a confiança e a vida familiar existem naturalmente. Somente para Hobbes, como para todos os contratualistas contemporâneos, todas as relações sociais são produzidas por meio de contratos, até a relação entre pai e filho. Mas um "indivíduo" participaria de um contrato para ser pai? Um contrato de utilização sexual recíproca pode comportar a gênese biológica sem problemas. Os problemas surgem em relação ao comprometimento de longo prazo da paternidade, necessário para o desenvolvimento humano. Seria o contrato de uso sexual recíproco do casamento estendido para abranger a provisão da educação de um filho?

No capítulo 3 observei que o indivíduo feminino — tal como definido por Hobbes —, preocupado com seus interesses pessoais do estado natural, teria poucos incentivos para fazer um contrato a fim de "criar" um filho. Obviamente, sem a guerra de Hobbes de todos contra todos, qualquer falta de incentivo seria menor, já que uma criança não poria em risco a segurança pessoal da mãe. Contudo, a partir da perspectiva do contrato, pode um filho ser encarado como algo mais do que um fardo? A questão é mais urgente uma vez que o contrato exige que, tão logo o filho esteja suficientemente crescido para fazer contratos por si mesmo, a relação pai-filho seja estabelecida em uma base claramente contratual. Como pode um pai estar certo de que suas preocupações não foram em vão e de que seu filho não fará contratos mais vantajosos em outro lugar? Ainda uma vez, alguém faria contrato com o filho, ou os únicos contratos disponíveis para contratantes relativamente pequenos e sem recursos seriam os contratos de escravidão? Estou preocupada com as relações entre adultos heterossexuais, e não com as relações pais-filhos, portanto pretendo somente levantar esses problemas e não resolvê-los.

Há, entretanto, uma questão intimamente relacionada a essa que é muito importante para o meu tema. Uma das objeções de Hegel ao casamento como um contrato é que ele deixa as relações à mercê dos caprichos e vontades dos contratantes. Do mesmo modo, Durkheim salienta que o vínculo criado por um contrato é externo e de curta duração; ele conduz a "relações efêmeras e a associações passageiras".[70] Um contrato para o benefício mútuo e utilização recíproca somente durará enquanto ele for vantajoso para ambas as partes. Um novo contrato com um parceiro diferente sempre parecerá ser uma alternativa tentadora e possível. Ou seja, a saída do contrato de casamento se torna tão importante quanto a entrada. Partidários contemporâneos do contrato de casamento enfatizam que uma de suas vantagens é o fato de ele poder ser feito por um período limitado, e valer por, digamos, cinco anos, num primeiro momento. Também não é acidental o fato de o debate atual em torno do contrato de escravidão e do paternalismo enfatizar a importância crucial dos contratos dissolúveis. A maneira como os livros populares de conselho apresentam o divórcio ilusta a influência da visão contratual do casamento; o divórcio é encarado como algo que pode ser "considerado previamente em termos de mobilidade pessoal ascendente, com ênfase [...] no que está no futuro e que pode ser incorporado a uma imagem nova e melhor".[71] Quando é feito somente um contrato para o uso e o benefício mútuo sua questão real passa a ser "prever e preparar o divórcio".[72]

Prever o fim do contrato de casamento no próprio ato do contrato só se tornou possível recentemente. Na Inglaterra, por exemplo, não existia o divórcio antes de 1700 (um divórcio *a mensa e thoro*, podia ser conseguido junto à corte eclesiástica, mas não era permitido o recasamento) — e, até 1857, o divórcio somente podia ser concedido por meio de um ato parlamentar particular.[73] Não foi senão em 1969, quando a irreversível falência do casamento se tornou a causa para o divórcio, que as separações conjugais passaram a ser obtidas com relativa facilidade, tanto pela esposa quanto pelo marido, e por membros de todas as classes sociais. Apenas recentemente os divórcios e as pessoas divorciadas deixaram de ser motivo de escândalo. Muitas feministas do século XIX, que eram particularmente favoráveis ao divórcio como a melhor maneira para a esposa escapar de um marido violento, evitavam o assunto por medo de comprometer seus outros objetivos; outras feministas se opunham ao divórcio, temendo a consequência do abandono das mulheres e dos filhos pelo marido. O divórcio geralmente é encarado como o contrário do casamento, mas Christine Delphy argumenta que o divórcio hoje em dia é, ao contrário, uma transformação do casamento.

Ela argumenta que, uma vez que as mulheres divorciadas quase sempre continuam a cuidar dos filhos do casamento, "o casamento e o divórcio podem ser considerados como duas maneiras de se obter o mesmo resultado: a responsabilidade pelo cuidado das crianças, atribuída coletivamente às mulheres, e a desobrigação da mesma responsabilidade, atribuída coletivamente aos homens".[74] Entretanto, está longe de ficar claro, da perspectiva do contrato, se essa responsabilidade continuaria a existir.

Segundo a lógica do contrato de casamento, como nada mais que um contrato de uso sexual recíproco, o "casamento" e o "divórcio" deveriam ser suprimidos. O acordo mais vantajoso para o indivíduo é uma série infinita de contratos de curta duração para a utilização do corpo do outro, quando necessário. Outros serviços atualmente feitos dentro do casamento também seriam contratados em um mercado. Um mercado universal de corpos substituiria o casamento. Pela lógica do contrato, o casamento seria suplantado por contratos de acesso à propriedade sexual. O casamento daria lugar à *prostituição universal*. Além disso, "indivíduos", e não os "homens" e as "mulheres", participariam desses contratos. O contrato obteria a vitória final sobre o *status* — a diferença sexual. Quando as negociações em torno do uso da propriedade sexual na pessoa possam ter um resultado não previamente determinado, e os indivíduos possam contratar como acharem melhor o uso da propriedade de outro, a diferença sexual perderá o sentido.

Os Beatles cantavam "Tudo o que você precisa é de amor". A objeção de que o contrato nunca será vitorioso porque o amor encontra-se em seu caminho já foi prevista; o amor foi reduzido a mais uma relação exterior, ou a um aspecto da propriedade nas pessoas, e definido, por exemplo, como uma "mercadoria especificamente não comercializável da família".[75] Chamar a atenção para tais discussões não implica sugerir que o contrato seja invencível, mas sim ilustrar o caráter incoerente de uma aliança entre o feminismo e o contrato. A vitória do contrato tem um apelo considerável junto às feministas, dada a longa preponderância da doutrina da proteção e dos vários mecanismos legais e sociais ainda utilizados para negar a posse da propriedade em sua pessoa das mulheres. É fácil concluir que a negação da igualdade civil às mulheres significa que a aspiração feminista seja a de conquistar o reconhecimento da categoria de "indivíduos" para as mulheres. Essa aspiração nunca será atingida. O "indivíduo" é uma categoria patriarcal. O indivíduo é masculino e sua sexualidade é compreendida de acordo com essa afirmação se, de fato, "sexualidade" for um termo que pode ser utilizado por um ser que esteja exteriormente relacionado com o corpo e com a propriedade sexual. A construção patriarcal da sexualidade, e do que significa ser um indivíduo sexuado, é possuir e ter acesso à propriedade sexual. Como o acesso é conquistado e como a propriedade é utilizada fica claro na história da reivindicação de acesso regular dos irmãos ao corpo das mulheres. No patriarcado moderno, a masculinidade é o paradigma da sexualidade; e masculinidade significa domínio sexual. O "indivíduo" é um homem que faz uso do corpo de uma mulher (propriedade sexual); o contrário é muito mais difícil de imaginar.

A construção patriarcal da sexualidade é ilustrada pela "revolução" das últimas duas décadas. Inicialmente, enfatizava-se a derrubada das barreiras em torno do "ato sexual". A maioria das limitações em torno da atividade sexual das mulheres fora do casamento foi eliminada. Somente o indivíduo, de acordo com o argumento contratual, pode decidir quando e como contratar a propriedade sexual. Nenhum limite prévio pode ser imposto ao contrato. Esse argumento é paralelo à crítica feminista sobre o fato de as partes do contrato de casamento estarem proibidas de decidir por si mesmas qual deve ser o conteúdo de seu contrato. Marjorie Shultz, por exemplo, levanta o seguinte problema: suponha que "João e Maria resolvam que ela a princípio concordaria em fazer sexo quando requerido; tal acordo a impediria de fazer uma denúncia de estupro contra João?". Shultz afirma que há um argumento forte de que um contrato particular não deve invadir a legislação criminal, mas, ela admite, "a ideia da execução de acordos particulares envolvendo uma conduta sexual violenta é automaticamente aceitável no casamento".[76] Tal resposta levanta o problema das limitações aos contratos e das alternativas a ele.

Mais recentemente, o argumento contratual tem sido utilizado para trazer outras formas de atividades hétero e homossexuais ao âmbito da "revolução sexual". Quase coincidentemente, quando o contrato de escravidão é defendido pelo argumento de que somente o indivíduo pode decidir o modo como contratar sua propriedade, a doutrina do contrato também foi utilizada recentemente para defender o sadomasoquismo, alegando que ele "é uma atividade consensual [...]. A palavra-chave para se entender o sadomasoquismo é *fantasia*. Os papéis, os diálogos, as roupas fetichistas e o ato sexual fazem parte de uma representação ou de relações rituais [...] que geralmente são igualitárias".[77] As feministas que se opõem ao sadomasoquismo foram descartadas como moralistas e incapazes de perceber o caráter de paródia das roupas fetichistas. Seja como for, o sadomasoquismo é menos uma fantasia rebelde ou revolucionária do que uma exibição dramática da lógica do contrato e de todas as implicações da sexualidade do "indivíduo" patriarcal masculino.

Os "indivíduos" são intercambiáveis — a diferença entre homens e mulheres desaparece — ou as limitações permanecem na jurisdição que os indivíduos exercem sobre a propriedade em suas pessoas e sobre os tipos de contrato dos quais participam. Portanto, os participantes podem fazer qualquer papel no sadomasoquismo, dependendo de sua vontade em determinado momento.[78] O triunfo do contrato e do "indivíduo" sobre a diferença sexual foi previsto pelo marquês de Sade no final do século XVIII. Ele escreveu: "belo sexo, você será livre [...] você é tão livre quanto nós [homens] somos e o ofício das batalhas de Vênus está aberto para você tanto quanto para nós" — e as mulheres de Sade lutam nas batalhas junto e do mesmo modo que seus homens. Um de seus personagens, Noirceuil, alicia outro, Juliette, na representação de uma fantasia; Juliette,

> [...] vestida de mulher, deve casar-se com uma mulher vestida de homem, na mesma cerimônia em que eu, vestido de mulher, me tornarei esposa de um homem. Em seguida, vestido de homem, você se casará com outra mulher usando trajes femininos, ao mesmo tempo em que eu vou ao altar para ser unido pelo sagrado matrimônio a um sodomita disfarçado de mulher.[79]

As trocas intermináveis das personagens de Sade consistem numa paródia espantosa e em um retrato nítido do resultado da conquista absoluta do *status* como diferença sexual pelos indivíduos da imaginação contratual. Da perspectiva do contrato, não há nada de surpreendente na representação da liberdade sexual por meio das figuras do senhor e do escravo, por meio das "imagens do guarda e do prisioneiro, do tira e do suspeito, do nazista e do judeu, do branco e do negro, do hétero e do homossexual, do pai e do filho, do padre e do pecador, do professor e do aluno, da prostituta e do cliente etc.".[80] A dominação civil requer a concordância do subordinado, e inúmeras histórias são inventadas nas quais mulheres e escravos acorrentados contratam e concordam com sua submissão. Na famosa história pornográfica, *A história de O*, na qual O, uma mulher, é aprisionada e utilizada sexualmente por seus captores, ela é sempre consultada antes de cada ataque e de cada violação, sobre se concorda ou não.[81] Os homens exercem sua capacidade masculina de criação política ao produzirem relações políticas de subordinação por meio de contratos. Imaginamos como essa subordinação pode ser adequada a uma época em que o contrato e a construção patriarcal do indivíduo têm tanto apelo e em que o fim do movimento oriundo do *status* para o contrato foi proclamado pelas defesas feministas da fantasia dos contratos de escravidão.

As feministas contemporâneas — principalmente nos Estados Unidos — frequentemente concluem que a única alternativa para a construção patriarcal da sexualidade é a eliminação da diferença sexual, isto é, tornar a masculinidade e a feminilidade politicamente irrelevantes. À primeira vista, a total eliminação do *status* e a sua substituição pelo contrato parecem sinalizar a derrota final do patriarcado e da lei do direito sexual masculino. A realização da promessa de liberdade contratual parece estar próxima, e a construção patriarcal dos homens e das mulheres — da masculinidade e da feminilidade — parece estar desmoronando. As feministas lutaram vitoriosamente por reformas legais que estão expressas no que é atualmente chamado de termos de "gênero neutro". Essas reformas podem significar a garantia dos direitos das mulheres, mas a abordagem da reforma também pode ter resultados curiosos quando, por exemplo, tenta-se incorporar a gravidez à legislação, postulando-se que seja aplicada indistintamente aos homens e às mulheres. Coisas estranhas acontecem com as mulheres quando se supõe que a única alternativa válida para a construção patriarcal da diferença sexual é o "indivíduo", aparentemente de sexo neutro.

A vitória definitiva do contrato sobre o *status* não é o final do patriarcado, mas a consolidação de sua forma moderna. A história do contrato sexual conta como o contrato é o meio pelo qual o direito patriarcal é criado e mantido. Se o casamento se tornasse um mero contrato de uso sexual — ou, mais precisamente, para que as relações sexuais tomassem a forma de uma prostituição generalizada — seria demarcada a derrota política das mulheres *como mulheres*. Quando o contrato e o indivíduo tiverem o controle total sob a bandeira da liberdade civil, as mulheres não terão outra alternativa a não ser se tornarem cópias dos homens. Na vitória do contrato, a construção patriarcal da diferença sexual, como dominação e sujeição, continua intacta, porém suprimida. Somente se a construção estiver intacta o indivíduo pode "ter sentido" e oferecer a promessa de liberdade tanto para os homens quanto para as mulheres, de modo que saibam a que devem aspirar. E, somente se a construção for suprimida, as mulheres poderão ter tal aspiração. As relações heterossexuais não tomam obrigatoriamente a forma da dominação e da submissão, mas relações livres são impossíveis dentro da contraposição patriarcal do contrato e do *status*, da masculinidade e da feminilidade. O sonho feminista é permanentemente subvertido pelo engajamento com o contrato.

Notas

1. Citado em E. Griffith, *In Her Own Right: The Life of Elizabeth Cady Stanton* [Em seu próprio direito: A vida de Elizabeth Cady Stanton], Nova York, Oxford University Press, 1984, p. 104.
2. M. McMutry, "Monogamy: A Critique" [Monogamia: uma crítica], *in* R. Baker e E. Elliston (orgs.) *Philosophy and Sex* [Filosofia e sexo], Buffalo, Prometheus Books, 1975, p. 173.
3. M. M. Shultz, "Contractual Ordering of Marriage: A New Model for State Policy" [Ordenação contratual do casamento: um novo modelo de política estadual], *California Law Review*, vol. 70, nº 2, 1982, p. 311. (Agradeço a Herman Hill Kay por ter chamado minha atenção para esse artigo).
4. W Blackstone, *Commentaries on the Laws of England* [Comentários sobre as leis da Inglaterra], 4ª ed. (org. J. Dewitt Andrews), Chicago, Callaghan and Company, 1899, vol. 1, livro 1, cap. XV, p. 433.
5. Os termos "contrato íntimo" e "contratação matrimonial" são utilizados respectivamente por L. J. Wetzman, *The Marriage Contract: Spouses, Lovers and the Law* [O contrato de casamento: cônjuges, amantes e lei], Nova York, Free Press, 1981; e Shultz, "Contractual Ordering of Marriage".
6. Schouler, *A Treatise on the Law of the Domestic Relations* [Um tratado sobre a lei das relações domésticas], 2ª ed., Boston, Little Brown e Company, 1874, parte II, cap. 1, p. 23.

7. Citado em Shultz, "Contractual Ordering of Marriage", p. 226, nota 45.

8. P. Atiyah, *The Rise and Fall of Freedom of Contract* [A ascensão e queda da liberdade de contrato], Oxford, Clarendon Press, 1979, p. 759.

9. W. Blackstone, *Commentaries*, livro I, cap. 15, p. 442.

10. W. Thompson, *Appeal of One Half the Human Race, Women, Against the Pretensions of the Other Half Men, to Retain them in Political, and Thence in Civil and Domestic Slavery* [Apelo de metade da raça humana, mulheres, contra as pretensões da outra metade homens, de retê-las na política e daí na escravidão civil e doméstica], Nova York, Source Book Press, 1970, p. 172.

11. *Ibidem*, p. 201.

12. *Ibidem*, p. 60.

13. *Ibidem*, pp. 55-6.

14. C. Delphy, *Close to Home: A Materialist Analysis of Women's Oppression* [Perto de casa: uma análise materialista da opressão das mulheres], Amherst, University of Massachusetts Press, 1984, p. 116.

15. W. Thompson, *Appeal*, pp. 79, 84. Compare com uma das objeções de Clarissa ao casamento: S. Richardson, *Clarissa*, Harmondsworth, Penguin Books, 1985 (1747-48), carta 32, p. 149.

16. W. Thompson, *Appeal*, p. 89.

17. *Ibidem*, p. 65-6.

18. *Ibidem*, p. 104-5.

19. *Ibidem*, p. 62.

20. T. Ball, "Utilitarianism, Feminism, and the Franchise: James Mill and His Critics" *History of Political Thought* [Utilitarismo, feminismo e franquia: James Mill e seus críticos], vol. 1, n° 1, 1980, p. 115.

21. Trilling é citada por Alice Rossi em sua "Introdução" a J. S. Mill e H. Taylor Mill, *Essays on Sex Equality* [Ensaios sobre igualdade sexual], Chicago University Press, 1970, p. 35; e Himmelfarb, *On Liberty and Liberalism* [Sobre liberdade e liberalismo], Nova York, Alfred Knopf, 1974, caps. 9 e 10.

22. W. Thompson, *Appeal*, p. 7.

23. Citado por Rossi em Mill e Taylor Mill, *Essays on Sex Equality*, pp. 45-6.

24. J. S. Mill, "The Subjection of Women", *in Essays on Sex Equality*, p. 158.

25. *Ibidem*, pp. 168-70.

26. *Ibidem*, p. 178-9.

27. H. Taylor Mill, "The Enfranchisement of Women" [A lei de apropriação de mulheres], *in Essays on Sex Equality*, p. 104-5.

28. Para exemplos do argumento feminista, além de Weitzman, *Marriage Contract* [Contrato de casamento], e Shultz, "Contractual Ordering of Marriage" [Ordenação contratual do casamento]; ver S. A. Ketchum, "Liberalism and Marriage Law" [Liberalismo e direito do casamento], M. Vetterling-Braggian, F. A. Elliston e J. English (orgs.), *Feminism and Philosophy* [Feminismo e filosofia], Totowa, NJ, Littlefield, Adams, 1977; e D. L. Barker, "The Regulation of Marriage: Repressive Benevolence" [O regulamento do casamento: benevolência repressiva], *in* G. Littlejohn, B. Smart, J. Wakelford e N. Yurval-Davis (orgs.), *Power and the State* [Poder e o Estado], Londres, Croom Helm, 1978. Para uma discussão sobre as evidências empíricas dos efeitos degeneradores do casamento para as mulheres, ver J. Bernard, *The Future of Marriage* [O futuro do casamento], Nova York, Bantam Books, 1974.

29. Ver Weitzman, *Marriage Contract*, p. 17.

30. I. Kant, *The Philosophy of Law* [Filosofia do direito] (trad. W. Hastie), Edimburgo, T. and T. Clark, 1887, cap. 2, §27, p. 113.

31. L. J. Weitzman, *Marriage Contract*, p. 338.

32. R. Barker, "Regulation of Marriage", p. 242.

33. J. S. Mill, "Subjection of Women", pp. 142-3, 146, 217.

34. M. L. Shanley, "Marriage Contract and Social Contract in Seventeenth-Century English Political Thought" [Contrato de casamento e contrato social no pensamento político inglês do século XVII], *Western Political Quarterly*, vol. 32, n° 1,1979, p. 79.

35. R. Barker, "Regulation of Marriage", p. 254.

36. L. J. Weitzman, *Marriage Contract*, p. 19.

37. M. M. Shultz, "Contractual Ordering of Marriage", pp. 303-4, e p. 248, nota 373.

38. I. Kant, *Philosophy of Law*, § 24, p. 110.

39. J. Locke, *Treatises of Government* (org. P. Laslett), Cambridge, Cambridge University Press, 1967, cap. II, § 78. [*Segundo tratado sobre o governo civil*, São Paulo, Edipro, 2014.]

40. I. Kant, "Observations on die Feeling of the Beautiful and Sublime" [Observações sobre o sentimento do belo e sublime], *in* M. L. Osborne (org.), *Woman in Western Thought* [Mulher no pensamento ocidental], Nova York, Random House, 1979, p. 157.

41. H. Williams, *Kant's Political Philosophy* [Filosofia política de Kant], Oxford, Basil Blackwell, 1983, p. 121.

42. I. Kant, *Political Writings* [Escritos políticos] (org. H. Reiss), Cambridge, Cambridge University Press, 1970, p. 78. Essa edição organizada dos escritos de Kant é bastante utilizada, e o livro fornece uma interessante confirmação de que o direito conjugal ainda é encarado como exterior às questões propriamente "públicas" discutidas pelos teóricos políticos — partes que lidam com o "direito privado", inclusive o casamento, são omitidas dos extratos de *The Metaphysics of Morals (The Philosophy of Law)* [Metafísica dos costumes] enquanto que partes sobre o "direito público" são incluídas.

43. *Ibidem*, p. 139.

44. *Ibidem*, p. 76.

45. I. Kant, *Philosophy of Law*, cap. 2, 3.ª ed., § 22, p. 108.

46. *Ibidem*, § 23, p. 109.

47. I. Kant, *Lectures on Ethics* [Palestras sobre ética] (trad. L. Infield), Nova York, Harper and Row, 1963, p. 164.

48. I. Kant, *Philosophy of Law*, § 25, p. 111.

49. I. Kant Kant, *Lectures on Ethics*, pp. 166-7.

50. I. Kant Kant, *Philosophy of Law*, § 24, p. 110.

51. I. Kant Kant, *Lectures on Ethics*, p. 167.

52. I. Kant, *Philosophy of Law*, p. 239.

53. *Ibidem*, § 26, pp. 111-2.

54. *Ibidem*, §25, p. 111.

55. *Ibidem*, "Suplemmentary Explanations of the Principles of Right" [Explicações suplementares dos princípios de direito], p. 283, nota 1.

56. G. W. F. Hegel, *Philosophy of Right* (trad. T. M. Knox), Oxford, Clarendon Press, 1952, § 75, e anexo ao § 161. [Ed. bras.: *Princípios da filosofia do direito*, São Paulo, Martins Fontes, 1997.]

57. *Ibidem*, § 75.

58. *Ibidem*, § 163.

59. *Ibidem*, p. 162.

60. *Ibidem*, § 163.

61. *Ibidem*, anexo ao § 161.62.

62. *Ibidem*, anexo ao § 158.

63. E. Durkheim, *The Division of Labor in Society* [A divisão do trabalho na sociedade], Nova York, Free Press, 1964, p. 381.

64. Hegel, *Philosophy of Right*, § 167.

65. *Ibidem*, § 165.

66. *Ibidem*, § 166 e anexo.

67. *Ibidem*, § 171.

68. G. W. E Hegel, *Phenomenology of Spirit* (trad. A. V. Miller), Oxford, Oxford University Press, 1977, § 475, p. 288. [Ed. bras.: *Fenomenologia do espírito*, Petrópolis, Vozes, 2014.]

69. G. W. E Hegel, *Philosophy of Right*, anexo ao § 166.

70. E. Durkheim, *Division of Labor*, p. 204.

71. Citado em B. Ehrenreich e D. English, *For Her Own Good: 150 Years of the Expert's Advice to Women* [Para seu próprio bem: 150 anos de aconselhamento de especialistas para mulheres], Nova York, Anchor Press, 1978, p. 276. Sobre os manuais de conselho ver E. Ross, "The 'Love Crisis': Couples Advice Books of Late 1970s" [A "crise do amor": livros de conselhos para casais do final de 1970], *Signs*, vol. 6, n° 1, 1980, pp. 109-22.

72. B. Barber, *Liberating Feminism* [Liberando o feminismo], Nova York, The Seabury Press, 1975, pp. 62-3.

73. Para um estudo fascinante dos divórcios obtidos através de Atos Particulares (os requerentes incluíam clérigos, que eram proeminentes entre os adúlteros), ver S. Wolfiam, "Divorce in England 1700-1857" [Divórcio na Inglaterra 1700-1857], *Oxford Journal of Legal Studies*, vol. 5, n° 2,1985, pp. 155-86.

74. C. Delphy, *Close to Home*, p. 102.

75. G. S. Becker, "A Theory of Marriage: Part II" [Uma teoria do casamento: parte II], *Journal of Political Economy*, vol. 82, n° 2, parte II, 1974, p. 12.

76. M. M. Shultz, "Contractual Ordering of Marriage", p. 280.

77. P. Califia, "Feminism and Sadomasochism" [Feminismo e sado-masoquismo], *Heresies*, n° 12, 1981, p. 31. Para outras discussões e referências ver "Forum: The Feminist Sexuality Debates" [Fórum: Os debates sobre sexualidade feminista], *Signs*, vol. 10, n° 1, 1984, pp. 106-35.

78. Califia, "Feminism and Sadomasochism", p. 32.

79. Passagens citadas em A. Carter, *The Sadeian Woman and the Ideology of Pornography* [A mulher sadeiana e a ideologia da pornografia], Nova York, Harper and Row, 1980, pp. 98, 119.

80. Califia, "Feminism and Sadomasochism", p. 32.

81. O problema é enfatizado por J. Benjamin, "The Bonds of Love: Rational Violence and Erotic Domination" [Os laços do amor: violência racional e dominação erótica], *Feminist Studies*, vol. 6, n° 1, 1980, p. 157.

7

O QUE HÁ DE ERRADO COM A PROSTITUIÇÃO?

No patriarcado moderno existe uma variedade de meios pelos quais os homens mantêm os termos do contrato sexual. O contrato de casamento ainda é fundamental para o direito patriarcal, mas o casamento é atualmente apenas um dos caminhos sociais, dentre os aceitáveis, para os homens terem acesso sexual ao corpo das mulheres. Ligações de sexo casual e "viver juntos" nem de longe implicam as sanções sociais de vinte ou trinta anos atrás, e, além dos arranjos privados, há um enorme e milionário comércio de corpos femininos. A prostituição é parte integrante do capitalismo. Não se colocam mais as esposas em um leilão público — embora na Austrália, nos Estados Unidos e na Grã-Bretanha seja possível adquirir mulheres filipinas pelo correio —, mas os homens podem comprar o acesso sexual ao corpo das mulheres no mercado capitalista. O direito patriarcal está claramente corporificado na "liberdade de fazer contratos".

As prostitutas estão facilmente acessíveis, em todos os níveis do mercado, a qualquer homem que possa pagar por seus serviços, e elas comumente são oferecidas como parte de transações comerciais, políticas e diplomáticas. Apesar disso, o caráter público da prostituição é menos explícito do que poderia ser. Como outras formas de empreendimento capitalista, a prostituição é encarada como um empreendimento privado, e o contrato entre cliente e prostituta é visto como um acordo particular entre comprador e vendedor. Além disso, a prostituição é mantida em sigilo, apesar de sua escala industrial. Em Birmingham, uma cidade inglesa com aproximadamente meio milhão de habitantes, cerca de oitocentas mulheres trabalham como prostitutas de rua, ou em casas e hotéis, "saunas", "casas de massagem" e "agências de acompanhantes". Quase 14 mil homens compram seus serviços a cada semana, ou seja, cerca de 17 homens para cada prostituta.[1] Uma demanda quase igual foi registrada nos Estados Unidos, e o número total de clientes por semana, em todo o país, numa estimativa conservadora, é de 1,5 milhão de homens.[2] Calcula-se que cerca de US$ 40 milhões são gastos por dia com a prostituição nos Estados Unidos.[3] O sigilo existe, em parte porque onde o ato da prostituição em si não é ilegal, as atividades associadas a ele, tais como o aliciamento de homens em locais públicos, frequentemente o são. Grande parte do caráter criminal do negócio da prostituição não é, no entanto, o único motivo para o sigilo. Nem todos os homens querem que se fique sabendo que eles compram esse tipo de mercadoria. Ser descoberto tendo relações com uma prostituta ainda pode, por exemplo, ser a ruína dos políticos. Dados empíricos demonstram que três quartos dos clientes das prostitutas são homens casados. Certamente, as prostitutas de Birmingham percebem uma diminuição das transações nos períodos de férias, quando os homens estão fora da cidade, com mulher e filhos.[4]

A sujeição sexual das esposas nunca deixou de ser defendida, mas até bem recentemente era difícil encontrar uma defesa incondicional da prostituição. Esta era encarada, por exemplo, como um mal necessário que protegia as jovens do estupro e protegia o casamento e a família dos desvarios do desejo sexual dos homens; ou como uma consequência lamentável da pobreza e das restrições sociais enfrentadas pelas mulheres que tinham de se sustentar; ou era aceita como não sendo pior, mas mais honesta até, do que a "prostituição legal", como Mary Wollstonecraft chamou o casamento em 1790.[5] Como prostitutas, as mulheres comercializam abertamente seu corpo e, como trabalhadoras — mas diferentemente da esposa —, recebem por isso. Assim, para Emma Goldman, "é simplesmente uma questão do grau em que uma mulher se vende a um homem, dentro ou fora do casamento, ou a vários homens".[6] Simone de Beauvoir encara a esposa como "contratada pela vida toda por um homem; a prostituta tem vários clientes que pagam a ela pelos seus serviços. Uma é protegida por um único homem contra todos os outros; a outra é defendida por todos contra a tirania exclusiva de cada um".[7] Cicely Hamilton observou, em 1909, que embora as mulheres fossem impedidas de barganhar livremente no único comércio legitimamente aberto a elas, o casamento, elas podiam exercer essa liberdade em seu comércio ilegítimo; "a classe das prostitutas [...] levou ao seu resultado lógico o princípio de que as mulheres existem em virtude de um salário pago em troca da posse de sua pessoa".[8]

Uma mudança radical acontece atualmente nas discussões sobre a prostituição, que é defendida indiscriminadamente pelos contratualistas. Os termos da defesa ilustram mais uma vez a facilidade com que algumas discussões feministas ocupam o terreno contratualista. Muitas discussões feministas recentes concordam que a prostituição é simplesmente um trabalho e que a prostituta é uma trabalhadora, como qualquer outro trabalhador assalariado. As prostitutas deveriam, portanto, ter direitos sindicais, e as feministas frequentemente encaminham propostas para que as trabalhadoras controlem a indústria sexual. Argumentar dessa maneira não é necessariamente defender a prostituição — pode-se defender os direitos sindicais, ao mesmo tempo em que se reivindica a abolição do trabalho capitalista assalariado — mas, na falta de um argumento contrário, o que se sugere implicitamente em muitas discussões feministas é que, se a prostituta é uma simples trabalhadora, dentre outras, a conclusão adequada é que não há nada de errado com a prostituição. Em última instância, a discussão deixa implícito que não há nada de errado com a prostituição que não seja errado da mesma forma em outros tipos de trabalho.

Essa conclusão depende dos mesmos pressupostos da defesa contratualista da prostituição. Os contratualistas argumentam que uma prostituta contrata um certo tipo de capacidade de trabalho, durante um certo período, em troca de dinheiro. Há uma troca voluntária entre a prostituta e o cliente, e o contrato de prostituição é exatamente como o — ou é um exemplo do — contrato de trabalho. Da perspectiva do contrato, a prostituta detém a propriedade em sua pessoa e contrata parte dessa propriedade no mercado. Uma prostituta não vende a si mesma ou mesmo seus órgãos sexuais, como normalmente se admite, mas contrata o uso de *serviços sexuais*. Não há diferenças entre uma prostituta e qualquer outro trabalhador ou prestador de serviços. A prostituta, como outros "indivíduos", está numa relação de exterioridade com a propriedade em sua pessoa. A teoria do contrato, portanto, parece dar uma resposta convincente às famosas críticas e objeções à prostituição. Por exemplo, para os contratualistas, a objeção de que a prostituta é desonrada ou degradada por causa de seu negócio não apreende a natureza do que é negociado. O corpo e o ser da prostituta não são oferecidos no mercado; ela pode contratar o uso de seus serviços sem danos para ela mesma. Pode-se dizer, agora, às feministas que argumentam que a prostituta é um exemplo típico da sujeição das mulheres aos homens, que essa visão é um reflexo de atitudes antiquadas em relação ao sexo, difundidas pela propaganda masculina e pelo antigo mundo da subordinação feminina.[9] Os contratualistas proclamam até que as "pessoas têm o direito humano de se engajarem no sexo comercial".[10]

Os defensores da prostituição admitem que são necessárias algumas mudanças na indústria tal como ela existe atualmente, a fim de que um mercado propriamente livre de serviços sexuais funcione. Contudo, eles insistem que a "prostituição segura" é possível — a expressão é de Lars Ericcson.[11] A ideia de prostituição segura ilustra a mudança radical que aconteceu nas discussões sobre a prostituição. A defesa contratualista é agora um argumento universal. A prostituição é defendida como um comércio de que qualquer um pode participar. A liberdade de contratar e a igualdade de oportunidades exigem que o contrato de prostituição esteja aberto a todos e que qualquer indivíduo possa comprar ou vender serviços no mercado. Qualquer um que necessite de serviço sexual deve ter acesso ao mercado, seja homem ou mulher, jovem ou velho, preto ou branco, feio ou bonito, coxo ou portadora de deficiência. A prostituição funciona como um tipo de terapia — "é natural o papel da prostituta como um tipo de terapeuta"[12] —, ou como um tipo de serviço social ou de enfermagem (cuidando "da higiene íntima de pacientes incapacitados").[13] Ninguém será deixado de fora por causa de uma postura inadequada em relação ao sexo. Uma corcunda ou um corcunda sempre encontrarão um prestador de serviços.[14]

Uma defesa universal da prostituição pressupõe que um prostituto pode ser de ambos os sexos. As mulheres devem ter as mesmas oportunidades que os homens de adquirir serviços sexuais no mercado. Quem se prostitui é normalmente retratado como uma mulher ("a prostituta") e, de fato, a maioria dos prostitutos constitui-se de mulheres. Entretanto, para os contratualistas, essa é uma característica acidental da prostituição; para que a prostituição segura fosse instituída, o *status* e a definição sexual atribuída às duas partes — o homem como comprador e a mulher como prestadora de serviços — seriam substituídos pelo contrato, por uma relação entre dois "indivíduos". Uma pequena reflexão sobre a história do contrato sexual sugere que há um problema fundamental na tentativa de universalização da prostituição. Às vezes aparecem relatos em que, em grandes cidades como Sidney, trabalham alguns prostitutos heterossexuais — a velha figura do gigolô pertence a um contexto muito diferente —, mas eles ainda são poucos. Prostitutos homossexuais, por outro lado, não são incomuns, e, segundo a perspectiva do contrato, eles não são diferentes das prostitutas. A história do contrato sexual revela que há um bom motivo para "a prostituta" ser uma figura feminina.

A história é sobre relações heterossexuais — mas ela também fala da criação da fraternidade e de suas relações contratuais. As relações entre os membros da fraternidade estão fora do escopo dessa discussão, mas, como Marilyn Frye observou, "há uma espécie de 'tabu do incesto' construído dentro da masculinidade normal".[15] O tabu é necessário; dentro dos vínculos da fraternidade existe sempre a tentação de transformar a relação em algo mais do que camaradagem. Mas se os membros da irmandade ampliassem seus contratos, se eles contratassem a utilização sexual de corpos entre eles próprios, a competição poderia abalar os fundamentos do contrato original. Da perspectiva do contrato, a proibição dessa forma específica de exercício da lei do direito sexual masculino é puramente arbitrária, e o fervor com que ela é mantida pelos próprios homens é incompreensível. A história da criação originária do patriarcado moderno ajuda a diminuir a incompreensão.

Os contratualistas que defendem um indivíduo sexualmente neutro, universal, e a prostituição segura não levaram, até onde sei, a lógica de seus argumentos às últimas consequências. A derrota final do *status* e a vitória do contrato deveriam levar à eliminação do casamento em favor do acordo econômico da prostituição generalizada, no qual os indivíduos participariam de contratos curtos de uso sexual, quando necessário. A única restrição legítima a esses contratos seria a não disposição da outra parte em tornar esses serviços disponíveis; o sexo desta parte seria irrelevante. A idade também não consistiria numa limitação, mas ao menos um contratualista se apoiaria no antipaternalismo verdadeiro, nesse aspecto.[16]

Qualquer discussão sobre a prostituição está repleta de problemas. Embora os contratualistas neguem atualmente qualquer importância política ao fato de a maioria dos prostitutos ser de mulheres, um grande problema é que, em outras discussões, a prostituição é invariavelmente encarada como um problema relativo à prostituta, um problema relativo *às mulheres*. A apreensão da prostituição como um problema relativo às mulheres está tão profundamente assentada que é provável que qualquer crítica à prostituição provoque as acusações que os contratualistas contemporâneos fazem contra as feministas; a crítica da prostituição revela o desprezo pelas prostitutas. Argumentar que há algo de errado

296 | CAROLE PATEMAN

com a prostituição não implica necessariamente um julgamento desfavorável das mulheres que fazem esse trabalho. Quando os socialistas criticam o capitalismo e o contrato de trabalho, eles não o fazem porque desprezam os trabalhadores, mas porque eles são os defensores dos trabalhadores. Contudo, o recurso à ideia de falsa consciência, comum há alguns anos, sugeria que o problema do capitalismo era um problema com os trabalhadores. Reduzir o problema do capitalismo às deficiências de consciência dos trabalhadores desvia a atenção sobre o capitalista, o outro participante do contrato de trabalho. Do mesmo modo, a suposição patriarcal de que a prostituição seja um problema referente às mulheres garante que o outro participante do contrato de prostituição não seja analisado. Uma vez que a história do contrato sexual é contada, a prostituição pode ser encarada como um problema referente aos *homens*. O problema da prostituição torna-se então envolvido na questão de por que os homens reivindicam que o corpo das mulheres seja vendido no mercado capitalista. A história do contrato sexual também dá a resposta; a prostituição faz parte do exercício da lei do direito sexual masculino, uma das maneiras pelas quais os homens têm acesso garantido ao corpo das mulheres.

A crítica feminista à prostituição é, às vezes, rejeitada atualmente sob a alegação de que as prostitutas exploram ou enganam seus clientes do sexo masculino; os homens são apresentados como a parte que sofre os danos, e não as mulheres. Para se protegerem, as prostitutas frequentemente conseguem ter o controle da transação com seus clientes por meio de vários artifícios e artimanhas na negociação. Entretanto, exatamente como acontece nas discussões sobre o casamento, que recorrem ao exemplo dos maridos benevolentes e não conseguem diferenciar a relação específica dos cônjuges da instituição do casamento, o mesmo acontece nos casos específicos do contrato de prostituição — quando a prostituta explora um cliente —, os quais devem ser diferenciados da prostituição como instituição social. Na estrutura da instituição da prostituição, as "prostitutas" estão submetidas aos "clientes", exatamente como as "esposas" estão submetidas aos "maridos", na estrutura do casamento.

Há uma vasta bibliografia sobre a prostituição, incluindo muitos relatos oficiais, e já se dedicou bastante atenção à psicologia e à psicopatologia da prostituta. Em 1969, um panfleto amplamente difundido por oficiais de justiça na Grã-Bretanha falava sobre a "prova de que a prostituição é uma manifestação regressiva e primitiva"; e um relato do Departamento de Imigração, em 1974, afirmava que "o modo de vida de uma prostituta é uma rejeição tão grande aos costumes sociais normais que pode ser comparado ao do viciado em drogas".[17] Também se presta muita atenção aos motivos pelos quais as mulheres se tornam prostitutas. As evidências sugerem que não há nada de misterioso sobre os motivos pelos quais as mulheres se prostituem. *In extremis*, as mulheres podem vender seu corpo por comida, como a jovem desempregada do século XIX, a quem se perguntou (o autor de *My Secret Life* [Minha vida secreta]): "Por que você deixa os homens foderem você?" Ela respondeu que "por pães de linguiça", mas que também o permitiria por "tortas de carne e massas".[18] Mais genericamente, a prostituição possibilita que as mulheres ganhem mais do que ganhariam na maioria dos trabalhos abertos a elas no capitalismo patriarcal. Entre 1870 e 1880, as mulheres, em campanha contra os Atos das Doenças Contagiosas na Associação Nacional das Senhoras, na Grã-Bretanha, argumentavam que a prostituição era a indústria que melhor remunerava as mulheres pobres. Em 1980, uma pesquisa empírica mostrou que as prostitutas britânicas ganhavam muito mais do que a maioria das trabalhadoras, e estavam na faixa de salários médios e altos, dentre os trabalhadores homens.[19] O filme estadunidense *Uma secretária de futuro* ilustra a atração que a prostituição exerce sobre as mulheres jovens de classe média com educação superior que querem ganhar muito dinheiro em pouco tempo. Às prostitutas também se relacionam o grau de independência e a flexibilidade que o trabalho permite e a relativa facilidade com que a prostituição pode ser combinada com o trabalho doméstico e com o cuidado das crianças. O vício em drogas também é um importante motivo por que as mulheres se tornam prostitutas.

As causas pelas quais as mulheres se prostituem são relativamente simples, mas o que se qualifica de prostituição é menos claro. A maioria das discussões dá por certo que o significado de "prostituição" é claro; "nós temos uma ideia do que queremos dizer com esse termo".[20] Traçar a linha entre amadoras e mulheres engajadas na profissão, em nossa sociedade, não é sempre fácil, pois perfis específicos e situados em diversos períodos históricos acabam por ser reunidos num mesmo conglomerado. A respeito, uma das ideias mais persistentes é que a prostituição (como o patriarcado) constitui um traço universal da vida humana em sociedade, entendimento muito bem expresso pelo clichê, "a mais antiga profissão". O clichê é usado para se referir a um largo espectro de processos culturais, abrangendo desde tempos remotos até o presente e reunindo tudo o que se convencionou chamar de "prostituição". Assim, por exemplo, um contratualista defensor da prostituição pergunta o que "a prostituição comercial, no sentido moderno", desenvolveu desde o antigo templo da prostituição sagrada.[21] O mesmo significado social é atribuído a atividades tão díspares quanto, digamos, a prostituição religiosa na Antiga Babilônia, a venda de corpos de mulheres carentes em troca de comida para elas próprias e seus filhos, a "escravidão branca", os bordéis para as tropas, a oferta de mulheres aos descobridores brancos, as *maisons d'abattages* ou a prostituição *malaya*, em Nairobi.[22] Não é evidente que todas essas práticas sociais tenham a mesma importância que o contrato de prostituição do capitalismo patriarcal. De fato, estudos recentes feitos por historiadoras feministas mostram que a prostituição, no sentido contemporâneo — a forma de prostituição que torna possível a defesa contratualista da prostituição segura — é um fenômeno histórico e cultural distinto, que se desenvolveu na Grã-Bretanha, nos Estados Unidos e na Austrália, por volta do final do século XIX e do final do século XX.[23]

Não há nada de universal na prostituição como um grupo específico de trabalhadores assalariados especializados em determinado tipo de trabalho, ou na prostituição como uma ocupação ou uma profissão especializada, dentro da divisão capitalista do trabalho. Até o final do século XIX, nesses três países, as prostitutas faziam parte da mão de obra pobre temporária. As mulheres dessa classe entravam e saíam da prostituição, como entravam e saíam de outras formas de trabalho. As prostitutas não eram encaradas como um tipo especial de mulheres, nem eram isoladas dos outros trabalhadores ou de outras comunidades da classe trabalhadora; não existia uma "profissão" especializada da prostituição. Na Grã-Bretanha, por exemplo, a prostituição, no sentido contemporâneo, derivou dos Atos das Doenças Contagiosas (1864, 1866, 1869). Nesses atos, as mulheres das cidades militares podiam ser classificadas como "prostitutas comuns" por policiais à paisana, eram submetidas obrigatoriamente a exames ginecológicos por causa das doenças venéreas e, se estivessem infectadas, eram confinadas em hospitais de isolamento. Uma grande campanha política, na qual as mulheres se destacaram, foi feita em repúdio aos atos.

Recusando a ideia de que a defesa da higiene pública exigisse a inspeção regular de marinheiros e soldados, bem como das mulheres por causa das doenças venéreas, o relatório de uma Comissão Real sobre os Atos afirmava que "não se pode comparar as prostitutas e os homens que têm relações com elas. No primeiro sexo, o delito é cometido por dinheiro; no segundo, é um prazer não ortodoxo de um instinto natural".[24] As militantes, tais como Josephine Butler, reconheceram que havia muito mais em questão do que as "duas medidas" da moral sexual, a única moral compatível com o contrato sexual. Ela argumentava que todas as mulheres estavam envolvidas nos atos e que elas não deveriam aceitar que a segurança e a respeitabilidade privadas da maioria das mulheres dependessem de um "tipo de escravas", de prostitutas disponíveis publicamente. Butler escreveu mais tarde para sua irmã que "mesmo que não tenhamos a solidariedade que nos faça sentir que as correntes que aprisionam nossas irmãs escravas também nos prendem, não podemos fugir ao fato de que somos um único sexo, *solidaire*, e que, enquanto elas estiverem presas, nós não seremos completa e verdadeiramente livres".[25] Para as feministas que lutavam contra os atos, a prostituição representava a mais violenta forma de dominação sexual das mulheres pelos homens.

Entretanto, as questões feministas desapareceram em meio ao movimento social puritano desenvolvido na Grã-Bretanha a partir de 1880, e colaborou para a aprovação do Ato de Emenda da Lei Criminal, em 1885, que deu à polícia maior autoridade sobre as mulheres pobres. Na mesma época em que os Atos das Doenças Contagiosas foram revogados, mais precisamente em 1886, o caráter da prostituição já estava mudando e o negócio estava se "profissionalizando". Foi difícil para as mulheres classificadas nos atos como prostitutas de rua terem seu nome removido dos registros, ou, consequentemente, encontrarem empregos. As mulheres normalmente alugavam quartos em bordéis ou estalagens de alta rotatividade, dirigidos por mulheres com família para sustentar, que também aceitavam outros locatários, além das prostitutas. O ato de 1885 deu à polícia poderes para fechar os bordéis, os quais foram sistematicamente fechados entre 1890 e 1914, e poderes contra o aliciamento público de homens. As prostitutas recorreram aos cáftens para se protegerem. A prostituição deixou de ser controlada por mulheres e passou a ser controlada por homens; como Judith Walkowitz observa, "havia então uma terceira parte com grandes interesses no prolongamento da permanência das mulheres nas ruas".[26]

Em Nova Gales do Sul, Austrália, a eliminação da prostituição independente tomou um outro caminho. Diferentemente das outras colônias britânicas, a Nova Gales do Sul não sancionou uma legislação contra as doenças contagiosas, nem seguiu o ato de 1885. A legislação foi introduzida em 1908, visando ao aliciamento de homens nas ruas, a caftinagem e a manutenção de bordéis e, de acordo com Judith Allen, o objetivo da estratégia policial era a abolição dos aspectos mais visíveis da prostituição. O resultado foi a impossibilidade de as prostitutas independentes continuarem a trabalhar; "o trabalho da prostituta tornou-se estruturalmente proletarizado".[27] As prostitutas foram forçadas a se voltarem para redes de crime organizado ou para cáftens empregados por esses criminosos. Uma consequência semelhante foi provocada pelas grandes campanhas contra a prostituição durante a era progressista nos Estados Unidos. Ruth Rosen sintetiza as mudanças, que incluíram a transferência do controle do negócio "das madames e das próprias prostitutas para os cáftens e os sindicatos do crime organizado [...]. A partir de então, a prostituta raramente trabalhava como agente independente. Além disso, ela enfrentou o aumento da violência, não só por parte da polícia, mas também de seus novos 'patrões'".[28] Uma vez profissionalizada, a prostituição se transformou em uma importante indústria capitalista, com a mesma estrutura de outras indústrias capitalistas, com as prostitutas trabalhando em uma ocupação controlada por homens. Por exemplo, em Birmingham, a maioria das prostitutas tem um rufião — cáften — e as "saunas" e outros estabelecimentos do tipo geralmente pertencem a homens ou são dirigidos por eles. Poucas prostitutas se tornam gerentes ou "fazem empreendimentos comerciais com outras mulheres para o benefício mútuo".[29]

A alegação de que a prostituição é uma característica universal da sociedade humana não se apoia unicamente no clichê "a mais antiga profissão do mundo", mas também no pressuposto amplamente mantido de que a prostituição se origina da necessidade sexual natural dos homens. Existe um instinto natural (masculino) e universal que, supõe-se, necessita, e sempre necessitará, da válvula de escape fornecida pela prostituição. Atualmente, quando os argumentos de que o sexo fora do casamento é imoral perderam a força, os defensores da prostituição frequentemente a apresentam como um exemplo de "sexo sem amor", ou de satisfação dos desejos naturais.[30] O argumento, no entanto, é um *non sequitur*. Defensores do sexo sem amor, e do que já foi chamado de amor livre, sempre supuseram que a relação estivesse baseada na atração sexual mútua entre um homem e uma mulher e envolvesse a satisfação física mútua. O amor livre e a prostituição são polos distintos. A prostituição é a utilização do corpo de uma mulher por um homem para sua própria satisfação. Não há desejo ou satisfação por parte da prostituta. A prostituição não é uma troca prazerosa e recíproca da utilização dos corpos, mas a utilização unilateral do corpo de uma mulher por um homem, em troca de dinheiro. Que a instituição da prostituição possa ser apresentada como uma extensão natural do instinto humano, e possa ser equiparado o sexo sem amor à venda do corpo das mulheres no mercado capitalista, só é possível porque uma questão importante está presente: por que os homens reivindicam que a satisfação de um desejo natural tome a forma de acesso público ao corpo das mulheres no mercado capitalista, em troca de dinheiro?

No raciocínio que vê a prostituição como mera expressão de um desejo natural, é inevitável a comparação entre a prostituição e o fornecimento de alimentos. Afirmar que "todos nós precisamos de alimentos, portanto os alimentos têm que estar disponíveis para nós. [...]. E desde que nossos desejos sexuais são tão essenciais e tão fortes quanto nosso desejo por comida, isso também se aplica a eles", não é levantar um argumento em favor da prostituição nem em favor de qualquer forma de relacionamento sexual.[31] Sem um mínimo de comida — ou água, ou habitação— as pessoas morrem, mas, ao que eu saiba, ninguém já morreu por ter desejos sexuais ou em consequência deles. Também há uma diferença fundamental entre a necessidade humana de comida e a necessidade de sexo. Às vezes não existe alimento disponível, mas todas as pessoas têm os meios para satisfazer seus desejos sexuais à mão. Não há uma necessidade natural de se envolver em *relações* sexuais para aliviar aflições sexuais. Obviamente, talvez existam restrições culturais à utilização desse meio, mas o que se entende por comida também é culturalmente variável. Em nenhuma sociedade o modelo de produção e de consumo dos alimentos, ou o modelo de relações entre os sexos, derivam diretamente — sem mediação cultural — do fato natural de que todos os humanos sentem fome e têm instintos sexuais. A consequência das restrições e proibições sexuais geralmente são menos desastrosas do que os interditos alimentares.

Outro problema em se discutir a prostituição no final do século XX patriarcal é que geralmente se supõe serem óbvias as atividades que se enquadram no rótulo "prostituição". A prostituição faz parte atualmente de uma indústria internacional do sexo que inclui a difusão em massa de livros e filmes pornográficos, a ampla oferta de clubes de *strip-tease* e *peep shows* e a venda, a homens, de excursões sexuais a países pobres do Terceiro Mundo. A exposição generalizada do corpo e do órgão genital femininos, seja em representação ou ao vivo, é fundamental para a indústria do sexo e lembra continuamente aos homens — e às mulheres — que os homens exercem a lei patriarcal do direito sexual masculino e de acesso ao corpo das mulheres. A história do contrato sexual original ajuda a classificar quais dentre a variedade de atividades da indústria do sexo são corretamente chamadas de "prostituição". Por exemplo, a satisfação de um simples desejo sexual não exige que o homem tenha acesso ao corpo de uma mulher; qual é, então, a importância do fato de que entre 15% e 25% dos clientes das prostitutas de Birmingham pedirem o que é conhecido no mercado como "alívio manual"?[32]

A história do contrato sexual sugere que essa última demanda faz parte da construção do que significa ser homem, parte da expressão contemporânea da sexualidade masculina. A satisfação dos impulsos sexuais masculinos têm que ser obtida por meio do acesso a uma mulher, mesmo se seu corpo não for utilizado de forma direta. Seja ou não o homem potente e queira ou não encontrar alívio por outras formas, ele poderá exibir sua masculinidade ao contratar a utilização do corpo de uma mulher. O contrato de prostituição é outro exemplo de um contrato sexual "original" concreto. A exibição modelar da masculinidade é o engajamento no "ato sexual" (portanto, a venda do corpo dos homens para fins homossexuais não tem o mesmo significado social). A instituição da prostituição assegura que os homens possam comprar "ato sexual" e assim exercerem seu direito patriarcal. As atividades que, acima de tudo, podem ser corretamente chamadas de prostituição são "ato sexual" e as atividades a ele associadas, tais como "o alívio manual" e o sexo oral (felação), pelas quais há uma grande demanda.[33] Algumas das confusões mais comuns nas discussões sobre a prostituição poderiam ser evitadas se outras atividades fossem encaradas como parte da indústria mais ampla do sexo. O mercado abrange uma grande demanda por "servidão e disciplina", ou contratos imaginários de escravidão. A difusão comercial em massa da maioria das relações de força e dos símbolos de dominação é uma evidência do poder e do gênio do contrato, o qual proclama que um contrato de subordinação é liberdade (sexual).

Desde os anos 1970, as prostitutas têm-se organizado nos Estados Unidos, na Grã-Bretanha e na Austrália — e o Comitê Internacional dos Direitos das Prostitutas fez o Segundo Congresso Mundial das Prostitutas em 1986 — a fim de melhorar suas condições de trabalho, combater a hostilidade e a violência, e também para pressionar em favor da descriminalização da prostituição. Em suma, as prostitutas estão lutando para ser reconhecidas como trabalhadoras em uma ocupação que não tem garantia e proteção sindical. A prostituta é uma mulher e, portanto, compartilha com todas as mulheres em empregos remunerados uma posição incerta como "trabalhador". Mas a prostituta não é exatamente como qualquer outra mulher que trabalha; sua posição é ainda mais incerta. A prostituição é encarada como sendo diferente das outras formas de trabalho feminino e, particularmente na extremidade inferior do mercado, as prostitutas são diferenciadas das outras mulheres que trabalham — quase todo mundo é capaz de visualizar "a prostituta" aliciando homens nas ruas, com suas roupas, seu comportamento e coração de ouro característicos. As defesas contratualistas da prostituição atribuem a não aceitação da prostituta como uma trabalhadora ou prestadora de serviços à hipocrisia e às posturas distorcidas em torno das relações sexuais. Certamente, a hipocrisia é grande e as atitudes irracionais são abundantes em torno da questão da prostituição, como *A profissão da sra. Warren*, de George Bernard Shaw, revelou há algum tempo. Entretanto, a referência à hipocrisia é incapaz de apreender as emoções com as quais alguns homens encaram as prostitutas.

As prostitutas são assassinadas porque elas são encaradas como fonte de sujeira, e os assassinos podem se tornar famosos, como Jack, o estripador. Menos dramaticamente, as prostitutas correm todos os dias o risco considerável de sofrer danos físicos por parte de seus clientes, especialmente se elas trabalham nas ruas. Eileen McLeod concluiu que, em Birmingham, "quase sem exceção, as prostitutas com quem tive contato sofreram algum tipo de violência física grave por parte de seus clientes".[34] As prostitutas não são, obviamente, as únicas trabalhadoras que enfrentam riscos físicos em seus trabalhos. Faz-se pouca publicidade sobre o grande número de trabalhadores que são mortos ou acidentados, a cada ano, nos locais de trabalho, por causa da ausência, da inadequação ou da não aplicação das regras de segurança, ou pela realidade de acidentes profissionais. Esses acidentes, contudo, não ocorrem porque o trabalhador é uma *mulher*. Os contratualistas não estão sozinhos na negação da importância do fato de as prostitutas serem mulheres. Além de alguns estudos feministas, é difícil encontrar discussões que reconheçam que a prostituição faça parte da estrutura patriarcal de nossa sociedade. A esquerda e a direita, bem como algumas feministas, compartilham o pressuposto de que o trabalho da prostituta é exatamente como qualquer outro trabalho remunerado. A prostituta simplesmente trabalha em uma profissão diferente e oferece um tipo diferente de serviço — tipo de capacidade de trabalho — daquela oferecida por um mineiro ou um eletricista, uma secretária ou um montador de produtos eletrônicos. Assim, não surpreende que a crítica à prostituição seja então expressada em termos econômicos. Por exemplo, o argumento de que as prostitutas são forçadas por necessidades econômicas a ingressar no negócio é muito antigo. O problema da prostituição é comumente apresentado como decorrência da participação involuntária das mulheres, em contraposição às condições de participação nos contratos de trabalho ou de casamento. Portanto, Alison Jaggar afirmou que "é a coerção econômica subjacente à prostituição [...] que garante a objeção feminista básica à prostituição".[35]

Outro argumento comum, dessa vez apresentado pela direita religiosa e pela esquerda, entende que o equívoco da prostituição está no fato de permitir a degradação e a exploração das mulheres engajadas nesse mercado, como ocorre com muitas outras categorias de trabalhadores no sistema capitalista. Novamente, o problema da subordinação é ignorado. Essa comparação aparece frequentemente nas discussões em torno da coerção econômica e da exploração; em vez de as prostitutas serem encaradas como trabalhadoras exploradas, supõe-se que os trabalhadores estejam nessa mesma situação. Críticos marxistas da prostituição tomam como seu lema a afirmação de Marx de que "a prostituição é somente uma expressão *específica* da prostituição *geral* do trabalhador".[36] A prostituição representa, então, a coerção econômica, a exploração e a alienação do trabalho assalariado. Como disse um crítico, "a prostituição encarna o aviltamento do cidadão moderno como produtor".[37] O contrato de prostituição não é simplesmente um exemplo do contrato de trabalho; pelo contrário, o contrato de trabalho se torna um contrato de prostituição. A figura da prostituta pode, portanto, simbolizar tudo o que estiver errado com o trabalho assalariado.

Encarar as prostitutas como um exemplo típico da exploração capitalista não deixa de ser uma ironia. "O trabalhador" é do sexo masculino — embora sua degradação seja simbolizada por uma representação feminina, e o capitalismo patriarcal seja retratado como um sistema de prostituição generalizada. O fato de a prostituta aparecer como símbolo tão óbvio da degradação do trabalhador assalariado levanta a suspeita de que o que ela vende não é exatamente a capacidade de trabalho contratada pelos outros trabalhadores. Se a prostituição é um trabalho exatamente no mesmo sentido de qualquer outro emprego remunerado, então a condição atual da prostituta só pode ser atribuída, como insistem os contratualistas, à proibição legal, à hipocrisia e às ideias ultrapassadas sobre o sexo. A história do contrato sexual dá uma outra explicação para a diferença entre a prostituição e os outros trabalhos remunerados, nos quais predominam as mulheres. O contrato de prostituição é um contrato feito com uma mulher e, portanto, não pode ser igual ao contrato de trabalho, um contrato entre homens. Apesar de o contrato de prostituição ser selado no mercado capitalista, ele ainda difere em alguns aspectos significativos do contrato de trabalho. Por exemplo: o trabalhador sempre entra em um contrato de trabalho com o capitalista. Se a prostituta fosse um trabalhador qualquer, o contrato de prostituição também envolveria sempre um capitalista embora normalmente o homem que participe do contrato seja um trabalhador.

Seria possível supor, como objeção, que a prostituta de uma "casa de massagens" seria uma trabalhadora assalariada, que tivesse ingressado no contrato de trabalho. Verdade, mas o contrato de prostituição não é um contrato de trabalho. É um cliente de sexo masculino que participa do contrato de prostituição, e não um patrão. A prostituta pode ou não ser uma empregada assalariada (trabalhadora); algumas prostitutas podem ser "mais apropriadamente descritas como pequenas empresárias".[38] A diferença, entretanto, é irrelevante para o problema da caracterização da prostituição; ela seria um trabalho e uma troca voluntários, ou uma exploração ou um tipo específico de subordinação? Seja a prostituta uma trabalhadora ou uma pequena empresária, ela deve ser encarada como alguém que contrata a sua capacidade de trabalho ou de serviços para que o contrato de prostituição também seja encarado como um contrato de trabalho. Da perspectiva do contrato, o contrato de trabalho é infinitamente elástico, abrangendo desde a escravidão civil pela vida toda até o contrato de prostituição de curta duração em um bordel para tropas militares ou trabalhadores imigrantes. Não importa se a prostituta é uma trabalhadora livre ou explorada, ou uma pequena empresária, mas sim que a capacidade de trabalho ou os serviços sejam contratados. Como Ericcson afirma, uma prostituta necessariamente tem que vender "não seu corpo ou sua vagina, mas *serviços* sexuais. Se ela realmente vendesse a si mesma, ela não seria mais uma prostituta e sim uma escrava sexual".[39]

Mais precisamente, ela se assemelharia a uma escrava da mesma maneira que um trabalhador — um escravo assalariado — se assemelha ao escravo. A capacidade de trabalho é uma ficção política. O capitalista não contrata e não pode contratar a utilização dos serviços ou a capacidade de trabalho do proletário. O contrato de trabalho dá ao patrão o direito de controlar a utilização do trabalhador, ou seja, o ser, a pessoa e o corpo do trabalhador durante o período estabelecido no contrato de trabalho. Do mesmo modo, os serviços de uma prostituta não podem ser prestados a não ser que ela esteja presente; a propriedade na pessoa, diferentemente das propriedades materiais, não pode ser separada de seu dono. O "joão", o "cliente", o homem que contrata a utilização dos serviços da prostituta, tal como o empregador, adquire o domínio sobre a utilização de sua pessoa e de seu corpo pelo período de duração do contrato de prostituição — mas nesse ponto sucumbe a comparação entre a escravidão assalariada e a prostituta, o contrato de trabalho e o contrato de prostituição.

O capitalista não tem um interesse intrínseco no corpo e no ser do trabalhador ou, pelo menos, não o mesmo tipo de interesse que o homem que participa do contrato de prostituição. O patrão está interessado principalmente nas mercadorias produzidas pelo trabalhador, isto é, no lucro. O caráter peculiar da relação entre o dono da capacidade de trabalho e sua propriedade implica a necessidade de o patrão organizar trabalhadores (corporificados) e forçá-los ou induzi--los a trabalhar, a fim de que produzam as mercadorias com suas máquinas e outros meios de produção. Mas o patrão pode substituir o trabalhador por máquinas, e frequentemente o faz ou, nos anos

1980, pode substituí-lo por robôs e outras máquinas computadorizadas. De fato, os patrões preferem as máquinas aos trabalhadores porque as máquinas são escravos totalmente fiéis; elas são incapazes de se insubordinar, de resistir às ordens do patrão ou de se reunir em sindicatos e em associações revolucionárias. Por outro lado, se o patrão substituir todos os seus empregados por máquinas, ele se tornará um mero proprietário. O patrão tem interesse nos trabalhadores como seres pois, sem eles, deixará de ser um senhor e perderá o prazer de dominar os subordinados.

Diferentemente dos patrões, os homens que participam do contrato de prostituição somente têm um único interesse: a prostituta e seu corpo. Existe um mercado de substitutos do corpo das mulheres, em forma de bonecas infláveis, mas, diferentemente das máquinas que substituem o trabalhador, as bonecas são anunciadas como "iguais às reais". As bonecas são um substituto literal para as mulheres, não um substituto funcional como a máquina instalada no lugar do trabalhador. Até um substituto de plástico da mulher pode dar ao homem a sensação de ser um senhor patriarcal. Na prostituição, o corpo da mulher e o acesso sexual a seu corpo são os objetos do contrato. Ter corpos à venda no mercado, como corpos, é muito parecido com a escravidão. Representar a escravidão assalariada por meio da figura da prostituta, em vez da figura do trabalhador de sexo masculino não é, portanto, totalmente inadequado. Mas a prostituição difere da escravidão assalariada. Nenhum tipo de capacidade de trabalho pode ser separada do corpo, mas somente por meio do contrato de prostituição o comprador adquire o direito unilateral de utilização sexual direta do corpo de uma mulher.

Um contratualista responderia, neste ponto, que se está enfatizando demais o corpo. Mesmo que considere o corpo, em vez dos serviços (como deveria ser), a liberdade moral pode ser mantida quando a utilização do corpo, ou de órgão do corpo, é contratada. O ser ou pessoa não são idênticos ao corpo, de modo que o ser não é prejudicado se a propriedade no corpo é utilizada. David Richards discorda de Kant, dos marxistas e das feministas, que ele acredita estarem seguindo Kant, nessa questão. Kant condena a prostituição como um *pactum turpe*, alugar um órgão do corpo para fins sexuais é transformar-se em uma propriedade, uma *res*, por causa da "unidade indissociável dos órgãos de uma pessoa".[40] Kant observa que o homem não pode dispor de si mesmo como quiser:

> Ele não é propriedade dele mesmo: dizer que ele o é seria contraditório em si mesmo; pois enquanto ele for uma pessoa ele é um sujeito a quem a posse das coisas pode ser conferida, e se ele fosse propriedade dele mesmo, ele seria uma coisa que poderia possuir [...] é impossível ser uma pessoa e uma coisa, o proprietário e a propriedade.[41]

Richards argumenta que a condenação à prostituição feita por Kant é incoerente, com sua visão mais ampla da autonomia. Eu não tentaria avaliar se ela é mais incoerente do que sua visão do trabalho assalariado ou, particularmente, do contrato de casamento, já que Richards não percebe que Kant sustenta o direito patriarcal e, assim, tem que negar que as mulheres sejam pessoas e, portanto, autônomas. A incoerência de Kant está no fato de ele querer restringir o cumprimento dos termos do contrato sexual às relações conjugais; o corpo das mulheres pode ser utilizado como uma propriedade pelo marido, mas as mulheres não podem vender seu produto no mercado e receber pelo uso sexual dessa mercadoria. Richards nota que argumentar contra a prostituição é limitar deliberadamente a liberdade sexual. A corporificação do ser não impõe restrições à autonomia moral do indivíduo. A discussão de Richards está baseada numa versão das entidades racionais não corporificadas que habitam (um aspecto da) teoria kantiana do contrato e a condição originária de Rawls. A autonomia é simplesmente "a capacidade de as pessoas avaliarem a vida e suas vontades atuais [...]. A autonomia acontece em um certo corpo, fazendo com que a pessoa considere criticamente esse corpo e suas capacidades de decidir sobre o seu tipo de vida".[42] Em suma, a liberdade é a capacidade ilimitada de um proprietário (entidade racional), relacionado exteriormente com a propriedade em sua pessoa (corpo), de julgar como contratar essa propriedade.

Os seres humanos possuem a capacidade de autocrítica — e essa capacidade pode ser compreendida como se abrangesse nada mais que a avaliação racional de cada indivíduo perceber como a propriedade pode ser utilizada para atingir um grau máximo de benefício. Se uma capacidade multifacetada e complexa não pudesse ter sido reduzida a esse triste empreendimento específico, histórica e culturalmente, a sociedade patriarcal civil não se teria desenvolvido. A "autonomia" de Richards foi sintetizada nas linhas de Richard Lovelace:

> Muros de pedra não fazem uma prisão
> E nem barras de ferro, uma gaiola*

Nem está em questão essa noção injusta e socialmente tangencial (embora em algumas circunstâncias, heroica) de liberdade moral — ou espiritual — na prostituição ou em outras formas de subordinação civil. A subordinação civil é um problema *político*, e não uma questão moral, embora as questões morais estejam envolvidas no exercício do poder. Tentar responder à questão do que está errado com a prostituição é se envolver numa discussão acerca do direito político na forma do direito patriarcal, ou a lei do direito sexual masculino. Subordinados de todos os tipos exercem sua capacidade de autorreflexão crítica todos os dias — é por isso que os senhores são contrariados, frustrados e, às vezes, derrubados. Mas a não ser que os senhores sejam derrubados, a não ser que os subordinados se envolvam em atividades políticas, nenhuma reflexão crítica porá fim à sua sujeição ou lhes dará a liberdade.

---

* Do original: *"Stone walls do not a prision make/ Nor iron bars a cage"* (N.E.)

Garantir que a corporificação do ser humano seja mais do que uma mera contingência ou uma circunstância casual para a liberdade e a sujeição pode não parecer suficiente para diferenciar a profissão da prostituição de outras formas de trabalho, ou para demonstrar que há algo de errado com a prostituição, que não se nota em outras formas de trabalho remunerado. O corpo de uma prostituta está à venda no mercado, mas também há outras profissões em que os corpos estão à venda e nas quais os patrões têm um interesse intrínseco no corpo dos trabalhadores. Por exemplo, agora que o esporte faz parte do capitalismo, o corpo dos esportistas profissionais homens e mulheres também estão disponíveis para ser contratados. Orlando Patterson discute o caso do beisebol nos Estados Unidos, onde, até 1975, os jogadores podiam ser comprados e vendidos como qualquer outro bem material, segundo a vontade e visando ao lucro dos donos de seus times. Patterson salienta que os jogadores de beisebol não eram e não são escravos mas cidadãos juridicamente livres, e nos dias atuais têm algum poder sobre a sua venda — mas seu corpo ainda é comprado e vendido. Patterson comenta que os patrões não exigem que os trabalhadores

> [...] fiquem nus em um leilão, sendo tocados e inspecionados pelos patrões e seus médicos. Mas quando um patrão exige um certificado médico de um trabalhador ou de um atleta profissional antes de empregá-lo, ele não só está solicitando o mesmo tipo de informação que o senhor de escravos que inspeciona a mais nova carga de corpos, mas também está revelando o absurdo inerente à separação dos "corpos em si" e os serviços feitos por tais corpos.[43]

Entretanto, há uma diferença quanto à utilização que se faz dos corpos quando eles são vendidos. Os donos de times de beisebol têm autoridade sobre a utilização do corpo de seus jogadores, mas os corpos não são utilizados de uma forma diretamente sexual por aqueles que os contrataram.

Há uma relação essencial entre o corpo e o ser. O corpo e o ser não são idênticos, mas os seres são inseparáveis dos corpos. A ideia de propriedade na pessoa tem o mérito de chamar atenção para a importância do corpo nas relações sociais. O domínio civil, tal como o domínio do senhor de escravos, não é exercido sobre entidades meramente biológicas que podem ser utilizadas como bens materiais (animais), nem é exercido sobre entidades puramente racionais. Os senhores não estão interessados na ficção não corporificada da capacidade de trabalho ou dos serviços. Eles contratam a utilização de seres humanos corporificados. Justamente porque os subordinados são seres corporificados, eles são capazes de fazer o trabalho exigido, de se submeterem à disciplina, de dar o reconhecimento e prestar serviços fiéis que transformam um homem em senhor. Os corpos e os seres humanos também são diferenciados sexualmente: são ou masculinos, ou femininos. Um exemplo da relação essencial entre o corpo e o ser é a tão difundida utilização de termos vulgares designadores do órgão sexual feminino para se referir às mulheres em si, ou a utilização de uma gíria para o pênis, que faz uma referência aviltante aos homens.

A masculinidade e a feminilidade são identidades sexuais; o ser não está completamente subsumido na sua sexualidade, mas a identidade é inseparável da construção sexual do ser. No patriarcado moderno, a venda de corpos femininos no mercado capitalista envolve a venda do ser de uma maneira diferente, e com um sentido mais profundo, do que a venda do corpo de um jogador de beisebol ou a venda do domínio da utilização do trabalho (corpo) assalariado. A história do contrato sexual revela que a construção patriarcal da diferença entre masculinidade e feminilidade é a diferença política entre a liberdade e a sujeição, e que o domínio sexual é o principal meio pelo qual os homens afirmam a sua masculinidade. Quando um homem participa do contrato de prostituição, ele não está interessado em adquirir serviços descorporificados, sexualmente indiferentes; ele faz um contrato de aquisição do uso sexual de uma *mulher* por um dado período. Por que outra razão os homens ingressariam no mercado e pagariam pelo "alívio manual"? Obviamente, os homens também podem afirmar sua masculinidade de outras formas, mas, nas relações entre os sexos, a afirmação inequívoca é obtida pelo engajamento no "ato sexual". A feminilidade, também, é confirmada pela atividade sexual, e, portanto, quando uma prostituta contrata a utilização de 'seu corpo por outra pessoa, ela está vendendo a *si mesma*, em um sentido bastante concreto. O ser das mulheres está envolvido na prostituição de uma maneira diferente do envolvimento do ser em outras ocupações. Trabalhadores de todos os tipos podem estar mais ou menos "envolvidos com o seu trabalho", mas a relação essencial entre a sexualidade e o sentido do ser implica que, para se autoproteger, uma prostituta tem que se distanciar de si mesma para ser utilizada sexualmente.

As mulheres envolvidas no negócio desenvolveram uma variedade de estratégias para se distanciar ou, numa linguagem profissional, para lidar com seus clientes. Tal distanciamento cria problemas para os homens, um problema que pode ser encarado como uma variante da contradição do domínio e da escravidão. O contrato de prostituição permite que os homens se estabeleçam como senhores civis durante um tempo e, como outros senhores, que eles queiram obter o reconhecimento de seu *status*. Eileen McLeod conversou com clientes, bem como com prostitutas, em Birmingham e, observando que suas conclusões coincidiam com pesquisas semelhantes feitas na Grã-Bretanha e nos Estados Unidos, ela conclui que "quase todos os homens que entrevistei reclamaram da frieza emocional e da abordagem mercenária de muitas prostitutas com quem tiveram contato".[44] Um senhor exige um serviço, mas ele também exige que o serviço seja feito por uma pessoa, um ser, e não simplesmente uma propriedade (descorporificada). John Stuart Mill observou, acerca da subordinação das esposas, que "seus senhores exigem delas algo mais do que o serviço real. Os homens não querem somente a obediência das mulheres, eles querem seus sentimentos. Todos os homens, exceto os mais violentos, desejam ter não uma escrava por imposição, mas uma que pretenda ser a escrava 'favorita'".[45]

Um patrão ou um marido pode obter com mais facilidade o serviço fiel e o reconhecimento de sua autoridade do que um homem que participe do contrato de prostituição. O contrato de escravidão civil e os contratos de casamento e de trabalho criam relações de subordinação de longa duração. O contrato de prostituição liga-se, como se poderia dizer à atividade específica, em vez de ser interminável como o contrato de trabalho e, em alguns aspectos como o contrato de casamento. Há ainda outras diferenças entre o contrato de trabalho e o de prostituição. Por exemplo, a prostituta sempre está em clara desvantagem na "troca". O cliente faz uso absoluto do corpo da prostituta e não há critérios "objetivos" pelos quais se pode julgar se o serviço foi realizado satisfatoriamente. Os sindicatos negociam o pagamento e as condições de trabalho para os trabalhadores, e os produtos de seu trabalho têm um "controle de qualidade". As prostitutas, diferentemente, podem não receber dos homens se eles alegarem — e quem pode contestar sua avaliação subjetiva? — que suas exigências não foram atendidas.[46]

A natureza do contrato de trabalho também garante o escopo do reconhecimento da autoridade de maneiras muito sutis, bem como de modos diretos, abertos. O trabalhador é homem, e os homens têm que reconhecer reciprocamente sua igualdade civil e a fraternidade (ou o contrato social não poderá ser mantido), ao mesmo tempo que criam relações de subordinação. A curta duração do contrato de prostituição deixa menos espaço para sutilezas; mas, nesse caso, talvez elas não sejam tão necessárias. Não precisam existir tais ambiguidades nas relações entre homens e mulheres, muito menos quando o homem comprou o corpo de uma mulher para sua utilização como se fosse uma mercadoria qualquer. Nesse contexto, o "ato sexual" em si dá o reconhecimento do direito patriarcal. Quando o corpo das mulheres está à venda como mercadoria no mercado capitalista, os termos do contrato original não podem ser esquecidos; a lei do direito sexual masculino é afirmada publicamente, e os homens recebem um reconhecimento público como senhores sexuais das mulheres — e é isso que está errado com a prostituição.

Também vale observar outra diferença entre o contrato de prostituição e os outros contratos em que estou interessada. Argumentei que os contratos que envolvem a propriedade nas pessoas tomam a forma de uma troca de obediência por proteção. Um escravo civil e as esposas — em princípio — recebem proteção pela vida toda, o salário-família inclui a proteção, e as complexidades organizacionais da extração da capacidade de trabalho e de sua utilização na produção capitalista levaram à garantia da proteção além do salário. Mas onde está a proteção no contrato de prostituição? O cáften está fora do contrato entre prostituta e cliente, exatamente como o Estado está fora, mas regula e faz cumprir os contratos de casamento e de trabalho. O contrato de curta duração da prostituição não inclui a proteção existente nas relações de longa duração. Nesse aspecto, o contrato de prostituição reflete o ideal contratualista. O indivíduo, como proprietário, nunca se compromete por um período muito longo; fazer isso é abrir mão de si mesmo como refém do interesse próprio de outros indivíduos. O indivíduo faz trocas simultâneas, uma troca impossível para a utilização da propriedade nas pessoas. A troca do dinheiro pelo uso do corpo de uma mulher nos contratos concretos tanto se aproxima de uma troca simultânea quanto é viável dessa forma. Para Marx, a prostituição era a metáfora do trabalho assalariado. A analogia mais adequada é ainda mais divertida. A ideia contratualista da venda generalizada da propriedade (serviços) é uma visão da utilização recíproca livre ou prostituição generalizada.

O argumento feminista de que as prostitutas são trabalhadoras exatamente no mesmo sentido dos outros trabalhadores assalariados, e a defesa contratualista da prostituição, dependem do pressuposto de que as mulheres são "indivíduos" dotados da posse integral da propriedade em sua pessoa. As mulheres ainda estão proibidas de contratar a propriedade de seus órgãos sexuais em algumas jurisdições legais, nos três países nos quais estou interessada. Contudo, enquanto estava terminando este capítulo, um juiz de Nova Jersey, no inédito caso do Baby M., julgou que as mulheres podem contratar uma outra propriedade, seu ventre, e que elas têm que cumprir esse contrato. O contrato da chamada "gestação de aluguel" é novo, e consiste em exemplo dramático das contradições que envolvem as mulheres e os contratos. O contrato de gestação de aluguel também assinala que uma importante transformação do patriarcado moderno pode estar acontecendo. O direito paterno está ressurgindo numa forma nova, contratual.

Minha discussão, conforme salientei, não é sobre as mulheres como mães, já que a gestação significativamente chamada "de aluguel" tem pouco a ver com a maternidade, tal como ela é geralmente entendida. As implicações políticas desse contrato de aluguel somente podem ser avaliadas quando ele é encarado como uma outra condição do contrato sexual, como uma nova forma de acesso e utilização do corpo das mulheres pelos homens. Uma mãe de "aluguel" contrata para ser inseminada artificialmente com o esperma de um homem (geralmente o esperma pertence ao marido de uma mulher estéril), para dar à luz uma criança e renunciar a ela em favor de seu pai genético. Em troca da utilização dos serviços, a mãe de aluguel recebe um pagamento em dinheiro; o preço de mercado parece ser US$ 10 mil.

A inseminação artificial está longe de ser nova — a primeira gravidez humana por esse meio foi obtida em 1979 — mas a gestação de aluguel é frequente e confusamente discutida junto com uma variedade de progressos, tais como a fecundação *in vitro*, que resultou de novas tecnologias.[47] (A fecundação *in vitro* é vendida no mercado capitalista atualmente; nos Estados Unidos, o mercado está estimado aproximadamente em US$ 30 ou 40 milhões por ano, apesar de a taxa de resultados positivos dessa tecnologia ser muito baixa.) Novas tecnologias também tornam possíveis outras formas de "aluguel". Por exemplo, o óvulo e o esperma de um casal são unidos e desenvolvidos *in vitro*, e o embrião é então inserido no útero de uma mãe de aluguel. Nesse caso, o bebê é o produto genético de um marido e uma esposa, e tal contrato de aluguel difere significativamente do contrato que envolve a inseminação artificial. Enfocarei esse último a fim de fazer uma reflexão sobre a paternidade e o patriarcado, mas os desenvolvimentos tecnológicos e a fecundação *in vitro* ainda levantam alguns problemas muito importantes e gerais acerca do contrato e do uso do corpo das mulheres.

Em meados de 1987, não existia ainda um consenso legal acerca da legitimidade ou do *status* dos contratos de mãe de aluguel. Nos Estados Unidos, o julgamento do Baby M. — que surgiu de um desentendimento em torno do contrato, quando a mãe de aluguel se recusou a renunciar ao bebê — confirmou claramente o *status* de compromisso legal de tais contratos (atualmente o caso está sob apelação na Suprema Corte de Nova Jersey). Muito antes disso, entretanto, as agências de aluguel foram montadas e notícias publicadas pela imprensa afirmam que cerca de seiscentos contratos foram feitos, e, pelo menos, uma mulher participou de dois contratos e os cumpriu. As agências são lucrativas; noticia-se que uma chegou a ganhar US$ 600 mil brutos em 1986. Na Austrália, apenas Vitória legislou sobre a questão proibindo o aluguel comercial de mães e negando aplicabilidade legal de acordos informais. Na Grã-Bretanha, uma lei de 1985 proibiu de uma maneira eficiente os contratos comerciais de gestação de aluguel. Uma terceira parte que se beneficie de um contrato de gestação de aluguel estará cometendo um crime; e pagar a uma mãe de aluguel, ou ela receber como mãe de aluguel, pode ser um crime enquadrado no Ato de Adoção. Acordos não comerciais de gestação de aluguel não são ilegais.[48]

Nesse ponto, a antiga discussão sobre a prostituição e a prostituição legal (casamento) se faz presente. Um contrato em que se troca dinheiro por serviços não seria mais honesto que a posição da mulher sobre o casamento, ou a gestação de aluguel informal? O Relatório do Comitê Waller, que resultou na legislação de Vitória (e que considerou a gestação de aluguel no contexto da fecundação *in vitro*), recomendava que a gestação de aluguel, comercial ou não comercial, não fizesse parte dos programas *in vitro*?[49] Mas uma *doação* dos serviços de "aluguel" é mais aceitável do que uma troca desses serviços por dinheiro? A legislação britânica claramente sugere que sim. Encarar a gestação de aluguel como uma relação de doação é, entretanto, levantar o problema de para quem esses serviços são executados. A gestação de aluguel é um exemplo de uma mulher que doa um serviço a outra mulher, ou ela é um exemplo de uma mulher inseminada com o esperma de um homem para dar à luz seu filho em troca de dinheiro? A prostituição é frequentemente defendida como um tipo de serviço social ou de terapia, e, do mesmo modo, a gestação de aluguel é defendida como um serviço oferecido no mercado por compaixão pela situação das mulheres estéreis. Questionar o contrato de gestação de aluguel não implica negar que as mulheres que participam de tal contrato sintam compaixão pelas mulheres estéreis, nem negar que as mulheres possam ser infelizes por causa da esterilidade (embora nos debates atuais frequentemente se esqueça, ou até implicitamente se desconsidere que as mulheres estéreis e o marido podem conviver com a situação e terem uma vida feliz). Como em muitas discussões sobre a prostituição, o argumento da compaixão supõe que qualquer problema em torno da gestação de aluguel seja um problema relativo às mulheres e à prestação de um serviço. O caráter da participação dos homens no contrato de gestação de aluguel e o caráter da demanda por esse serviço são tratados como não sendo problemáticos.

Na controvérsia sobre gestação de aluguel, fazem-se frequentemente comparações com a prostituição. Como o importante historiador feminista Lawrence Stone comentou acerca do caso de Baby M., "os contratos deveriam ser cumpridos. Concordo que esse é um contrato um tanto quanto estranho. Você está alugando seu corpo. Mas espera-se que uma prostituta cumpra o contrato".[50] A maioria dos argumentos usados para defender ou condenar a prostituição reapareceu no debate sobre a gestação de aluguel. Obviamente, os contratos de gestação de aluguel levantam problemas acerca das condições de participação no contrato e das coerções econômicas. A divisão sexual do trabalho no capitalismo patriarcal e a "feminilização da pobreza" fazem com que contratos de gestação de aluguel pareçam ser financeiramente atraentes para as mulheres da classe trabalhadora, embora o pagamento seja pequeno, considerando-se o tempo envolvido e a natureza do serviço. Questões de classe também são levantadas. No caso de Baby M., por exemplo, a mãe de aluguel abandonou o segundo grau e se casou, aos 16 anos, com um homem que atualmente é um faxineiro e ganha US$ 28 mil por ano. A renda do homem que participou do contrato, somada à de sua esposa, ambos com títulos de doutor, é de cerca de US$ 91,5 mil por ano.[51] Entretanto, a ênfase nas diferenças de classe e nas coerções econômicas para se participar do contrato desvia a atenção do problema sobre o que exatamente está sendo contratado, e de como o contrato de gestação de aluguel se parece ou difere de outros contratos que envolvem a propriedade na pessoa.

Em Vitória, a gestação de aluguel foi rejeitada sob a alegação de que "acordos remunerados são, na realidade, acordos de compra de crianças, e não devem ser estimulados [...]. A compra e a venda de crianças são condenadas e proibidas há gerações. Não se pode permitir que elas reapareçam".[52] A adoção é controlada rigidamente a fim de impedir que as mulheres pobres — ou, pelo menos, mulheres brancas pobres — sejam encorajadas a vender seus filhos. O problema dessa linha de argumentação não é o fato de o senso comum ser um orientador inadequado, mas o fato de as referências à comercialização de bebês não coincidirem com a defesa dos contratos de gestação de aluguel derivados da teoria do contrato. Da perspectiva do contrato, falar em comercialização de bebês revela que a gestação de aluguel é mal compreendida, exatamente no mesmo sentido em que a prostituição o é. Uma prostituta não comercializa seu corpo, ela comercializa serviços sexuais. Nos contratos de gestação de aluguel, não está em questão a venda de uma criança, mas simplesmente de um serviço.

O qualificativo "de aluguel" indica que a questão do contrato é tornar a maternidade irrelevante e negar que a "alugada" seja mãe. Uma mulher que participa de um contrato de gestação de aluguel não está sendo remunerada por (dar à luz) uma criança; fazer um contrato desse tipo seria o mesmo que comercializar bebês. A mãe de aluguel está sendo remunerada por participar de um contrato que permite que um homem utilize seus serviços. No caso desse contrato é para utilizar a propriedade que uma mulher tem em seu útero.

Da perspectiva do contrato, o fato de a prestação do serviço envolver a maternidade é puramente acidental. O ventre não tem um *status* especial como propriedade. Uma mulher poderia contratar igualmente a utilização de uma outra propriedade em sua pessoa. Além disso, o fato de a renúncia à criança estar em questão não tem um significado especial. Contratos para o uso de outros tipos de serviço, notadamente os prestados pelo contrato de trabalho, também têm como consequência a jurisdição de uma única parte sobre uma propriedade. O trabalhador não tem direito sobre as mercadorias produzidas por seu trabalho; elas pertencem ao capitalista. Do mesmo modo, o bebê que é produzido por intermédio dos serviços de uma mãe de aluguel é propriedade do homem que contrata a utilização de seus serviços. O juiz do caso Baby M. deixou essa questão bem clara. Na sua sentença, ela afirmou que:

> o dinheiro a ser pago à mãe de aluguel não está sendo pago pela entrega da criança ao pai [...]. O pai biológico paga pela disposição da mãe de aluguel em ser fecundada e de cuidar do seu filho durante a gravidez. No nascimento, o pai não compra a criança. Ela é seu próprio filho, genética e biologicamente aparentado a ele. Ele não pode comprar algo que já é dele.[53]

Nas discussões sobre a gestação de aluguel frequentemente se fazem referências a dois precedentes bíblicos, no livro do Gênesis. Na primeira história, Sara, incapaz de ter um filho, diz a seu marido, Abraão: "Imploro a você, vá à minha criada; talvez eu possa ter filhos através dela." Então Sara "tomou sua criada Hagar, a egípcia [...] e a entregou a seu marido, Abraão, para que ela fosse esposa dele". Na segunda história, Raquel, outra esposa estéril, entrega a Jacó sua criada Billah, para ser sua esposa, e Jacó a possuiu.[54] Nas histórias bíblicas, a mãe de aluguel é uma criada, uma serva, uma subordinada — e ela é serva da *esposa*. As histórias parecem reforçar, então, a objeção que sempre se fará à minha caracterização da gestação de aluguel como um contrato, no qual os serviços da mãe de aluguel são utilizados por um homem. Ao contrário, a objeção será restringida, pois as histórias bíblicas demonstram que o contrato de mãe de aluguel foi representado erroneamente; o serviço é utilizado por uma mulher. O contrato é feito por um marido e uma esposa para a utilização de serviços de mãe de aluguel. A esposa estéril do homem, e não o próprio homem, é quem verdadeiramente usa o serviço. Ela é a mãe por quem os serviços de gestação de aluguel são contratados. Uma mulher faz um contrato de gestação de aluguel com outra mulher — embora o esperma do homem seja necessário para a inseminação.

As ironias nunca desaparecem no que se refere à questão das mulheres e do contrato. Depois de uma longa história de exclusão das mulheres do contrato, o contrato de gestação de aluguel é apresentado como um contrato feminino; as mulheres parecem ser encaradas agora como partes em um contrato. A questão da reivindicação do serviço pelo homem é, portanto, ocultada, juntamente com a natureza da "troca" que acontece. A questão de quem exatamente utiliza os serviços de uma mãe de aluguel é complicada, por causa da enorme pressão social na Grã-Bretanha, na Austrália e nos Estados Unidos em favor da restrição dos contratos de gestação de aluguel — e do acesso a novas tecnologias de reprodução — aos casais. Mas não há necessidade alguma de a esposa se envolver. A comparação com a prostituição é esclarecedora aqui — mas não da maneira que sempre se pretendeu. Da perspectiva do contrato, a demanda pelo uso das prostitutas é sexualmente indiferente, e assim o é a demanda pela gestação de aluguel; os homens podem contratar o uso da mãe de aluguel sem a mediação de outra mulher. Tudo o que está acontecendo é a contratação do uso da propriedade de alguém por um indivíduo. Uma esposa é desnecessária para tal contrato — embora, socialmente, sua presença legitime a transação. Uma esposa pode ser uma parte formal do contrato de gestação de aluguel, mas a essência de sua posição é bem diferente da de seu marido. Uma esposa não contribui com nenhuma propriedade para o contrato; ela simplesmente espera o produto.

A troca, no contrato de gestação de aluguel, se dá entre parte da propriedade de um homem, isto é, seu esperma ou seu sêmen, e parte da propriedade da "alugada", seu útero. Um contrato de gestação de aluguel difere da prostituição no que se refere ao fato de o homem não fazer um uso direto do corpo de uma mulher; ao contrário, seu uso é indireto, via inseminação artificial. O sêmen de um homem, para utilizar a linguagem de Locke, é misturado ao útero de uma mulher e, se ela executar seu serviço fielmente, ele pode reivindicar a propriedade produzida desse modo como sua. A linguagem de Locke traz à tona o sentido em que o contrato está sendo revivido. O contrato transformou o patriarcado clássico em moderno, mas, com a invenção do contrato de gestação de aluguel, um aspecto do patriarcalismo clássico reapareceu. Se o útero de uma mulher não passa de uma propriedade à qual ela está exteriormente relacionada, ele é análogo ao vaso vazio de sir Robert Filmer. Mas agora o vaso vazio pode ser contratado para uso de um homem que o preenche com seu sêmen, em um outro exemplo de capacidade criadora masculina; ele cria, desse modo, uma nova propriedade. Talvez o homem que participa do contrato de gestação de aluguel possa ser comparado ao patrão que, na doutrina contratual, é o princípio criador que transforma a capacidade de trabalho em mercadorias. Mas ele pode fazer muito mais agora; em uma volta espetacular do paraíso patriarcal, o contrato de gestação de aluguel permite ao homem dar à sua esposa o maior presente — um filho.

A capacidade de trabalho é uma ficção política, mas o serviço feito pela mãe de aluguel é uma ficção ainda maior. O trabalhador contrata o direito de domínio de seu corpo, e a prostituta contrata o direito de uso sexual direto de seu corpo. O ser do trabalhador e o da prostituta são colocados, de diferentes maneiras, para aluguel. O ser da mãe "de aluguel" está em questão em um sentido ainda mais profundo. A mãe "de aluguel" contrata o direito sobre a capacidade criadora, emocional e fisiológica exclusiva de seu corpo, ou seja, dela própria como mulher. Durante nove meses, ela tem a relação mais íntima possível com um outro ser em desenvolvimento; esse ser é parte dela mesma. O bebê, quando nasce, é um ser distinto, mas a relação da mãe com o filho é qualitativamente diferente da do trabalhador com os outros produtos derivados dos contratos que envolvem a propriedade em sua pessoa. O exemplo de um contrato de gestação de aluguel cumprido sem problemas, como os exemplos dos maridos que renunciaram a seu direito patriarcal, ou das prostitutas que exploram seus clientes, diz muito pouco sobre as *instituições* do casamento, da prostituição, ou da gestação de aluguel. O contrato de gestação de aluguel é outro meio pelo qual a subordinação patriarcal é assegurada. Em um aspecto, o contrato de gestação de aluguel é bastante parecido com o contrato de trabalho. O patrão adquire o direito de dominar o uso do corpo dos trabalhadores a fim de, unilateralmente, ter poder sobre o processo pelo qual suas mercadorias são produzidas. Não há motivo para o contrato de gestação de aluguel não permitir que o homem garanta — pela limitação do uso que a "alugada" faz de seu corpo — o fiel desempenho do serviço contratado até que esse tenha sido cumprido.

O fato de as mulheres quererem fazer parte de um contrato que transforme outras mulheres em subordinadas patriarcais não é surpreendente. Ainda se nega a feminilidade plena a mulheres que não podem ter filhos. A doutrina contratual implica a inexistência de limites à legitimidade dos usos que se fazem das propriedades nas pessoas, desde que eles estejam estabelecidos em um contrato. Por que, então, em uma época em que o contrato prevalece, as mulheres que não têm filhos não tiram proveito desse novo contrato? O uso que um casal estéril faz de uma mãe de aluguel para ter um filho é frequentemente comparado à adoção — anteriormente o único recurso legítimo, caso os pais não aceitassem sua situação —, mas há uma diferença crucial entre as duas práticas. O casal que adota uma criança não é, a não ser em circunstâncias raras, geneticamente relacionado com a criança. Mas o filho da mãe de aluguel também é filho do marido. A esposa é quem mais deveria ser propriamente chamada de mãe substituta, exatamente como nos casos de adoção em que o casal é formado pela mãe e pelo pai substitutos. A esposa, obviamente, criará o filho "como se fosse dela própria", mas, independentemente da felicidade do casamento e do quão bem a criança se desenvolve e *seja* deles próprios, em última análise, o filho é do pai.

A história do contrato original fala sobre a derrota política do pai e de como seus filhos, os irmãos, estabeleceram uma forma especificamente não paterna de patriarcado. A emergência da gestação "de aluguel" sugere que o contrato esteja colaborando para dar origem a uma outra transformação. Os homens agora estão começando a exercer o direito patriarcal novamente como o direito paterno, mas de novas maneiras. A lógica do contrato, tal como apresentada pela gestação "de aluguel", demonstra muito duramente como a extensão da condição de "indivíduo" às mulheres pode reforçar e transformar o patriarcado, bem como desafiar as instituições patriarcais. Estender às mulheres a concepção masculina de indivíduo como proprietário e a concepção de liberdade como capacidade de fazer o que se queira consigo mesmo é abolir qualquer relação intrínseca entre a proprietária, seu corpo e sua capacidade reprodutora. Ela ocupa em relação à sua propriedade a mesma relação de exterioridade que o proprietário de sexo masculino tem com sua capacidade de trabalho ou seu esperma; não há nada para distinguir as mulheres.

Da perspectiva do contrato, não só a diferença sexual é irrelevante para as relações sexuais, mas a diferença sexual se torna irrelevante para a reprodução biológica. O antigo *status* da "mãe" e do "pai" se torna portanto inoperante através de um contrato, e deve ser substituído pelo *status* (aparentemente neutro) de *"parent"**. Ao menos no caso do contrato de gestação de aluguel, o termo *"parente"* está longe de ser sexualmente indiferenciado. A sombra de sir Robert Filmer paira sobre a gestação "de aluguel". No patriarcalismo clássico, o pai é o *parent*. Quando a propriedade da mãe "de aluguel", seu vaso vazio, é preenchida com o sêmen do homem que fez o contrato com ela, ele também se torna o *parent*, a força criadora que traz a nova vida (propriedade) ao mundo. Os homens não deram valor à capacidade corporal exclusiva das mulheres, apropriaram-se dela e a transmutaram na gênese política masculina. A história do contrato social é a maior história dos homens dando à luz a política; mas, como o contrato de gestação de aluguel, o patriarcado moderno entra numa nova fase. Graças à capacidade do meio criador do contrato, os homens também podem se apropriar da gênese biológica. O poder criador do sêmen masculino transforma a propriedade vazia contratada por um "indivíduo" numa nova vida humana. O patriarcado, no seu sentido literal, retornou com uma nova aparência.

Até hoje, a feminilidade tem sido vista como inseparável da maternidade e até subsumida nela. Durante pelos menos três séculos, as feministas se esforçaram muito para tentar mostrar que as mulheres, como os homens, têm uma multiplicidade de aptidões que poderiam ser exercidas além da capacidade exclusiva de criar a vida biológica. Agora a maternidade foi separada da feminili-

---

* O vocábulo inglês *parent* designa, indiferentemente, tanto o pai como a mãe. Não há palavra correspondente em português. (N.E.)

dade — e a separação amplia o direito patriarcal. Aqui está outra variante da contradição da escravidão. Uma mulher pode ser uma mãe "de aluguel" somente porque sua feminilidade foi considerada irrelevante, sendo ela declarada um "indivíduo" prestando um serviço. Ao mesmo tempo, ela pode ser uma mãe "de aluguel" apenas porque é uma *mulher*. Do mesmo modo, a importante propriedade do homem no contrato de gestação de aluguel pode ser somente a de um *homem*, é essa propriedade que pode fazer dele um pai, e o esperma é propriamente o único exemplo de propriedade na pessoa que não é uma ficção política. Diferentemente da capacidade de trabalho dos órgãos sexuais, o útero ou qualquer outra propriedade que é contratada para o uso de outro, o esperma *pode* ser separado do corpo. De fato, o esperma pode ser utilizado na inseminação artificial, e o esperma de homens superiores pode ser guardado até que se encontre uma mulher adequada, somente porque ele pode ser separado da pessoa.

Até que o contrato de gestação de aluguel fosse inventado, a peculiaridade do sêmen masculino tornava a paternidade genética intrinsecamente problemática; a paternidade sempre se baseou no testemunho de uma mulher. A maternidade, entretanto, sempre foi certa e, de acordo com Hobbes, na condição natural a mãe era quem dominava, com direito político sobre seu filho; um homem tinha que fazer um contrato com uma mãe para adquirir a autoridade de pai. Graças ao poder do contrato, atualmente a paternidade genética se tornou certa e se juntou à criatividade política dos homens. Pelo contrato, os homens podem ao menos ter certeza da paternidade. Uma mudança significativa aconteceu, portanto, no (em um aspecto do) significado de "paternidade" e no poder da paternidade — ou patriarcado no sentido tradicional.

É muito cedo para se dizer exatamente qual será a importância da gestação de aluguel nos desenvolvimentos futuros da dominação patriarcal. Em 1979, quando publiquei, juntamente com Teresa Brennan, minha primeira análise da teoria do contrato sob uma perspectiva feminista, o termo nos era desconhecido. Há outros indícios que apontam na mesma direção da gestação de aluguel — por exemplo, os homens, como pais, têm entrado com ações legais na Grã-Bretanha, na Austrália e nos Estados Unidos para impedir que suas mulheres façam abortos e para manter o corpo das mulheres artificialmente vivo enquanto carregar um feto. Os pais também estão lutando pela custódia dos filhos. Hoje, por uma mudança da prática no século XIX, a mãe normalmente tem a custódia de qualquer filho quando um casamento acaba. De fato, a prática de atribuir a custódia às mães levou Christine Delphy a argumentar que o divórcio é somente um prolongamento do casamento, no qual os homens mais uma vez estão isentos de responsabilidade pelos filhos. Agora que as feministas conquistam algumas reformas legais extremamente necessárias, e agora que, em várias questões, as mulheres e os homens estão sendo colocados na mesma condição civil, as mães não podem supor que elas obterão a custódia. As mães solteiras também não podem ter certeza de que o pai não conquistará o acesso e os direitos sobre o filho. Alguns ventos, contudo, sopram numa direção diferente. Por exemplo, a inseminação artificial permite às mulheres tornarem-se mães sem ter relações sexuais com homens.

A sujeição contratual das mulheres está cheia de contradições, paradoxos e ironias. Talvez a maior ironia de todas ainda esteja por vir. Normalmente se acredita que o contrato derrotou a antiga ordem patriarcal, mas, ao eliminar os últimos resquícios do antigo mundo do *status*, o contrato introduziu uma nova forma de direito paterno.

Notas

1. E. McLeod, *Women Working: Prostitution Now* [Mulheres que trabalham: prostituição agora], Londres e Canberra, Croom Helm, 1982, pp. 12-3, quadro 1.1.

2. Número citado em M. A. Jennings, "The Victim as Criminal: A Consideration of California's Prostitution Law" [A vítima como criminosa: uma consideração da lei de prostituição da Califórnia], *California Law Review*, vol. 64, nº 5, 1976, p. 1251.

3. Citado em *San Francisco Examiner*, 3 fev. 1985.

4. E. McLeod, *Women Working* [Mulheres trabalhando], p. 43.

5. M. Wollstonecraft, "A Vindication of the Rights of Men" [Uma reinvindicação dos direitos dos homens], *in* B. H. Solomon e P. S. Berggren (orgs.), *A Mary Wollstonecraft Reader*, Nova York, New American Library, 1983, p. 247. Ela também utiliza a expressão em *A Vindication of the Rights of Woman*, Nova York, W. W. Norton e Co., 1975 [1792], p. 148. [Ed. bras.: *Reivindicação dos direitos da mulher*, São Paulo, Boitempo, 2017.] De acordo com sua biógrafa Clair Tomalin, Wollstonecraft foi a primeira a utilizar a expressão "prostituição legal" para se referir ao casamento.

6. E. Goldman, "The Traffic in Women" [O tráfico de mulheres], *in Anarchism and Other Essays* [Anarquismo e outros ensaios], Nova York, Dover Publications, 1969, p. 179.

7. S. de Beauvoir, *The Second Sex* (trad. H. M. Parshley), Nova York, Vintage Books, 1974, p. 619. [Ed. bras.: *O segundo sexo*, Rio de Janeiro, Nova Fronteira, 2014.]

8. C. Hamilton, *Marriage as a Trade* [Casamento como um comércio], Londres, The Women's Press, 1981, p. 37.

9. Elas são informadas por J. Radcliffe Richards, *The Sceptical Feminist: A Philosophical Enquiry* [A feminista cética: uma investigação filosófica], Harmondsworth, Penguin Books, 1980, p. 246.

10. D. A. J. Richards, *Sex, Drugs, Death, and the Law: An Essay on Human Rights and Decriminalization* [Sexo, drogas, morte e a lei: um ensaio sobre direitos humanos e descriminalização], Totowa — NJ, Rowman and Littlefield, 1982, p. 121.

11. O termo é utilizado por L. Ericcson, "Charges Against Prostitution: An Attempt at a Philosophical Assessment" [Acusações contra a prostituição: uma tentativa de avaliação filosófica], *Ethics*, nº 90, 1980, pp. 335-66.

12. D. A. J. Richards, *Sex, Drugs, Death and the Law*, p. 115; também p. 108.

13. L. Ericcson, "Charges Against Prostitution", p. 342.

14. O exemplo foi retirado de M. McIntosh, "Who Needs Prostitutes? The Ideology of Male Sexual Needs" [Quem precisa de prostitutas? A ideologia das necessidades sexuais masculinas], *in* C. Smart e B. Smart (orgs.), *Women, Sexuality and Social Control* [Mulheres, sexualidade e controle social], Londres, Routledge and Kegan Paul, 1978, p. 54.

15. M. Frye, *The Politics of Reality: Essays in Feminist Theory* [As políticas da realidade: ensaios de teoria feminista], Trumansburg — NY, The Crossing Press, 1983, p. 143. Nos lugares em que os homens estão confinados juntos e impedidos de ter acesso a mulheres (como na prisão), o "tabu" não é observado; a masculinidade é então exibida por meio do uso de outros homens, geralmente jovens, como se eles fossem mulheres.

16. L. Ericcson, em "Charges Against Prostitution", p. 363, argumenta — não convencendo — que o "paternalismo" não entra em conflito com sua defesa contratual da prostituição segura e adulta, e que a prostituição de menores deveria ser evitada. Ele aborda o problema como uma das causas — o suprimento — da prostituição infantil, mas não menciona o problema da *demanda*. Por que os homens querem ter relações sexuais com crianças (às vezes muito novas)? Por que existem recursos como o *Pagsanjan*, nas Filipinas, para atender a essa demanda? A questão está fora do campo de minhas preocupações aqui, mas uma pesquisa recente sobre o "incesto" (a forma mais comum é entre pai e filha) observa que, nas relações conjugais, "muitos homens estão acostumados com a experiência de fazer sexo com um parceiro mais fraco e que participa de má vontade dessas relações impostas". W. Breines e L. Gordon, "The New Scholarship on Family Violence" [O novo conhecimento sobre violência familiar], *Signs,* vol. 8, nº 3, 1983, p. 527.

17. Citado em E. McLeod, "Man-Made Laws for Men? The Street Prostitutes' Campaign Against Control" [Leis artificiais para homens? Campanha das prostitutas de rua contra o controle], *in* B. Hutter e G. Williams (orgs.), *Controlling Women: The Normal and the Deviant* [Controlando mulheres: o normal e o desviante], Londres, Croom Helm, 1981, p. 63.

18. Citado em E. M. Sigsworth e T. J. Wyke, "A Study of Victorian Prostitution and Venereal Desease" [Um estudo da prostituição vitoriana e da doença venérea], *in* M. Vicinus (org.), *Suffer and Be Still: Women in the Victorian Age* [Sofrer e ficar quieta: mulheres na era vitoriana], Bloomington, Indiana University Press, 1972, p. 181. As prostitutas contemporâneas ainda recebem, às vezes, comida dos "clientes habituais" se, por exemplo, ele for um padeiro; ver McLeod, *Women Working*, p. 6.

19. McLeod, *Women Working*, pp. 17, 20; tabelas 1.2(a), 1.2(b), 1.3.

20. L. Ericcson, "Charges Against Prostitution", p. 348.

21. D. A. J. Richards, *Sex, Drugs, Death, and The Law*, p. 88. Para uma visão diferente do templo da prostituição, ver G. Lerner, *The Creation of Patriachy* [A criação do patriarcado], Nova York, Oxford, Oxford University Press, 1986, cap. 6.

22. Sobre as *maisons d'abbatages* ver K. Barry, *Female Sexual Slavery* [Escravidão sexual feminina], Englewood Cliffs, Prentice Hall, 1979, pp. 3-4; 80-3. O tipo *malaio*, difundido em Nairóbi antes da Segunda Guerra Mundial, é discutido por L. White, "Prostitution, Identity and Class Consciousness in Nairobi during World War II" [Prostituição, identidade e consciência de classe em Nairóbi durante a Segunda Guerra Mundial], *Signs*, vol. II, nº 2, 1986, pp. 255-73. Os trabalhadores de Nairóbi não conseguiam sustentar a mulher se ela deixasse a fazenda para viver na cidade com o marido, e a administração colonial não fornecia acomodações suficientes aos trabalhadores. Os homens visitavam prostitutas *malaias* que "lhes davam um lugar na cama — roupa lavada, comida, água para o banho, companhia, refeições frias e quentes, chá, e [...] os homens que com elas passavam a noite [...] recebiam o café da manhã" (p. 256). Como classificar esses serviços: como um contrato de prostituição ampliado ou um contrato de casamento parcial?

23. Sobre a Grã-Bretanha, ver J. R. Walkowitz, *Prostitution and Victorian Society: Women, Class and the State* [Prostituição e sociedade vitoriana: mulheres, classe e estado], Cambridge, Cambridge University Press, 1980; sobre os Estados Unidos, ver R. Rosen, *The Lost Sisterhood: Prostitution in America 1900-1918* [A irmandade perdida: prostituição

na América 1900-1918], Baltimore e Londres, The John Hopkins University Press, 1982; sobre a Nova Gales do Sul, ver J. Allen, "The Making of a Prostitute Proletariat in Early Twentieth-Century New South Wales" [A formação de um proletariado prostituto no início do século XX na Nova Gales do Sul], *in* K. Daniels (org.), *So Much Hard Work: Women and Prostitution in Australian History* [Tanto trabalho duro: mulheres e prostituição na história australiana], Sidnei, Fontana Books, 1984.

24. Citado em M. Trustram, "Distasteful and Derogatory? Examining Victorian Soldiers for Venereal Disease" [Desagradável e depreciativo? Examinando soldados vitorianos para doenças venéreas], *in* The London Feminist History Group (org.), *The Sexual Dynamics of History* [As dinâmicas sexuais da história], Londres, Pluto Press, 1983, pp. 62-63. Atualmente a aids tem provocado uma reação parecida; por exemplo, foi apresentado um projeto de lei à legislatura de Nevada permitindo que as prostitutas que têm a doença e continuam trabalhando sejam acusadas de assassinato. Não há nenhuma menção a seus clientes na notícia que li no *Washington Post*, 24 abr. 1987.

25. J. E. Butler, *An Autobiographical Memoir* [Um livro de memórias autobiográfico], 3ª ed., Londres, J. W. Arrowsmith, 1928, p. 215.

26. J. Walkowitz, *Prostitution and Victorian Society*, p. 212.

27. J. Allen, "The Making of a Prostitute Proletariat", p. 213.

28. R. Rosen, *Lost Sisterhood*, p. 12. Rosen (p. 172) também atenta para os novos riscos enfrentados pelas prostitutas estadunidenses, hoje em dia, tais como serem utilizadas pela CIA para a obtenção de informações, ou em experiências com drogas.

29. E. McLeod, *Women Working*, p. 51.

30. Para essa utilização da expressão, ver, p. ex., J. R. Richards, *The Sceptical Feminist*, p. 244.

31. L. Ericcson, "Charges Against Prostitution", p. 341. Compare com D. A. J. Richards, *Sex, Drugs, Death, and the Law*, p. 49.

32. E. McLeod, *Woman Working*, p. 69. Os homens dão vários motivos, todos levantando a questão da virtude capitalista do esforço pessoal.

33. Nos anos 1930, nos Estados Unidos, somente 10% dos clientes pediam o sexo oral; por volta dos anos 1960, quase 90% o faziam, em

substituição ou além do ato sexual (números citados por R. Rosen, *The Lost Sisterhood*, p. 97). Pode-se dizer que a tão difundida demanda dos homens, que compram o corpo das mulheres, de penetrarem em sua boca, esteja relacionada com a revitalização do movimento feminista e a exigência por parte das mulheres de falar?

34. E. McLeod, *Women Working*, p. 53.

35. A. Jaggar, "Prostitution" [Prostituição], *in A.* Soble (org.), *The Philosophy of Sex: contemporary readings* [A filosofia do sexo: leituras contemporâneas], Totowa — NJ, Rowman and Littlefield, 1980, p. 360.

36. K. Marx, *Economic and Philosophic Manuscripts of 1844*, D. G. Struik (org.), Nova York, International Publishers, 1964, p. 133, nota de rodapé. [Ed. bras.: *Manuscritos econômico-filosóficos*, São Paulo, Boitempo, 2004.]

37. J. H. Reiman, "Prostitution, Addiction and the Ideology of Liberalism" [Prostituição, vício e ideologia do liberalismo], *Contemporary Crisis*, nº 3,1979, p. 66.

38. L. Ericcson, "Charges Against Prostitution", p. 351.

39. *Ibidem*, p. 341.

40. I. Kant, *The Philosophy of Law* [Filosofia do direito] (trad. W. Hastie), Edimburgo, T. and T. Clark, 1887, 3ª seção, § 26, p. 112; Cf. I. Kant. *Lectures on Ethics* (trad. L. Infield), Nova York, Harper and Row, 1963, pp. 166. [Ed. bras.: *Lições de ética*, São Paulo, Editora Unesp, 2018.]

41. I. Kant, *Lectures on Ethics*, p. 165.

42. D. A. J. Richards, *Sex, Drugs, Death, and the Law*, p. 109.

43. O. Patterson, *Slavery and Social Death: A Comparative Study* [Escravidão e morte social: um estudo comparativo], Cambridge, MA e Londres, Harvard University Press, 1982, p. 25.

44. E. McLeod, *Women Working*, p. 84.

45. J. S. Mill, "The Subjection of Women", *in* A. S. Rossi (org.), *Essays on Sex Equality* [Ensaios sobre igualdade sexual], Chicago e Londres, University of Chicago Press, 1970, p. 141. [Ed. bras.: *Sobre a liberdade e A sujeição das mulheres*, São Paulo, Companhia das Letras, 2017.]

46. Agradeço a Mary Douglas por ter chamado minha atenção para essa questão.

47. Ver V. Stolcke, "Old Values, New Technologies: Who Is the Father?" [Antigos valores, novas tecnologias: quem é o pai?] — ensaio apresentado no Kolloquium am Wissenschaftskolleg zu Berlin, março de 1987, p. 6 (agradeço a Verena Stolcke por ter-me enviado uma cópia do ensaio).

48. Informações retiradas de D. Brahams, "The Hasty British Ban on Commercial Surrogacy" [A proibição britânica apressada da maternidade de substituição comercial], *Hastings Center Report*, fev. de 1987, pp. 16-9 (Lionel Gossman gentilmente me forneceu uma cópia desse ensaio).

49. *The Committee to Consider the Social, Ethical and Legal Issues Arising from in Vitro Fertilization, Report on the Disposition of Embryos Produced by in Vitro Fertilization* [O comitê para considerar as questões sociais, éticas e legais resultantes da fertilização in vitro, relatório sobre a disposição de embriões produzidos pela fertilização in vitro], Vitória, agosto de 1984, § 4.17. Agradeço a Rebecca Albury por ter me enviado uma cópia da parte mais importante do relatório.

50. *The New York Times*, 5 abr. 1987.

51. Informação retirada de *The New York Times*, 12 jan. 1987.

52. *Committee to Consider In Vitro Fertilization, Report on the Disposition of Embryos*, § 4.6; § 4.11.

53. Citado em excertos da sentença do juiz Harvey R. Sorkon, publicados no *The New York Times*, 1 abr. 1997.

54. Gênesis, 16:2; Gênesis, 30:4.

8

O FIM DA HISTÓRIA?

Uma antiga palavra de ordem anarquista declara: "nenhum homem é bom o suficiente para ser o senhor de outro homem". A intenção é admirável, mas o lema silencia sobre uma questão crucial. Na sociedade civil moderna, todos os homens são bons o suficiente para ser senhores das mulheres; a liberdade civil depende do direito patriarcal. A falha em se encarar o direito patriarcal como essencial ao problema político da liberdade, da dominação e da subordinação, é tão profundamente assentada que até os anarquistas, tão atentos à sujeição entre os homens, tiveram alguns desentendimentos com seus camaradas socialistas acerca da dominação sexual. Desde o começo da era moderna — quando Mary Astell perguntou por que, se todos os homens nasceram livres, todas as mulheres nasceram escravas — as feministas têm contestado insistentemente o direito masculino; mas, apesar de todas as transformações sociais e das reformas políticas e legais durante os últimos trezentos anos, o problema da subordinação das mulheres ainda não é encarado como uma questão importante, seja nos estudos acadêmicos sobre política, seja na prática política. O debate sobre a liberdade se dá em torno da lei do Estado e da lei da produção capitalista: mantém-se um silêncio a respeito da lei do direito sexual masculino.

O contrato original é simplesmente uma história, uma ficção política, mas a invenção dessa história foi uma intervenção significativa no mundo político; o fascínio exercido pelas histórias da origem política tem que ser quebrado a fim de que a ficção perca o seu efeito. O fascínio permanente é bem ilustrado nas histórias hipotéticas da origem do patriarcado, produzidas pelo movimento feminista contemporâneo. Muitas feministas acreditam que contar uma história do matriarcado, "no início", fornece um precedente para mostrar que a "derrota histórica mundial do sexo feminino" não foi definitiva e absoluta todo o tempo, mas a preocupação com o direito materno e o direito paterno simplesmente perpetua a estrutura patriarcal de pensamento. Sem dúvida, o fato de o começo da humanidade — se é que houve um — ser um mistério ajuda a explicar o fascínio exercido pelas histórias da origem política, mas também há um outro motivo para a popularidade dessas histórias. Elas expressam a capacidade criadora especificamente masculina, a capacidade de gerar, de dar à luz novas formas de vida política.

Para começar a compreender o patriarcado moderno, a história completa do contrato original tem que ser reconstruída, mas para transformar o patriarcado moderno, para começar a criar uma sociedade livre, na qual as mulheres sejam cidadãs autônomas, essa história tem que ser abandonada. De fato, a compreensão total do patriarcado moderno requer uma tarefa muito diferente do trabalho que tentei fazer aqui. A ficção política de um contrato original faz parte da história do patriarcado moderno, mas esse não começou com o ato teatral do contrato; não há nenhuma origem, nesse sentido, a partir da qual se possa começar a fazer uma pesquisa histórica. Alguém poderia argumentar, legitimamente, que o patriarcado moderno começou no século XVII, quando as instituições contratuais hoje conhecidas começaram a se desenvolver, mas o "início" não foi imediato. Os historiadores dizem frequentemente que um acontecimento específico, seja uma batalha, um ato do Parlamento, uma revolta popular, ou uma catástrofe natural, foi um momento decisivo, um início; mas muita coisa aconteceu antes, outros acontecimentos podem ser mencionados, e tais origens estão sempre em aberto para uma reinterpretação contínua.

Falar da fundação esteve em moda nos últimos anos entre os teóricos políticos, especialmente nos Estados Unidos, mas como devem ser interpretadas as verdadeiras "fundações" históricas dos dois países com que estou preocupada? Quando a primeira esquadra chegou à Austrália em 1788, os homens descarregaram os navios e construíram abrigos; cinco dias mais tarde, permitiu-se que as mulheres condenadas desembarcassem e caíssem nas mãos dos homens. Por volta de 1809, a colônia era descrita como "um pouco melhor do que um grande bordel". À medida que mais mulheres condenadas foram transportadas, "cada habitante da colônia escolheu uma de acordo com sua vontade, não somente como criada, mas declaradamente como objeto de relações sexuais".[1] Precisamente, qual história conjetural poderia ser contada a respeito desses acontecimentos? O bicentenário da fundação será comemorado em 1988, mas o povo indígena australiano, como seus correlatos nos Estados Unidos, em 1976, não têm nada a comemorar. Exemplos de ações que se parecem com os inícios contratuais podem ser encontradas nas primeiras ocupações da América, mas a "fundação" da América e da Austrália brancas exigiu longas campanhas de conquista e de tomada forçada de grandes áreas de terra dos habitantes indígenas.

Para trazer à tona o mais claramente possível um pouco do que está em questão nas leituras alternativas do contrato original, eu exagerei e descrevi o contrato sexual como sendo metade da história. A história da gênese política precisa ser contada novamente, a partir de outra perspectiva. Os homens que, supostamente, fazem o contrato original são homens *brancos*, e seu pacto fraterno tem três aspectos: o contrato social, o contrato sexual e o contrato de escravidão, que legitima o domínio dos brancos sobre os negros. No que se refere ao contrato de escravidão, toquei apenas onde era pertinente para a recuperação da história do contrato sexual.

A ficção política do contrato original não fala somente sobre um início, um ato de geração política, mas também sobre um final, a derrota do modelo clássico de patriarcado. Além disso, a história não é somente sobre fins e começos, ela é utilizada por teóricos políticos e, em suas versões mais conhecidas, por políticos, para apresentar

O CONTRATO SEXUAL | 339

as instituições sociais e políticas aos cidadãos e para apresentar os cidadãos a si próprios. Através do espelho do contrato original, os cidadãos podem se enxergar como membros de uma sociedade constituída por relações livres. A ficção política reflete nossos próprios seres políticos para nós mesmos — mas quem somos nós? Somente os homens — que criam a vida política — podem fazer parte do pacto original, embora a ficção política fale também às mulheres por meio da linguagem do "indivíduo". Uma mensagem curiosa é enviada às mulheres, que representam tudo o que o indivíduo não é, mas a mensagem deve ser continuamente transmitida porque o significado do indivíduo e do contrato social depende das mulheres e do contrato sexual. As mulheres têm que reconhecer a ficção política e falar sua língua, mesmo quando os termos do pacto original as exclui das conversações fraternais.

As leituras tradicionais dos textos clássicos — leituras que endossam a discussão contratual, que não faz referência explícita aos clássicos — não conseguem mostrar em que tipo de empreendimento os teóricos clássicos estavam envolvidos. Em vez de questionar os textos para se perceber como aconteceu a instituição de certa concepção de relações políticas livres, as interpretações tradicionais tomam como ponto de partida a suposição de que a diferença sexual, as relações entre os sexos e a esfera privada são claramente apolíticas. Os clássicos são lidos, portanto, sob a luz da construção da sociedade civil moderna contadas nos próprios textos! O modo como os teóricos clássicos distribuem suas tarefas, a profusão de problemas, contradições e paradoxos a respeito das mulheres, assim como o contrato que eles legam à posteridade, nunca vem à tona. Nenhuma alusão ao fato de que, embora os homens e as mulheres se associem das mais diversas maneiras, os teóricos clássicos deixaram um legado dentro do qual as várias e complexas condutas e relações entre os sexos são omitidos do questionamento crítico. Capítulos e passagens relativos ao casamento e às relações entre homens e mulheres são, de modo geral, ignorados ou apresentados simplesmente como um problema periférico à teoria política, cujo interesse reside apenas no fato de grandes homens terem pensado que tais questões pudessem ser dignas de discussão.

As leituras conhecidas dos textos não reconhecem, nem são capazes de responder à questão sobre como os teóricos clássicos partiram de premissas que tornaram ilegítima qualquer reivindicação política que apele à natureza, e então continuaram a construir a diferença entre homens e mulheres como a diferença natural entre liberdade e sujeição natural. O argumento de que a sujeição das mulheres aos homens tem uma base natural, e a rejeição de Hobbes de qualquer direito masculino, são aceitos tacitamente sem uma análise mais detalhada. Recuperar a história do contrato sexual não é, portanto, simplesmente acrescentar um capítulo à história do contrato social. O contrato sexual faz parte do contrato original, e contar a história completa implica a modificação da leitura dos textos, os quais não podem continuar a ser interpretados a partir dos limites patriarcais estabelecidos pelos próprios teóricos clássicos do contrato. E para que os textos sejam reinterpretados, as relações contratuais da sociedade civil também têm que ser repensadas.

As feministas não avaliaram a dimensão total do paradoxo e da contradição envolvida na incorporação das mulheres à sociedade civil. Se as mulheres tivessem sido simplesmente excluídas da vida civil, como os escravos ou as esposas, quando a doutrina da proteção prevalecia, então a natureza do problema estaria clara. Mas as mulheres foram incorporadas a uma ordem civil, na qual sua liberdade está aparentemente garantida, uma garantia renovada a cada vez em que se reconta a história do contrato social, na linguagem do indivíduo. A liberdade é desfrutada por todos os "indivíduos", uma categoria que, potencialmente, diz respeito a todos, homens e mulheres, brancos e negros, igualmente. Na plenitude do tempo, qualquer exceção acidental, histórica, ao princípio de liberdade, será removida. A capacidade das mulheres de eventualmente assumirem o seu lugar apropriado é demonstrada pelo fato de elas fazerem parte do contrato de casamento. As mulheres, também, participam do ato — contrato — que constitui a liberdade. As feministas apoiam-se na garantia aparentemente clara de emancipação oferecida pelo contrato; assim, em 1791, Olympe de Gouges incluiu um "Modelo para o contrato social entre homem e mulher", que estabelecia as condições de sua união conjugal, no seu "Declaração dos direitos da mulher e da cidadã". A garantia parece ser mais segura agora que o movimento feminista conseguiu remover a maioria das barreiras jurídicas à igualdade civil das mulheres.

O apelo do contrato, como inimigo do patriarcado, dando o golpe de misericórdia na dominação sexual, é fortalecido pelo contratualismo e pela ideia de indivíduo como proprietário, um indivíduo que é tão igual aos outros que pode ser intercambiável. Os críticos observaram que esse indivíduo está descorporificado e, desse modo, eles argumentam, não tem identidade; um ser com uma identidade é, necessariamente, um ser corporificado. A crítica é válida, mas os críticos não percebem o problema da mesma forma que as feministas seduzidas pelo contrato. O indivíduo, como proprietário, é separado de um corpo que é de um sexo ou de outro. Um corpo humano, a não ser por acidentes de nascimento, não é simultaneamente masculino e feminino, não importando como esteja vestido ou posicionado na estrutura social, embora atualmente possa ser destituído tanto das características masculinas quanto das femininas; se estiverem insatisfeitos com sua "preferência sexual", os homens podem se tornar "transexuais" e se transformar em simulacros de mulheres. O "indivíduo" é construído a partir do corpo masculino, de modo que sua identidade é sempre masculina. O indivíduo também é uma figura unitária; um ser do outro sexo somente pode ser uma modificação do indivíduo, não um ser distinto ou sua unidade, e sua identidade masculina estará em risco. Na verdade, como a versão do estado natural de Rawls demonstra, existe apenas um indivíduo, reproduzido infinitamente. Como a reprodução acontece é um mistério.

Críticos do indivíduo como proprietário não levam em consideração sua gênese (a história da cena primária e da criação da esfera privada estão ausentes nas histórias sobre pais, filhos e pactos originais); a atenção deles é dirigida ao produto final dos teóricos clássicos do contrato, o indivíduo em seu mundo civil. Rousseau questionou como os novos homens necessários para a nova ordem social puderam ser criados antes da nova sociedade, e, desde então, os homens se debateram com esse problema político essencial. Mas os novos homens sempre se parecem muito com os antigos — sua liberdade civil não perturba o direito patriarcal. Ainda se sustenta que a sociedade civil esteja separada das relações sociais e não tenha nenhuma relação com a identidade sexual, com a masculinidade e com a feminilidade. Os movimentos em favor do trabalho livre, por exemplo, em favor da democracia industrial, do exercício do controle pelos trabalhadores ou da autogestão deram por certo a masculinidade do "trabalhador" e a existência da dona de casa prestando-lhe serviços domésticos. A longa história das tentativas socialistas de restaurar ou recriar a comunidade, a solidariedade ou a fraternidade, que são perdidas quando o indivíduo é privado de relações sociais, que revelaram sua identidade masculina de uma maneira suficientemente clara — embora o sexo do indivíduo ainda não seja percebido, porque a fraternidade é interpretada como comunidade (universal). E até a crítica socialista está emudecida atualmente; o indivíduo, como proprietário, ingressou de um modo espetacular na discussão socialista, com o desenvolvimento da escolha racional ou marxismo analítico.

Uma análise dos contratos de propriedade na pessoa nos quais as mulheres tomam parte — o contrato de casamento, o de prostituição e o de gestação de aluguel — mostra que o corpo da *mulher* é exatamente o que está em questão no contrato. Além disso, quando as mulheres são uma das partes no contrato masculino — o contrato de trabalho —, seu corpo nunca é esquecido. As mulheres podem alcançar a condição formal de indivíduos civis, mas corporificados como seres femininos; nós nunca somos "indivíduos" no mesmo sentido que os homens o são. Levar a identidade corporificada a sério requer o abandono do indivíduo masculino unitário, a fim de abrir espaço para duas figuras: uma masculina, outra feminina.

O corpo, o sexo e a diferença sexual são inseparáveis da subordinação civil, mas o corpo e o sexo têm que ser distinguidos do indivíduo civil para que a subordinação seja criada e chamada de liberdade. A suposição geral é que o sexo e a subordinação estão em polos opostos. O sexo é consensual; afinal de contas, um estupro — submissão sexual imposta — não é um crime (ao menos fora do casamento)? Algumas feministas argumentaram que o estupro não é sexo, mas violência, e essa abordagem serve para reforçar a distinção entre sexo e subordinação; onde não existe o consentimento há somente a violência, e não o sexo. O sexo pode ser exorcizado, mas permanece a questão de por que esse problema aparece ao se diferenciar o consentimento das mulheres da submissão imposta, e por que os homens reivindicam a aquisição da submissão sexual das mulheres no mercado capitalista. É pouco provável que se encontre uma resposta toda vez que o sexo for dividido em campos distintos e estanques de discussão — e nunca for discutido como sexo. O estupro, aqui discutido, diz respeito à violência; a prostituição, aqui discutida, diz respeito ao livre acesso ao trabalho; a pornografia diz respeito à liberdade de expressão; e o sadomasoquismo diz respeito ao consentimento e à igualdade. As histórias do contrato sexual e da cena primária permitem que se questione o significado do sexo no patriarcado do final do século XX, e permitem que a fragmentada estrutura da subordinação seja montada novamente. Uma resposta à questão sobre o sexo significa que a dominação dos homens é clarificada de todos os lados nos livros, nas revistas, nos filmes, nos vídeos, nos *peep shows* e em outras mercadorias da indústria do sexo. Uma das características mais notáveis das relações políticas contemporâneas é o fato de a resposta ser tão raramente relacionada à questão.

O sexo é essencial para o contrato original. Os irmãos fazem um acordo para assegurar sua liberdade natural, parte da qual consiste no direito patriarcal masculino, o direito de um único sexo. Somente um sexo tem capacidade de desfrutar a liberdade civil. Essa abrange o direito de acesso sexual às mulheres e, mais amplamente, o desfrute do domínio como um sexo — não como um gênero. O termo "gênero" está muito divulgado nos dias atuais, mas frequentemente ele é inoperante, usado somente como um sinônimo não muito adequado de "mulheres". O termo "gênero" foi introduzido como uma arma na luta contra o patriarcado. O argumento patriarcal deixa claro que as mulheres estão naturalmente submetidas aos homens, ou seja, a submissão decorre de sua biologia, de seu sexo. Falar em gênero, em vez de se falar em sexo, indica que a condição das mulheres não está determinada pela natureza, pela biologia ou pelo sexo, mas é resultante de uma invenção social e política. Realmente, o que os homens e as mulheres são, e como as relações entre eles estão estruturadas, depende muito da importância política atribuída à masculinidade e à feminilidade. Utilizar a linguagem do gênero reforça a linguagem do civil, do público e do indivíduo, uma linguagem que depende da supressão do contrato sexual.

O significado do "indivíduo" permanece intacto apenas enquanto as dicotomias (intrínsecas à sociedade civil) entre natural/civil, privado/público, mulher/indivíduo e sexo/gênero estiverem intactas. A inclusão das mulheres na sociedade civil como membros de um gênero, como indivíduos, também é a inclusão delas como membros de um sexo, como mulheres. O novo contrato de gestação de aluguel ilustra a dependência recíproca do sexo e do indivíduo/gênero de uma maneira muito dramática. Um contrato tem que ser feito entre dois indivíduos indiferenciados sexualmente (proprietários, representantes dos gêneros), ou o contrato será ilegítimo, nada mais do que um caso de comércio de bebês. Por outro lado, o contrato de gestação de aluguel unicamente é possível porque uma das partes é mulher; somente uma mulher tem a aptidão necessária propriedade) para fornecer o serviço necessário, uma capacidade integrante (natural) de seu sexo.

A defesa feminista da eliminação da natureza, da biologia, do sexo em favor do "indivíduo" implica entrar no jogo patriarcal moderno e fazer parte de uma crítica mais ampla à natureza, dentro e para além das fronteiras das sociedades civis. A natureza é representada não apenas pelas mulheres, mas também, por exemplo, pela terra, pelos povos indígenas, pelos descendentes dos escravos que o reverendo Seabury imaginava terem feito contratos com seus senhores, e pelos animais (e estes últimos podem se tornar propriedade em um novo sentido; a Agência de Patentes e Marcas Registradas dos Estados Unidos receberá pedidos de patentes de animais modificados geneticamente, os quais estão recebendo o mesmo *status* de outras invenções humanas). Supor que o apelo patriarcal à natureza e às diferenças sexuais naturais implica o fato de as teorias e instituições patriarcais resultarem imediatamente do que é dado por natureza (da fisiologia, da biologia, do sexo) é permanecer confinado às fronteiras patriarcais. Os teóricos clássicos do contrato são instrutivos nesse ponto; eles não retratam simplesmente o estado natural e dos homens na condição originária da natureza. Não se apreende nada sobre relações políticas a partir dos dois corpos naturais da humanidade que habitam o corpo político. O estado natural é retratado por todo teórico de modo a lhe permitir chegar à "solução desejada" — a solução política que ele já havia formulado. A diferença sexual nos teóricos clássicos do contrato é — e só pode ser — uma construção política.

Perguntar se a diferença sexual é politicamente relevante é fazer a pergunta errada; a pergunta sempre é como a diferença é expressada. Um motivo de a pergunta errada ser feita tão frequentemente é o fato de muitas discussões feministas suporem que se escolha entre a feminilidade, como subordinação, e o "indivíduo" aparentemente de sexo neutro. No patriarcado moderno, conforme deixa claro a (re)leitura dos textos dos teóricos clássicos do contrato, essas *não são alternativas*, escolher uma é escolher a outra também. Os teóricos clássicos, diferentemente de alguns patriarcalistas radicais do século XIX, não tiveram dúvidas acerca da humanidade das mulheres. Eles não sugeriram, por exemplo, que as mulheres estivessem em um estágio evolutivo inferior ao dos homens. Eles argumentavam que a diferença sexual era a diferença entre a subordinação e a liberdade, mas, ao mesmo tempo, os teóricos clássicos tiveram que garantir às mulheres as aptidões de seres naturalmente livres, as aptidões dos indivíduos.

Para que fosse plausível argumentar que a sociedade civil era uma ordem da liberdade universal, as mulheres tinham que ser incorporadas por meio do contrato — o ato que, em uma única e mesma vez, exprime a liberdade e institui o direito patriarcal. A apreensão das mulheres (subordinação, sexo) e do indivíduo (liberdade, gênero) como alternativas, em vez de duas esferas inseparáveis da sociedade civil, fundamenta uma mudança histórica essencial na discussão feminista. A igualdade jurídica e a reforma legal são tão importantes para a doutrina do contrato que, ao contrário da impressão cultivada por todos os lados, ainda não foram totalmente conquistadas, e são invariavelmente encaradas, nos dias atuais, como uma questão de as mulheres agirem como homens. O voto e outras reformas mais recentes, tais como a participação das mulheres em júris, a legislação da igualdade de remuneração e da antidiscriminação, a reforma das leis do casamento e do estupro, a descriminalização da prostituição, são todas encaradas como conquistas que permitem às mulheres se tornarem cidadãs e detentoras da propriedade em sua pessoa, como os homens. Historicamente, essa forma de argumentação é incomum; até pouco tempo, a maioria das feministas reivindicava a igualdade civil na expectativa de que ela traria à igualdade de condições, expressa na especificidade do sexo feminino.

As feministas contemporâneas frequentemente tratam esse pressuposto como nada mais do que a incapacidade de suas predecessoras de enxergar além de sua própria imersão na esfera privada, e como um sinal de que as feministas do passado simplesmente aceitaram o apelo patriarcal à diferença sexual natural. A reivindicação feminista atual sobre a necessidade de reavaliação das tarefas (privadas) feitas pelas mulheres, quando, no patriarcado moderno, o que conta como "cidadania" e "trabalho" acontece no mundo civil masculino, é um pedido impossível de ser atendido. Contudo, quando as feministas do passado reivindicavam a igualdade jurídica e o reconhecimento *como mulheres*, e proclamavam que o que elas faziam na esfera privada como mulheres fazia parte de sua cidadania, elas lançavam mão do problema político da expressão da diferença sexual; elas não tentavam negar a importância política da feminilidade. A visão que elas tiveram da relação entre o privado e o público pode ser diferente da que as feministas têm atualmente, mas a apreensão da divisão entre privado e público (civil) como um problema *político* é uma evolução recente, que só será possível, provavelmente, após a conquista de uma porção considerável de igualdade civil.

Depois de mais ou menos um século de reformas na legislação, as mulheres estão perto da igualdade jurídica com os homens, mas apenas alguns poucos resquícios da proteção foram abolidos; os homens ainda gozam de um poder extensivo como sexo e conquistaram algumas vantagens novas, por exemplo, como pais. As várias reformas de "gênero neutro" que aconteceram durante a década de 1970 ressaltam o problema. As reformas permitem que as mulheres gozem da igualdade de oportunidades para ingressar em todos os campos de emprego remunerado, para exigir a liberdade contratual, para contratar qualquer propriedade em sua pessoa, e para travar a "batalha de Vênus", juntamente com os homens. Mas, ao mesmo tempo, foram descobertas as "provocações sexuais" nos locais de trabalho e a divisão patriarcal do trabalho não foi muito modificada, a não ser onde os homens se valem da legislação antidiscriminatória para ingressar nos poucos cargos de alto nível antes reservados às mulheres; a situação econômica das mulheres ainda as deixa em desvantagem quando do rompimento do contrato de casamento; a sexualidade e a liberdade sexual foram subsumidas no "ato sexual" e incluídas no capitalismo, através da indústria do sexo, que fornece aos homens novas formas de acesso aos corpos femininos.

Os homens também são encarados, mais uma vez, como os "principais agentes" na reprodução humana. Ironicamente, um dos princípios fundamentais do patriarcalismo clássico está sendo invocado pela marcha progressista do indivíduo e da liberdade contratual. Ninguém duvidava, até há poucos anos, que para que a espécie humana pudesse se reproduzir as mulheres tinham que ficar grávidas e dar à luz. Os desenvolvimentos tecnológicos contemporâneos puseram em dúvida essa necessidade aparentemente natural da existência humana. Se realmente existe a perspectiva de a reprodução acontecer fora do corpo humano — ou dentro do corpo dos homens —, a aptidão natural das mulheres não seria mais necessária e nem o seriam as mulheres. Talvez essa última possibilidade não passe de uma invenção de fantasias exageradas, mas eu a levanto, porque a natureza, a biologia e o sexo impõem limites ao contrato. A teoria tanto rejeita quanto necessita de todos esses limites. Numa ordem social constituída infinitamente apenas através do contrato, a liberdade é ilimitada. Não podem existir limitações ou uma jurisdição do indivíduo sobre a propriedade em sua pessoa, e nenhuma restrição à liberdade contratual. Todos os antigos limites da natureza, do *status*, da determinação ou do paternalismo têm que ser abandonados. Ou seja, no movimento do antigo mundo do *status* ao novo mundo do contrato, a liberdade do indivíduo consiste em *emancipação* dos antigos vínculos e limitações, seja do absolutismo, do *patria potestas*, do Estado — ou da diferença sexual.

Da perspectiva da oposição entre o antigo mundo do *status* e o novo mundo civil, ou da oposição entre o estado natural e a sociedade civil — a perspectiva da teoria do contrato (a não ser as discussões de Rousseau) —, o problema da liberdade estará resolvido, ou será resolvido quando o movimento em direção ao contrato estiver terminado. O indivíduo estará emancipado das antigas restrições ou da insegurança endêmica da condição natural. A liberdade é apresentada e expressada pelo contrato, um ato "fundador" que sempre pode ser feito de novo, e que está limitado somente pela restrição da jurisdição individual. A liberdade é um ato... e um ato estabelece novos vínculos até quando as antigas limitações forem derrubadas. Não é possível limitar a liberdade, mas o ato que expressa o fim das antigas restrições também cria novos limites civis para a dominação e a obediência. No novo mundo, o ato de emancipação cria a subordinação civil e o direito patriarcal.

As premissas da liberdade individual natural e da igualdade são necessárias para criar o mundo civil, e como um princípio abstrato universal, a liberdade individual pode ser exigida por todos. Tanto os abolicionistas quanto os defensores do contrato de escravidão poderiam falar sobre a liberdade natural; a premissa poderia gerar o Leviatã de Hobbes, a ordem participativa de Rousseau e as primeiras críticas feministas ao despotismo do marido. A ideia de liberdade individual pode ser utilizada promiscuamente em virtude da ambiguidade inerente ao significado de sociedade "civil". A ambiguidade oculta o fato de os críticos da teoria do contrato adotarem uma perspectiva diferente da dos teóricos que eles criticam, por compreenderem a liberdade de uma maneira diferente. Os críticos argumentam a partir de um ponto de observação interno à sociedade civil. Eles não olham para o antigo mundo, mas para a bifurcação da sociedade civil nas esferas privada e pública, embora normalmente tenham se concentrado na divisão de classes entre as esferas. Os críticos estão preocupados com a liberdade como *autonomia*, com uma estrutura das relações sociais livres entre pessoas politicamente iguais, mas sua crítica, como a de Rousseau aos seus companheiros teóricos do contrato, está fatalmente comprometida. Suas discussões permanecem presas às dicotomias que estão sendo criticadas, movendo-se dentro das fronteiras estabelecidas pela história do contrato original. Os críticos socialistas do contrato, seguidos por muitas feministas, enfocam a inadequação da igualdade jurídica em um contexto de desigualdade social. Não há dúvida acerca da inadequação, ou da irrefutabilidade de suas críticas, mas a combinação da igualdade pública e da desigualdade privada, como a história do contrato sexual demonstra, não é contraditória no patriarcado moderno. A igualdade jurídica e a desigualdade social — público/privado, civil/natural, homem/mulher — formam uma estrutura social coerente. Para que a cumplicidade das feministas e dos socialistas com o contrato termine, deve-se voltar a atenção para a subordinação e a contradição da escravidão.

A teoria do contrato está assombrada pela contradição da escravidão de várias formas, e os críticos do contrato não conseguiram exorcizar esse espectro. A contradição da escravidão está no âmago da construção da sociedade civil, na negação e na afirmação simultânea da liberdade das mulheres pelos teóricos clássicos do contrato, e reaparece continuamente porque a liberdade, como autonomia, ainda está conjugada à dominação sexual. A aceitação do contrato sexual pelos críticos do contrato está imediatamente aparente no legado de Rousseau e Hegel ao socialismo. Rousseau rejeitava a escravidão assalariada e defendia uma ordem política participativa e não estatal, mas o caráter aparentemente alternativo de sua proposta para o "indivíduo" e o contrato social — expressa em linguagem contratual — dependia da base natural da sujeição das mulheres. Do mesmo modo, a famosa dialética do senhor e do escravo de Hegel supera a escravidão apenas para substituir os senhores de escravos por senhores sexuais (livres), que ganham o reconhecimento de sua liberdade pela irmandade e o reconhecimento de seu direito patriarcal pelas esposas. O contratualismo afirma ter superado a contradição da escravidão. Um exemplo de liberdade é dado pela faculdade ilimitada que o indivíduo tem, como proprietário, de contratar a propriedade em sua pessoa (sua capacidade de trabalho ou seus serviços), o que acarreta o fato de ele ter o direito de contratar a si próprio na escravidão civil. A contradição desaparece — um escravo civil é juridicamente livre — e então reaparece imediatamente. A propriedade na pessoa é uma ficção política. Um escravo civil simplesmente presta um serviço; mas qual a vantagem de um serviço descorporificado para um senhor? Os prazeres da dominação, inclusive os da dominação civil, somente podem ser obtidos a partir da jurisdição sobre homens ou mulheres vivos.

Os contratos de casamento e de prostituição, contratos nos quais as mulheres necessariamente tomam parte, sempre estiveram contaminados pelo cheiro da escravidão, e fornecem uma lembrança embaraçosa das "origens selvagens". A lembrança é descartada como sendo politicamente irrelevante, e a analogia com a escravidão não é levada realmente a sério. As críticas feitas pelas feministas aos dois contratos geralmente seguem as linhas da crítica socialista do contrato de trabalho — mas sem a ajuda da ideia de escravidão assalariada. As feministas estão, portanto, na curiosa posição de pressupor que os trabalhadores ocupam a mesma posição que a esposa ou a prostituta, mas não questionam como a subordinação do trabalhador ocorre. Cede-se terreno à doutrina do contrato num ponto essencial; a ficção política da capacidade de trabalho, da propriedade na pessoa, é implicitamente aceita, e os paradoxos das mulheres e dos contratos e a contradição da escravidão continuam, assim, a ser encenados.

A subordinação civil depende da capacidade dos seres humanos de agirem *como se* eles pudessem contratar a força de trabalho ou os serviços em vez de, como na realidade acontece, precisarem contratar a si mesmos e a seu trabalho a fim de serem usados por outra pessoa. Para que o contrato não seja um empreendimento vão, deve-se ter à disposição os meios para garantir que o serviço contratado seja feito corretamente. As partes que necessitam do serviço — o patrão, o marido, o cliente — têm que ter o direito de exigir que um corpo seja colocado em uso, ou têm que ter acesso ao corpo, como requisito inicial. Os contratos envolvendo as propriedades na pessoa têm que criar sempre a obediência e instituir o homem como um senhor civil. A forma exata que a subordinação toma — em que o uso do corpo é colocado, ou em que o tipo de acesso a ele é garantido — depende do fato de o homem ou a mulher serem instituídos como subordinados.

O comprador nunca é indiferente em relação ao sexo do detentor da propriedade na pessoa. Ele contrata a jurisdição sobre um corpo masculino ou feminino, e as formas de sujeição diferem de acordo com o sexo do corpo.

Uma peça brilhante de inventividade política deu o nome de liberdade à subordinação civil e suprimiu a interdependência entre liberdade civil e direito patriarcal. Para que o espectro da escravidão finalmente descanse para sempre, a teoria e as práticas políticas têm que se mover do lado de fora da estrutura de contraposições estabelecidas no decorrer da história do contrato original. A mudança não diminuiria a importância da liberdade jurídica tal como os partidários da doutrina contratual frequentemente afirmam. Ao contrário, a conquista da liberdade e da igualdade jurídica consiste em uma etapa necessária no sentido da autonomia, bem como para a garantia da segurança de nossa integridade corporal. A conquista ajudará, com uma importante advertência, no trabalho de criação das condições sociais para o desenvolvimento de uma feminilidade autônoma; essa advertência mostra que a posição de igualdade tem que ser aceita como uma expressão da liberdade das mulheres como *mulheres*, e não ser tratada como um sinal de que as mulheres são capazes de ser iguais aos homens. As feministas fizeram muitos esforços nos últimos três séculos para mostrar que as mulheres têm as mesmas aptidões que os homens e que, portanto, têm direito à mesma liberdade. Num sentido, obviamente, os esforços eram necessários; as mulheres tinham de lutar, e têm de continuar lutando contra a proteção e a variedade de sustentáculos sociais e legais do direito masculino, e têm de continuar a lutar pelo acesso aos recursos sociais necessários para ganhar o seu sustento e exercer a sua cidadania. Em um outro sentido, a necessidade de se empreender essa batalha suprime o fato de que não há necessidade de se tentar mostrar que as mulheres são (têm as aptidões de) seres livres. O patriarcado contratual moderno tanto nega quanto *pressupõe a liberdade das mulheres* e não funciona sem esse pressuposto. A recuperação da história do contrato sexual permite o acesso a essa percepção extremamente importante.

O debate político tem que abandonar as histórias das origens e dos contratos originais, e sair do campo do contrato e do indivíduo como proprietário. Voltar-se para um ato primitivo é obscurecer a distinção entre a liberdade e a sujeição. Uma ordem social livre não pode ser uma ordem contratual. Há outras formas de acordo livres pelos quais as mulheres e os homens podem instituir relações políticas, embora em uma época em que os socialistas estão ocupados, "roubando as roupas" do contrato, devote-se pouca criatividade política ao desenvolvimento das novas formas necessárias. Para que as relações políticas percam a aparência de escravidão, mulheres e homens livres têm de concordar de boa vontade em manter as condições sociais de sua autonomia. Ou seja, eles têm de concordar em manter os limites. A liberdade exige uma ordem, e a ordem exige limites. Na sociedade civil moderna a liberdade é irrestrita — e a ordem é mantida por meio do domínio e da obediência. A fim de que o domínio dos homens seja substituído pela autonomia mútua das mulheres e dos homens, a liberdade individual tem de ser limitada pela estrutura das relações sociais, às quais a liberdade é parte inerente.

Falou-se muito a respeito da liberdade dos governos de direita na Grã-Bretanha e nos Estados Unidos, nos anos 1980. A retórica da iniciativa privada e da liberdade de adoção de restrições paternalistas pelo Estado predomina no debate político, e o governo trabalhista australiano está usando o mesmo refrão. Ao mesmo tempo, o antigo sonho dos anarquistas e de Marx da "derrocada" do Estado não está mais em voga. Até hoje, os contratos sexual e social, o "indivíduo" e o Estado, mantêm-se e caem juntos. Talvez o sonho tenha se enfraquecido por um bom motivo; apesar da retórica predominante do enxugamento e da diminuição do poder do Estado, a capacidade militar e a de controle do Estado aumentaram muito rapidamente nos últimos anos. A figura do indivíduo frequentemente está vestida com um uniforme de combate, carregando armas. A conjuntura da retórica da liberdade individual e o grande aumento do poder do Estado não são surpreendentes, quando a influência da doutrina contratual está penetrando nos mais profundos recantos e sustentáculos da vida social. Concluindo, o contrato abala as suas próprias condições de existência. Hobbes mostrou, há muito tempo, que o contrato — até o infinito — requer o absolutismo e a espada para evitar a guerra. Para que a ficção do contrato original não chegue a um final, a partir do qual não exista um começo, ou para que a força, em vez da vontade, seja o princípio da era pós-moderna, necessita-se urgentemente de uma nova história da liberdade.

A recuperação da história do contrato sexual não fornece, em si mesma, um programa político ou sequer um atalho na difícil tarefa de se decidir quais são, em qualquer circunstância, os melhores caminhos de ação e as melhores políticas para as feministas, ou quando e como as feministas devem fazer alianças com outros movimentos políticos. Uma vez que a história foi contada surge, entretanto, uma nova perspectiva a partir da qual se pode avaliar as possibilidades políticas e julgar qual o caminho que ajudará ou impedirá (ou ambos) a criação de uma nova sociedade livre e a criação da diferença sexual como expressões diferentes de liberdade. Quando a silenciada história das origens políticas for trazida à superfície do cenário político, esse nunca mais será o mesmo. A natureza, o sexo, a masculinidade e a feminilidade, o privado, o casamento e a prostituição se transformarão em problemas políticos; do mesmo modo, a conhecida compreensão patriarcal do trabalho e da cidadania. Novas estradas antipatriarcais têm de ser abertas para se chegar à democracia, ao socialismo e à liberdade.

De qualquer maneira, o cenário político mudou substancialmente nas duas últimas décadas. A história do contrato original é contada atualmente num contexto político menos hospitaleiro. As estruturas e as divisões patriarcais não são tão sólidas como eram, digamos, entre o Ato da Reforma de 1867 e o turbilhão de maio de 1968. As antigas indústrias manufatureiras e outros campos, nos quais floresceram trabalhadores e seus sindicatos, com sua solidariedade e fraternidade de classe, estão desaparecendo, e a ideia de "sociedade empregatícia" agora parece uma utopia; "a família" — o ganha-pão, a esposa e os filhos dependentes — constitui atualmente uma pequena minoria nos Estados Unidos, na Austrália e na Grã-Bretanha; a separação/integração do privado e do público foi levantada como um problema político; alianças políticas antigas estão desmoronando e novos movimentos sociais levantam alguns problemas parecidos com relação ao feminismo, porém, partindo de pontos diferentes. Os homens têm um interesse velado em manter silêncio a respeito da lei dos direitos sexuais masculinos, mas há uma chance de o debate e a prática política se movimentarem fora das dicotomias da sociedade civil patriarcal e da criação livre, quando a humanidade estiver refletida pela feminilidade autônoma.

Baudelaire escreveu, certa vez, que "há uma diferença enorme entre um assunto 'completado' e um assunto 'finalizado' e geralmente o que é completado não está finalizado".[2] Completei minha exposição a respeito do contrato sexual, mas a história está longe de finalizada. A ficção política ainda mostra sinais de vida, e a teoria política não é suficiente para abalar os seus sustentáculos vitais.

NOTAS

1. Carta de um colonizador para o coronel Macquarie, em Londres; citada em A. Summers, *Damned Whores and God's Police: The Colonization of Women in Australia* [Prostitutas amaldiçoadas e a polícia de Deus: a colonização das mulheres na Austrália], Harmondsworth, Penguin Books, 1975, p. 269.
2. Citado em R. Hayman, *Nietzsche: A Critical Life* [Nietzsche: uma vida crítica], Harmondsworth, Penguin Books, 1982, p. 360.

ÍNDICE REMISSIVO

A

Adão e Eva, 84, 85, 135-138
Alchian, A. A., 229
Allen, J., 302
Astell, M., 140, 145, 186, 193, 337

ato sexual, o, 255, 281-282, 304-305, 315
Atiyah, P. S., 24, 243

B

Baby M., caso do, 318-322
Bachofen, J., 45, 47, 59
Balbus, I., 56
Barrett, M., 50, 51
Baudelaire, C., 356
Beatles, The, 280
Beauvoir, S. de, 125, 272, 293
Benyon, H., 223
Blackstone, sir W., 140-141, 219-220, 242, 243

Bodin, J., 135
Brecht, B., 208
Brennan, T., 78, 328
Briffault, R., 48
Brown, N. O., 156
Buchanan, J., 70, 93-95
Bullard, L. C., 187
Butler, J., 300
Butler, M., 39-40

C

cena primária, 158-163, 185
Chestnut, M., 189
Chudleigh, Lady, 193
Cobbe, F. P., 190

Cockburn, C., 214, 215
Chodorow, N., 56
Cohen, G. A., 202
Cole, G. D. H., 22-23

comercialização das esposas, 188-189

complexo de Édipo, 152

contrato, 51-54, 67-70, 85-98, 100-10, 112-115,181-184, 241-244, 274-276

e filhos, 74-75, 80, 132, 277-278

em oposição ao *status*, 24-25, 256-259

contrato de casamento, 14, 16, 17-18, 34, 78-79, 81-86, 90, 91-93, 113, 140-141, 144, 150-151, 163-169, 170-171, 190-191, 201-204, 217, 241-282

contrato de trabalho, 14, 17, 28, 90-92, 106-107, 168-169, 171, 191-192, 201-202, 207, 217-218, 223-225, 228-229, 260, 276, 297, 307-309, 316, 322-323, 325, 343

contratualismo, 30-31, 87, 90, 92, 104, 108-112, 222, 223, 226, 228-230, 293-297, 309-312, 322, 349

Coward, R., 39, 45-49

Crick, B. 125, 129

Cronan, S., 192

Cullwick, H., 196

D

Daly, M., 139

Darwin, C., 156

Davidoff, L., 194, 198

Davis, D., 111

Defoe, D., 186, 193

Delaney, C., 58

Demsetz, H., 229

diferença sexual, 19-20, 32-33, 56, 69-86, 146-154, 213-215, 258-260, 270-273, 284, 314-315, 343-348

Digges, D., 130,133,143

direito conjugal, 16, 48, 81-86, 136-138, 143-144, 158, 165-167, 171, 181-215, 244-277

direito da mulher no, 29, 139-153, 185-187, 198-199, 200, 243-244, 353

direito materno, 45-49, 56, 74-76, 157

direito paterno, 13-16, 26, 41, 46, 74-77, 126, 131-138, 141-144, 158, 168, 327

direito sexual, 13, 15-16, 41, 136, 149-150, 158-160, 164-165, 169-170, 191, 284, 304, 316-317, 337, 344-345, 356 *ver também* direito conjugal

divórcio, 279-280, 329

Dunn, J., 126

Durkheim, E., 269, 278

E

Eisenstein, Z., 41, 61

Elshtain, J., 40, 138

Engels, F, 38, 204, 205, 207

Ericcson, L., 294, 309

escravidão assalariada, 29, 30, 220-229

escravidão civil, *ver* escravidão

escravidão, 22, 93-100, 110-111, 188, 219-220

escravidão, contradição da, 93,110, 167-168, 315, 351

diferenciada da servidão, 105, 106-108, 110-111

esposas, 22, 34, 81, 85, 137-138, 144, 150, 165-168, 186-216, 246-253, 264-265, 323-324

comparada com escravos, 183-193

com criados, 193-200

com trabalhadores, 203-216

exploração, 20-21, 22-23, 29-30, 224-225

F

Filmer, sir R., 15, 39, 40, 41, 43, 44, 46, 58, 76, 77, 80, 84, 85, 102, 123, 129, 130, 131, 132, 133, 134, 135, 136, 137, 138, 139, 140, 144, 147, 155, 158, 181, 324, 327

sobre Adão e Eva, 135-138

e a paternidade, 135-138, 147, 158, 324-325, 327

sobre o direito sexual, 136-138

Finley, Sir M., 99, 109

Fitzhugh, G., 102

Foucault, M., 31-32

fraternidade, 123, 124-129, 164-166, 169-170, 214, 272, 276, 295-296

Freud, S., 26-27, 44, 123, 127-128, 151-152, 156-166, 167

sobre a cena primária, 158-162

sobre o direito sexual, 163-165

Frye, M., 295

G

Gaus, G., 125

Genovese, E., 189, 193

gestação de aluguel, 18, 58, 134, 217, 318-329

Goldman, E., 292

Gouges, O. de, 342

Green, T. H. 226

Grotius, H., 104, 105

H

Hale, Lord, 190

Hamilton, C., 202, 293

Hardy, T., 188

Hartmann, H., 61, 198, 204

Hartsock, N., 138

Hegel, G.W.E., 31, 222, 351-352

sobre o contrato de casamento, 265-276

Himmelfarb, G., 249

Hinton, R. W. K., 75, 83

Hobbes, T., 18-19, 27, 30, 46, 60, 69, 73-82, 84-86, 90, 94, 155, 165, 278, 341, 350
sobre a família, 76-77

I

in vitro, fecundação, 318-320
indivíduo, o, 19-20, 26, 29-30, 47-48, 60, 67-90, 125, 154, 168-170,

sobre o poder dos pais, 131-132
sobre a escravidão, 104-105
Homem dos Lobos, 159-160

200-201, 227-228, 230, 257-258, 268-269, 273-276, 280-283, 339-340, 345

J

Jaggar, A., 307
Jefferson, T., 98, 189

Johnson, E., 146

K

Kant, L., 71-72, 89, 115, 154, 254, 269, 311

sobre o contrato de casamento, 259-266

L

Laslett, P., 135
Lerner, G., 49-50, 52, 53, 99, 100
Lévi-Strauss, C., 46, 50, 93, 166, 167, 168, 274
Locke, J., 15, 26, 28, 39, 40-41, 43, 60, 83, 84, 85-86, 88, 98, 102, 107, 108, 124, 132, 133, 134, 135, 136, 141, 142, 143-144, 145, 147, 148,

155, 157, 259, 324
sobre Adão e Eva, 84-85, 144-145
sobre o poder paterno, 41-42, 133, 141-145
sobre o direito sexual, 144-145
sobre a escravidão, 107-108
Lovelace, R., 312

M

Macpherson, C. B., 87
Maine, sir H., 23-25, 45, 46, 47, 48,

53, 186, 257
Mansfield, lord, 218, 219

Maquiavel, N., 139
Marx, K., 28-29, 207, 216, 223, 225, 307, 317, 354
Marshall, T. H., 54
McLeod, E., 306, 315
McWilliams, W. C., 126, 127, 128, 170
Menefee, S., 188, 189
Mill, J., 245

Mill, J. S., 24, 59, 185, 187, 191, 244, 256, 259, 315
   sobre o contrato de casamento, 249-254
   sobre o contrato de escravidão, 112-114
Mitchell, J., 44, 46, 51, 154, 157
Munby, A., 196

N

nascimento, 147
masculino, 138-139, 155, 326-328

Nietzsche, E., 99
Nozick, R., 108

O

O'Brien, M., 57, 58, 138

Orwell, G., 198

P

paternalismo, 52-54, 55, 112, 141-142, 220-221, 226, 279, 296, 349
paternidade,
significado de, 41-42, 57-59, 134-139
patria potestas, 46, 47, 135, 147, 156, 157, 161, 186, 349
patriarcado, 37-62
clássico, 44-45, 51, 59-60, 135-138, 142-144, 327-328
relação com capitalismo, 38-39, 51-52, 59-62, 205-207
tradicional, 42-44, 60
ver também direito paterno
Patterson, O., 98, 313

Philmore. J., 108, 109, 110, 111, 217
Pitkin, H. E., 139, 155
propriedade na pessoa, 28-29, 91, 111, 227, 228, 259, 309, 314, 322, 328, 343, 351, 353
como capacidade de trabalho, 215-218, 225-228
como serviços, 103-105, 106-110, 219-221, 280, 322, 325
como serviços sexuais, 294-295, 307-308
prostituta como trabalhadora, 293-296, 299-301, 305-312

prostituição, 33, 217, 280, 291-318, 319-320

legal, 292-293, 319-320

proteção, 52-53, 77-78, 95-96, 105-106, 141-142, 209-210, 222-223, 255, 317

Pufendorf, S., 81-83, 85, 131-132, 145, 251

sobre a escravidão, 105-107

R

Rawls, J., 70, 71, 72, 97, 125, 153, 311, 342

Rich, A., 15

Richards, D., 310-311, 312

Rieff, P., 156

Rosen, R., 302

Rousseau, J. J., 21, 23, 54, 57, 69, 70, 85, 104, 113-114, 115, 132, 133, 134, 148, 149, 150-151, 152, 153, 181, 184, 190, 260, 270, 343, 349, 350, 351

sobre a escravidão, 114-115

Rowbotham, S., 50

Rubin, G., 51

S

Sade, marquês de, 282-283, 274

salário, 110-111, 207, 209-210, 223

Schochet, G., 43-44, 53, 123, 130

Schouler, J., 242

Seabury, Rev. S., 103, 104, 105, 346

Shanley, M., 256

Shaw, G. B. S., 306

Shultz, M., 282

sociedade civil

ambiguidade da, 24-28

como civilização, 44-45, 48,156-157, 165, 168-169

duas esferas da, 16-17, 25-28, 162-163, 165-166, 168

Stanton, E. C., 187, 191, 241

status, 24-25, 256-259

Stephen, E J., 125, 127

Stone, L., 320

T

Taylor, H., 249, 250, 253

Thompson, W., 145, 185, 191, 202, 207, 241, 244, 245, 246, 247, 248-249, 250-251, 253, 255, 259, 264

sobre o contrato de casamento, 244-249

trabalhador, 22, 31, 182, 201-202, 206

diferenciado do escravo, 100-102, 105-109, 110-111, 219-230, 202-6

Tribe, K., 60

Trilling, L., 249

troca, 91-93, 167-168, 223-224, 263, 317, 323-324

Tyrrell, J., 124

V

Veblen, T., 193

W

Walkowitz, J., 301

Weber, M., 39

Weitzman, L., 255, 257

Wheeler, A., 249, 250

Wilson, E. O., 126,184

Wollstonecraft, M., 26, 193, 250, 292

Woolf, V., 38, 129

Este livro foi composto na tipografia Dante MT Std, em corpo 12/15,5, e impresso em papel off-white no Sistema Digital Instant Duplex da Divisão Gráfica da Distribuidora Record.